Sigmund von Birken, Sigmund von Birken

Hochfu?rstlicher Brandenburgischer Ulysses : oder Verlauf d. La?nder Reise, welche d. Durchleuchtigste Fu?rst u. Herr Herr Christian Ernst, Marggraf zu Brandenburg ... Durch Teutschland, Frankreich, Italien u. d. Niderlande ... hochlo?blichst verrich

Sigmund von Birken, Sigmund von Birken

Hochfu?rstlicher Brandenburgischer Ulysses : oder Verlauf d. La?nder Reise, welche d. Durchleuchtigste Fu?rst u. Herr Herr Christian Ernst, Marggraf zu Brandenburg ... Durch Teutschland, Frankreich, Italien u. d. Niderlande ... hochlo?blichst verrich

ISBN/EAN: 9783742892652

Hergestellt in Europa, USA, Kanada, Australien, Japan

Cover: Foto ©Andreas Hilbeck / pixelio.de

Manufactured and distributed by brebook publishing software (www.brebook.com)

Sigmund von Birken, Sigmund von Birken

Hochfu?rstlicher Brandenburgischer Ulysses : oder Verlauf d. La?nder Reise, welche d. Durchleuchtigste Fu?rst u. Herr Herr Christian Ernst, Marggraf zu Brandenburg ... Durch Teutschland, Frankreich, Italien u. d. Niderlande ... hochlo?blichst verrich

Hoch Fürstlicher Brandenburgischer ULYSSES:

oder
Verlauf der Länder Reise/
Welche
Der Durchleuchtigste Fürst und Herr

Herr Christian Ernst/

Marggraf zu Brandenburg/ zu Magdeburg/ in Preussen/ zu Stettin/ Pommern/ der Cassuben und Wenden/ auch in Slesien zu Crossen und Jägerndorf Herzog/ Burggraf zu Nürnberg/ Fürst zu Halberstadt/ Minden und Cammin/
Durch
Teutschland/ Frankreich/ Italien und die Niderlande/
Auch nach den Spanischen Frontieren/ hochlöblichst verrichtet:
Aus
Denen mit Fleiß gehaltenen Reis-Diariis zusammengetragen und beschrieben
durch
Sigmund von Birken C. Com. Pal.

Gedruckt zu Bayreuth bey Johann Gebhard/
Im 1669sten Jahr.

An
Den Durchleuchtigsten Fürsten und Herrn
HERRN
Christian Ernst/
Marggrafen zu Brandenburg/ zu Magdeburg/in Preussen/zu Stettin/ Pommern/der Cassuben und Wenden/ auch in Slesien zu Crossen und Jägerndorf Herzogen/ Burggrafen zu Nürnberg/ Fürsten zu Halberstadt/ Minden und Cammin/

Meinen Gnädigsten Fürsten und
Herrn:

Unterthänigste Zuschrift.

Unterthänigste Zuschrift.

Durchleuchtigster Herzog/
Gnädigster Fürst und Herr!

Ocrates, der Fürst unter den Weltweissen / (wie ihn das Delfische Orakel genennet) hat zwar/weil er des Plato Lehrling gewesen / von dem Reisen nit viel gehalten; Gleichwol aber dieser seiner Meinung selber widersprochen/ indem Er/ auf die Frage/ Von wannen Er bürtig wäre? (Cujatem se ferret?) sich von der Welt oder einen Weltbürger (κοσμοπολίτης sive Mundanum) genennet. Ist eben das/was Seneca, der weisseste unter den Römern / an seinen Freund geschrieben: Ich bin nit einem einigen Winkel der Welt gebohren; die ganze Welt / ist mein Vatterland. Hätte die wahre GOttes- und Messias- oder Christ-Lehre die Heyden erleuchtet/ so würden Sie geantwortet und geschrieben haben: Wir sind Himmelsbürger/ und unser Vatterland ist der Himmel.

GOtt/ der Erschaffer der Welt/durchreiset unaufhörlich/ mit seiner Allgegenwart und AllVorsorge/

sorge/das ganze Geschöpfwesen / und hat Freude
daran/immer anzuschauen/was er einmal mit seiner
WunderHand gebauet hat. Er hat auch / allen sei=
nen Geschöpfen / gleichsam das Reisen eingeschaf=
fen/ derer aller Leben die Bewegung ist.   Die Luft
wehet/das Feuer lohet/die Wasser fliessen: und von
diesen dreyen wird auch die Erde mit Wärme und
Feuchte begeistert/daß ihr Saft hin und wieder rei=
set/ und in den Pflanzen sich hervorgibet.   Das
Meer/ sendet seine Kinder/ die Ströme und Flüsse/
gleichsam in die Fremde/welche alsdann ihrem Vat=
terlande und Mutterschoß wieder zuwandern: und
ist eben diß / die wahre Ursache des Meer-ab und
Zuflusses.   Die Vögel reisen in der Luft/die Thie=
re auf dem Erdboden/ die Fische in Wassern.   Auch
die Sterne/ das Heer des Himmels/insonderheit die
Laufsterne oder Planeten/ (die hiervon diesen ihren
Namen haben/) sind in unablässiger Wanderschaft
begrieffen.   Die Fürstinn unter denselben/ die Edle
Sonne / das Bildnis ihres Schöpfers und seiner
Allenthalbenheit/durchreiset/järlich mit ihrem Cör=
per/ und täglich mit dessen Liecht-stralen/ das ganze
WeltRund/ und ist gleichsam das Auge desselben/
deme nichts verborgen bleibet.

    Der Mensch/ das Edelste und der Fürst unter
den Geschöpfen/das wahre Ebenbild des Schöpfers/
ward

ward von GOtt mit einer Seele beodmet: welche
aus dem Himmel in den Cörper gereiset / und mit
den Gedanken/ wann sie von der Wissenschaft durch-
leuchtet worden/die ganze Welt und Natur durchreiset. Bald setzt sie sich auf den Wagen der Son-
ne/ und kutschet mit ihr durch die SternenHäuser.
Bald reitet sie/ durch die weitgebreitete Luft / auf
den Wolken. Bald durchschwimmet Sie / mit den
Fischen/die Tieffen des Wassers. Bald durchdrin-
get sie/in der subtilen Betrachtung/den dicken Klum-
pen der Erde. Sie steiget auf die Berge/ spaziret
durch Wälder und Felder. Aber ihre bäste und see-
ligste Wanderschaft ist/ wann sie ihrem Ursprunge/
dem himmlischen Vaterlande/ der Stadt GOttes/
wie die Flüsse dem Meer / zureiset; wann sie sich er-
innert/ daß sie von dar ausgereiset / und allhier auf
Erden sich in der Fremde befinde.

Thumme Heyden und thörichte Atheisten / die
von GOtt nichts wissen wollen / solten nur in sich
selbst hinein wandern: Sie würden GOtt bald erkennen lernen. Der Mensch / ist die kleine Welt/
und der Himmel auf Erden; und die Seele/ ist
gleichsam die Gottheit derselben / als welche den
ganzen Leib durchreiset/erfüllet und begeistert. Das
Aug/die Sonne dieses ErdHimmels / dem grossen
HimmelsAuge nachahmend / kan auf einmal eine
grosse

grosse Weitreichenheit durchreisen und überschauen/ ja gar die über soviel hunderttausend Meilen entfernte Sternen / nicht allein erblicken/ sondern auch abmessen. Wohin aber die Seele / durch die Entsessenheit und den Cörperlichen Zwischenstand behintert/ oder von ihrem eigenem Cörper/ der ihr Kerker und Gefängnis ist / angefässelt / mit den Sinnen nit gelangen kan/dahin reiset Sie mit den Gedanken: und kan sie/in einem Zeitblick/viele Oerter zugleich durchwandern/ die der Leib mit dem Fuß oder Aug langsam erreichen würde. Diß mag ja / ein Zeuge der Gottheit / und ein Zeichen der Gott-Gleichheit in dem Menschen/heissen!

GOtt hat auch den Menschen/zum Wandern/ Wandeln und Bewegen/ mit Augen und Füssen versehen. Er setzte ihn in den Garten Eden / und befahle ihm/daß er/durch seiner Hände Lust-Arbeit/ denselben fortpflanzen/ und also den Paradeis über die ganze Erdfläche ausbreiten; daß auch von ihme die Menschliche Nachkommenschaft / gleichwie die vier Ströme vom Paradeis/ausgehen/fortwandern/ die Erde anfüllen und unterthan machen/solte. Also sind nun GOtt/ der Himmel/ die Seele / der Mensch und die ganze Natur/ in unaufhörlicher Bewegung begrieffen: Sie rasten nicht/ sie leben/ weben und reisen. Mobiliora, nobiliora! Je beweglicher

Unterthänigste Zuschrift.

weglicher/ ie Edler! Daher kan man/ mit dem Niderländischen Seneca, dem Lipsius, diese eine Göttlichere Seele nennen/die dem Himmel nachartet/und mit der Bewegung/mit Reisen/ sich belustiget; Die/ ob Sie nit/ wie GOtt/ überall seyn kan/ gleichwol an vielen Orten zu seyn verlanget; deren ein Stücklein Erde! eine Stadt/ oder ein Land/ ein viel zu änges Gehäus ist/ sich darein verschliessen zu lassen; die ihrem Leibe befihlet/ sie weit und breit herüm zu tragen/ und also Sie vielsehend auch vielwissend zu machen.

    Das grosse MenschenHaus/ die Welt/ ist ein SchauPlatz GOttes/ von seinem WunderFinger/ der Natur/ und von der Kunst/ als deren Nachahmerinn/ mit mancherley Sinnbildern Göttlicher Weißheit und Allmacht ausgeschmücket: wie Sie dann derentwegen/ in Latein und Griechischer Sprache/vom Schmuck (Mundus, κόσμος) den Namen führet. GOtt hat auch üm deß willen dem Menschen/ das schöne ErdGebäude zur Wohnung eingegeben/ daß er in den Geschöpfen ihn den Schöpfer betrachte und erkennen lerne. Er hat ihme/ zu solchem Gebrauch/ die Augen/ und den Augen/ die Begierde etwas Schönes zu sehen/ gleichwie dem Verstande das Wissenschaft-Verlangen/ eingeschaffen.
Weil

Weil aber nicht an iedem Orte Alles zu finden/ und die Welt-Seltenheiten durch die Länder / gleichwie die Haus-Zierden durch die Gemächer/ hin und wieder vertheilet sind: als wird billig / des Gemütes GottVerehrungs-Verlangen und des Auges Gesicht-Hunger / durch das Reisen erfüllet und abgestillet. Und wiewol zu Haus / die Erzehlungen und Beschreibungen/ den Ohren und Augen etwas hiervon zu kosten geben: so wird doch der Hunger dadurch/ nicht gesättiget/ sondern nur gemehret und ergrössert.

  Da die Seele des Menschen / obbesagter massen/ immer in der Betrachtung die Welt durchreiset: warüm solten nit auch/ ihr Leib und ihre Augen/ diese Wollust suchen. Man kan zwar mit den Augen auch in Geographischen Büchern / und mit den Ohren in den ReisGesprächen/ herümreisen und diese Wollust finden: Aber das Gemüte ist damit nicht vergnüget/ sondern will selber sehen / und gläubet lieber eigenen als fremden Augen. Man belustiget sich zu Haus/ mit Anschauung schöner Blum- und Baumgärten/ lustiger WeinBerge / Wiesen/ Felder und Wälder / herrlicher Kirchen / Paläste/ Brücken/ Thürne und anderer Gebäude / holdrinnend und spielender Flüsse / Bäche und Brunnen/ wohlversehener Zeughäuser/ Büchereyen und Kunst-

Kam-

Unterthänigste Zuschrift.

Kammern/ trefflicher Gemälde und Altertum-Sachen/ sonderbarer Pflanzen/ Thiere und dergleichen Seltenheiten: solte man nicht verlangen/ solches alles draußen in grösserer Vollkommenheit und Mänge zu suchen und anzutreffen? Man bespricht sich gern/ mit dapfern fürtrefflichen Leuten: aber solche wohnen nicht an einem Orte beysammen/ sondern sie sind/ gleichwie andere Seltensachen hin und wieder in der Welt ausgestreuet. Kurz! die Welt ist ein grosser in viel Blumbeetlein gesonderter Garten: in demselben muß man herumspaziren/ wann man die Blumen mit den Augen brechen will.

Wann iemanden wohl ansiehet und ergetzlich ist/ in diesem Welt-Garten zu lustwandeln/ so sind es vor andern Menschen diejenigen/ welche GOtt/ als Götter und hohe Welt-Häupter/ über die Menschen gesetzet. In dem Haupt/ wohnet das Gemüt und die Augen: dannenhero es viel zu wissen und zu sehen verlanget. Und wie solten Götter nit gern an vielen Orten seyn/ dem höchsten GOtt nachzuahmen? Ja/ weil die **Fürsten** auf Erden sind/ was die Sonne am Himmel ist/ und dannenhero die Durchleuchtigen heisen: so ist Ihnen/ das Reisen und die Begierde viel zu sehen/ angebohren und eingenaturet. Oder da man Sie / von der grossen Gottheit-Sonne durchleuchtete Schirm-

)( )(und

und HuldSternen ihrer eigenen Länder / nennet und kennet: solten Sie immer allein an ihrem Horizont stehen/ und nicht vielmehr/ als LaufSterne/ sich zuweilen auch andern Ländern zeigen? Man pflegt von ihnen zu sagen/ Sie haben lange Arme/ die da weit langen und reichen: warüm solten Sie nit auch/als die Adlere/ solche Augen haben / die in die Ferne schauen und sich weit ümsehen?

Das Reisen empfihlet sich denen Fürsten / nicht nur als eine Wolluft ihrer Augen/ sondern auch als eine Erbauung ihres Gemütes/ dasselbe vielwissender zu machen. Sie reisen/ nicht nur viel Seltenes zu sehen/ sondern auch viel Nützliches zu lernen. Da andere üm Gewinns willen Land und Wasser durchreisen / und keine Müh noch Gefahr scheuen/ fremde Waaren aus der ganzen Welt in die HandelStädte ihres Vatterlands einzuholen: wieviel mehr soll ein Fürst befliessen seyn / die Schätze der StaatsWitz und TugendVerhältnis aus fremden Republiken und Ländern einzusamlen. Viel Regirungen beschauen / machet wohl und löblich regiren. Vieler Leute Leben betrachten / lehret recht leben. Man sihet/ was andere zieret oder schändet/ was ihnen nutzet oder schadet: und lernet daraus / was man thun oder unterlassen müsse. Ein Reisender/ liset eine lebendige Historie/ und beschauet viel Auftritte eritte des Welt-Schauspiels: die ihme dann zur LebensLehre dienen. Sein Gemüte wird gleichsam zu einem Kranze/der aus vielen wohlriechenden schönen Blumen mit dem Faden der Erfahrung gebunden worden. Der sich in der Welt ümgesehen/ der trägt Sie bey sich in Haupt / und ist als ein Mensch aus vielen Menschen zusammengesetzet. Es ligt auch einem Fürsten viel daran / daß er die Sitten der Untern kenne: daher von vielen gelesen wird/daß Sie zuweilen verkleidet unter das gemeine Volk gegangen. Ein Fürst gelanget/durch Reisen/ zu diesem Zwecke; sonderlich wann er incognito oder unbekandt reiset.

Lycurgus ist billig zu verlachen/ ûm daß er seinen Spartanern das Reisen verbotten: da er doch selber/aus Asia, Africa, Egypten/Hispanien und Indien/ durch langes Reisen/ die Laconischen Gesetze zusammen geholet. Es scheint/ besagtes Verbot sey aus seinem Ehrgeitze geflossen: damit nicht die Spartaner/fremde Länder durchreisend / erfahren möchten/ wie daß er die Gesetze/ so er vor die Seinen ausgabe/ von Fremden geborget habe. Eben dieses / ist des Reisens Haupt-Absehen: nämlich draußen erlernen/womit man zu Haus dem RegirStaat / dem Vatterlande / ihm selber und den Freunden nutzen möge. Neben deme lernet auch ein Fürst hierdurch

seine

seine Nachtbaren und andere ausländische Fürsten
kennen / wird ihnen hinwiederum bekandt und be-
liebt/ und macht Freundschaft mit ihnen. Er erler-
net auch die Zierlichkeit fremder Sprachen: wie
Mithridates der König in Ponto, welcher in Asien lang
unbekandt herumgereiset / und nachmals mit 22
Nationen reden können.

Die jenigen/ so gleich den Schnecken niemals
von Haus kommen/ und ihren Gibel immer auf dem
Rücken tragen/ sind gewöhnlich Zornsüchtlinge / ei-
gensinnig/ ungedultig/ unbescheiden / unfreund- und
unverträglich; taugen nicht zu Leuten/weil sie nicht
bey Leuten gewesen; schätzen nur sich selber/ und ver-
achten andere / weil sie niemals ihre Mängel gegen
fremder Tugend abgewogen; und machen es in
allem/wie die Unwissenden/die nichts vor recht hal-
ten/ als was Sie selber thun. Dergleichen Selbst-
linge sind die Sineser/welche niemals ausreisen / inzwischen sich allein für sehend/ die Europäer für ein-
äugicht/ und die übrige ganze Welt für blind achten.
Aber ein Reisender / ersihet in dem Leben der Frem-
den/ als in einem Spiegel / seine eigene Gebrechen.
Er schilt selber seine Thorheit, welche zu Haus / der
Mutter Nachsicht und der Seinen Schmeicheley/
an ihm gelobet. Er lernet Gedult / Demut und
Sanftmut/ indem Er/ auf der Reise/ Frost und Hitze/
Wind

Wind und Wetter/Schnee und Regen/ und andere Ungelegenheiten / vertragen / und unbescheidenen Leuten übersehen muß. Er gewohnet auch der Genüglichkeit/ indem Er oft mit einer magren Küche und mit hartem Lager vor lieb nehmen muß. Er lernet auch GOtt fürchten/ ihn anruffen und ihm vertrauen: weil Er oftmals in Gefahr reiset. Kurz! das Reisen/ ist eine Schule aller Tugenden.

Um solcher Reise Wolluft und Nutzens willen/ haben iederzeit hohe und andere fürtreffliche Personen sich selbst/ auf ein zeitlang/ aus ihrem Vatterlande verwiesen. Aus dem Göttlichen SchriftenBuch ist bekandt/ die Königinn aus dem Reichen Arabien: welche einen weiten Weg nach Jerusalem/ die Weißheit des Königs der Weißheit und Allerweissesten unter den Königen anzuhören. Vom Herkules und Theseus, vom Jason, Æneas, Ulysses und Cyrus, vom Grossen Alexander, Julius Cæsar, und andern Helden/ zeugen die JahrBücher/ daß Sie die Welt weit und breit durchzogen haben. Der Kayserliche Römische Prinz Germanicus, reisete durch Asia, Egypten und Griechenland: aus Begierde/ die alt-berühmte Oerter zu beschauen. Kays. Adrianus, liesse keine von des Römischen Reichs Provincien unbesichtigt: wie er dann auch/ in Sicilia auf den Berg Ætna, und in Arabien auf den Gipfel des Bergs

Casi

Caſii geſtiegen / und auf dieſem die Sonne aufgehen geſehen. Anacharſis der Scythen oder Schützen König/ein Teutſcher/ übergabe ſeinem Bruder das Königreich / und zoge ferne über Land nach Athen/ den weiſen Solon zu hören und von ihme Weißheit zu lernen. Eben dieſer Solon/ und vor ihme Pythagoras, nachmals auch Plato, wiewol Er ſonſt das Reiſen widerrathen / und ſein Schüler Ariſtoteles, ingleichen Apollonius Thyaneus, und andere Fürſten der Philoſophen/wiewol ſie ſelber Orakele der Weißheit geweſen/haben ſolche in ihrem Gemüte durch lange und weite Reiſen zu erweitern geſuchet. Alſo auch diejenigen/ſo uns das Leben derſelben wie auch die von ihnen durchwanderte Welt beſchrieben hinterlaſſen/ als Homerus, Herodotus, Diodorus Siculus, Pauſanias, Saluſtius, Ptolomæus, und andere ihres Gleichen/haben die beſchriebene Länder erſtlich ſelber durchreiſet/ damit ſie / nicht nur was ſie gehöret/ ſondern auch was ſie geſehen/ dem Tafel-Erz der Ewigkeit einverleiben könden. Nicht weniger die Aerzte-Prinzen Hippocrates, Galenus, Dioſcorides und andere/ lieſſen keine Mühe / Gefahr und Koſten ſich abſchrecken/ die Natur-Wunder und ArzneyGeſchöpfe iedes in ſeinem Vatterland heimzuſuchen/ und ſelber den Augenſchein davon einzunehmen; wie dann Galenus, den Balſam von
Bäu-

Bäumen fliessen / den Judenleim auf dem Todten Meer schwimmen/ und die Lemnische Gesund-Erde wachsen zu sehen/ Egypten/ Palæstina und die Insel Lemnos bewandert.

Obbesagter Lycurgus und andere/ so ihren Bürgern das Reisen verbotten/ führen dessen Ursachen an/ weil dadurch fremde Sitten und Laster in das Vatterland eingeführet werden; und weil das Reisen vor die jenigen zu gefärlich ist/ an deren Person das Gemein Wesen viel zu verlieren hat. Das letzere erstlich zu widerreden / so wird damit wenig erwiesen; weil die Gefärden auch zu Haus mit uns aus-und eingehen/und man auch daheim sterben kan. Wie dann jener/ als er gewarnet worden / er solte / weil auf dem Meer zwischen dem Tod und einem Schiffer nur ein Daumen-dickes Bret wäre/ nicht zu Schiff gehen / seinen Rahtgeber hinwiederum vermahnet: Er solte auch nicht zu Bette gehen/ weil täglich ihrer mehr auf dem Bette als auf dem Meer stürben.

Den andern Einwurf betreffend / so müste ein Lycurgus erstlich erweisen/ daß sein Vatterland ohne Laster/ und andere Länder ohne Tugend seyen. Eine Spinne/die in ihrem Gespünst-Hause hanget und schwebet/ wächset eben so geschwind/ indem Sie das Gift aus der Luft an sich ziehet / als wann sie/

solches

solches aus den Blumen zu saugen/ herümkröche: Also ein HausSchnecke / wann er zu Lastern geneigt ist/ findet daheim Ergernis und Anlaß genug/ zur Bosheit verleitet zu werden. Eine Blume/aus deren die Biene ihr süsses Honig holet / ist darum nicht zu verwerfen/weil auch eine Wespe aus derselben ihren Stachel mit Gift anfüllet. Die Laster-Hummeln/mögen herümschwärmen/ und vor ihre Bosheit Weide suchen: aber ein Edler Geist/ pflegt allein nach dem Honig der Tugenden auszufliegen. Er reiset/ wie der Rhein und die Rosne durch den Boden-und GenferSee/ die ihre klare Flut nicht mit dessen faulem und dunklen Wasser vermängen. Er fänget und empfänget so wenig Flecken von fremden Lastern/ als die Sonne von dem unreinen stinkenden See Avernus, wann sie über demselben hinweglaufet.

 Eine treue starke Convoy oder Schutz-Geleitschaft vor die Reisenden/sind die zwo HauptTugenden/ Prudentia oder die **Vorsichtigkeit**/ und Constantia oder die **Bestandmütigkeit** oder **Beharrlichkeit.** Will man beyde ausbilden/ so trägt jene/ in der einen Hand ein Perspectiv oder Fernglas/ alle ReisGefärden vorher wohl abzusehen und sich mit Reise-Notturft zu versehen; und in der andern

den

Unterthänigste Zuschrift.

den Caduceum oder Reisestab Mercuriens / welcher beflügelt / (weil man sich auf der Reise nit unnötig verweilen muß/) und mit Schlangen/als dem Sinnbilde der Behutsamkeit / umschlungen ist. Man kan ihm sonsten/ als ein Emblema, zueignen/ eine WegSeule/mit dem Kopfe des hundertäugichten Argus besetzet: weil man viel Augen der Wachsamkeit brauchet / wider alle Reisgefärden sich zu verwahren/und den sichersten Weg zu treffen. Man könde hinzu schreiben:

SIC LUMEN COLUMEN.
Sie steht/den Weg zu sehen.

Das Bild der anderen Tugend/kan man/ als eine unüberwindliche Heldinn/mit einer Löwenhaut bekleiden / sie waffnen mit der Streitkeule des Herkules / (die einem Reisenden begegnende Laster-Unthiere/ wie jener die Monstra, damit zu unterdrucken /) und ihren linken Fuß auf ein fäst-stehendes Viereck stellen. Ein diesem Bilde anstehendes Sinnbild ist/ die Sonne an ihrer Thierkreiß-Strasse stehend: als welche iederzeit auf dieser Mittel-Bahn des Himmels fortreiset/ von derselben weder zur Rechten noch zur Linken austritt/und also/zwar in stäter Bewegung / aber zugleich in ih-

)( )( )(reiß

rem Laufkreiß unbeweglich stehet. Solches könde erkläret werden/ mit dieser Beyschrift:
IMMUTABILIS INTER MOTUS.
Bestehet / auch im Gehen.

Wer in Geleite GOttes und mit solchen Ge-
färtinnen reiset/ den wird sein Vatterland trefflicher
empfangen / als es ihn ausgesendet. Jhn werden
Ehre und Ruhm willkomm heisen/weil er / aus der
FeldSchlacht mit den Lastern/Tugend sieghaft und
unverletzt wiederkehret: eben wie ein Schiff / das/
nach überstandenem Meersturm / mit köstlichen
Waaren wohlbeladen/in den Hafen einlaufet. Also reisete/ der Griechische Prinz Ulysses / welchen
der PoetenFürst Homerus allen Reisenden Prinzen
zum Fürbild aufgestellet. Der Cyclopische Hoch-
mut/ wolte ihn verschlucken: aber er blendete ihn/
und grube ihm das plumpe Stirnfenster des Eigen-
sinns aus dem Kopfe; entkame auch aus dessen
Höl-Hölle / indem er einem demütigen Schaf sich
unten an die Bauch-Wolle anhängte. Er besprache
sich zwar mit der schönen Verführerinn Circe: aber
ihr Gifttrank konde ihn nicht in ein Vieh verwan-
deln/weil ihn die Weißheit mit einem Kraut darwider versehen. Er hörte zwar / die Wollust Sirenen/
lieblich singen: aber die Vernunft hatte ihn / an den
Mast der Beständigkeit/fäst angehäftet / daß er ihnen nicht zugelaufen.   Durch-

Unterthänigste Zuschrife.

Durchleuchtigster Fürst/ Gnädigster Herr! Indem ich dieses Griechischen Fürstens allhier erwehne/ erinnere ich mich zugleich E. Hoch F. Durchl. höchstlöblichsten Stamm Vorfahrens / des Glorwürdigsten Churfürstens Alberti: welcher/ weil Er fast seine ganze LebensZeit mit Reisen und dapferen Feldzügen zugebracht / der Teutsche VLYSSES genennt worden. E. Hoch F. Durchl. haben/ von diesem höchsttheuren Helden/ gleichwie Land und Leute / das Durchleuchtigste Geblüte und Hochfürstl. Tugenden/ also auch diesen Ehr-Namen geerbet. E. Hoch F. Durchl. zeigeten sich von diesem Edelsten Brandenburgtschen ADLER gezeuget / indem Sie / bey noch gar grüner Jugend / dero Adlers Fittiche erschwungen/ und von selbigen/ nicht allein durch Teutschland/ sondern auch in fremde Länder sich tragen lassen. Sie haben damit wahr erwiesen/ was der Römische Leyer Fürst geschrieben:

   Helden/ wieder Helden zeugen.
    Vätter man in Söhnen sihet.
    Keine blöde Tauben nit
   Aus dem Adler Neste steigen.

Der

Unterthänigste Zuschrift.

Der Adler-Adel muste gleich Anfangs von Deroselben erscheinen/ und E. Hochfürstl. Durchl. wolten/ wie die jungen Adler pflegen/ ihre Augen zeitlich gewehnen/ in die Sonne zu sehen: indem Sie der Jrdische Reichs Soñe/ dem Aller Durchleuchtigsten LEOPOLD / da Selbige eben mit dem Teutschen Gestirne-Heer ümgeben stunde / zugeflogen. Dero hoher AdlersFlug / bewährte sich hiernächst auch an den Zweyen vornehmsten Sonnen und Monarchen Ausländischer Königreiche / und erwarbe Dererselben sonderbare Wohlneigung. E. Hoch F. Durchl. widerfuhre / was ehmals dem jungen Erzh. Ladislao König in Hungarn und Böheim: Sie ward/ in Frankreich/ Hispanien/ Italien und Niderland/ das Edle Teutsche Blut genennet/ auch derentwegen überall geliebet und geehret. Sie beschauete/ viel Seltenheiten/ mit Wollust: und ward hinwiederüm mit Wollust angeschauet. Sie erweiterte/ der Teutschen Nation EhrenRuhm: indem Sie andern Nationen sich so hochfürtrefflich zeigeten.

Es ware demnach billig/ daß/ so eine Gedächtniswürdigste Reise/ der gegenwärtigen und künftigen Teutschen Welt offentlich vor Augen gestellet würde: zumal als ein Höchstlöblichstes Fürbild und Beyspiel dessen / was hieroben von Wollust und Nutzbarkeit

des

Unterthänigste Zuschrift.

des Reisens angeführet worden. E. Hochfürstl. Durchl. haben gereiset / wie Ulysses / nämlich Vorsichtig und Beständmütig / als von obbeschriebenen zwo Reise-Tugenden begleitet. Und was dazumal/dero Jugend Jahren / an Erfahrung noch abgegangen/das ward von dero Fürtrefflichen Reise-Ministern ersetzet. Man könde sagen / der nunmehr wohlseelige Herr Borke / habe in E. Hochfürstl. Durchl. treu-gehorsamster Bedienung/als ein Vorsichtiger Hofmeister / die Stelle der Ersten: und der Fürtreffliche Herr von Lilien / als ein zur beharrlichen Gottes-und Tugend Liebe anführender Inspector, die Stelle der Andern vertretten.

Man hat/von hundert und mehr Jahren her/vor nütz und nohtwendig erachtet/die Länder-Reisen Hoch-Fürstlicher und anderer Vornehmen Personen ans Licht hervorzugeben: weil dadurch nicht allein selbiger Helden und ihrer Stamm Häuser Ruhm Gerüchte erweitert/sondern auch andere zum erbaulichē Reisen angewiesen werden. Demnach habe ich mich erkühnet/diesen Verlauf E. Hoch F. Durchl. höchstlöblichst - verrichteter Reise / unter dem Titel des Hochfürstl. Teutschen ULYSSES/ in gegenwärtige Beschreibung zu verfassen/und solche aus denen mit Fleiß gehaltenen Diariis, auch zur damaligen

Unterthänigste Zuschrift.

maligen Hochfürstl. Vormundschaft eingesendten Relationen/ zusammen getragen: worbey insonderheit iezt-wohlerwehnter Herr von Lilien / mit Hand und Verstand/ grosse Verfügung erstattet/ auch mich zu solcher Arbeit animiret hat. Demnach überreiche E. Hochfürstl. Durchl. ich hiemit in Unterthänigkeit Sie selbsten/ nämlich ein Werk/ zu welchem Dero Preiswürdigstes ReisVerhältnis den Innhalt gegeben: gehorsamst bittend/ Dieselbe geruhen meine Kühnheit Gnädigst zu vermerken/ Dero ich dieses Buch zu hoher Genemhaltung / und in Dero hohe Clemenz, mit herzinnigster Anwünschung glücklichster Regirung und alles Hochfürstl. Wolwesens/ mich tiefst empfehle/ als

E. Hochfürstl. Durchleuchtigkeit

Nürnberg den 30 HerbstM.
A. 1668.

Unterthänigst-Gehorsamster
Knecht
Sigmund von Birken.

I Cap.　Ankunft des Chur-Hauses Brandenburg.

Das I Capitel.
Ruhm-Gerüchte des Chur-und Fürst-lichen Hauses Brandenburg.

(1) Des Chur- und Fürstlichen Hauses Brandenburg Ankunft/ (2) Aufname/ (3) Männliche und (4) Weibliche Stammzweige/ (5.) Hochfürtreffliche Helden/ (6) Verwandschaft mit Oesterreich/ (7) Sipschaft mit dem Röm. Kayser und andern Königen/ (8) mit den Chur- und (9) anderen Reichs-Fürsten.

IN Belobung einer hohen Ceder/ be- nennet und beschreibet man billig den Wald oder Birg/ aus welchem derselbe hervorgewachsen. Was massen/ das uralt-Gräfliche und iezt-Fürstliche Haus Hohen Zollern/ mehr als 1000 Jahre seiner Ankunft zehlet/ ist in seiner Historie zu lesen. Was massen aus selbigem/ iezt eben vor 500 Jahren/ die Burggrafen zu Nürnberg; und aus diesem/ iezt eben vor 250 Jahren/ das Chur-und Fürstliche Haus Brandenburg/ entsprossen: Davon ist gleichfalls anderwärts mit Umständen zu lesen/ und hat man dannenhero disorts sich damit nit aufzuhalten. Gleichwol wird/ von dessen nach und nach hoher Aufname/ Stamm-Stuffen und Zweige Anzahl/ Geist- und Weltlichen vornemsten Häuptern/ hoher Stamm-Verwandschaft mit Kayser-König-Chur- und Fürstlichen Häusern/ und andern Ruhmseeligkeiten/ auch welchergestalt der Durchleuchtigste Fürst/ von Deme gegenwärtige Historie lobredet/ aus demselb gesprosset/ kürzlich Anregung zu thun/ vor eine notturft erachtet: Damit der wehrte Leser/ gleichsam in einem blicke/ diesen ganzen Cedernwald überschauen möge.

1. Ankunft des Chur-und Fürstlichen Hauses Brandenburg. Dessen drey Epochæ oder Denkzeiten/ halbiren allemal ihre Jahrzahl.

A　　Unter

Aufname dieses Hauſes. I Cap.

2. Aufname dieſes Hauſes.

Unter den Erſten Burggrafen aus dem Haus Hohen Zollern/ hat Friderich III. Kayſ. Rudolphi I Schweſter Sohn/ (wie ihn Albertus Argentinenſis und andere alte Hiſtorici nennen/) nach ſeines Schwehers des lezten Herzogens zu Meran Tode/ welcher auf der Veſtung Plaſſenburg bey Culmbach ſeinen Hof-Sitz gehabt/ auch daſelbſt A. 1248 erſtochen worden / ſein Gebiete/ aus deſſen ererbter Verlaſſenſchaft / mit Bayreut / Cadolzburg/ Langenzenn und anderen Städten / vermehret und erweitert. Er ward auch/ von beſagtem Kayſer/ mit vielen Reichs-Flecken und Dörfern in Franken/ beſchenket.

Zum Burggrafthum kommen/ die Städte Bayreut / Cadolzburg/ Langenzenn:

Deſſen Enkel Burgr. Johannes II, hat nicht allein/ die Veſtung Plaſſenburg/ ſamt Culmbach/ Berneck / Trebgaſt und anderen Städten / von den Grafen zu Orlemund an das Burggrafthum erkauft: ſondern er wurde auch/ von Kayſ. Ludwigen/ zum Statthalter in die Mark Brandenburg geſetzet / und alſo dieſem Haus von dieſen Landen/ die es künftig eigentümlich beſitzen ſolte/ der erſte Vorſchmack gegeben.

Die Veſt. Plaſſenburg/ Städte Culmbach/ Berneck/ Trebgaſt;

Alſo erweiterte auch/ deſſen Sohn Burgr. Friderich V, ſeine Gebietſchaft mit Schwabach/ Gunzenhauſen/ Waſſertrüdingen/ Hof/ Münchberg/ Feuchtwang/ Uffenheim/ und anderen Städten: Die er/ theils von den Grafen zu Naſſau/ theils ſonſt von benachbarten Ständen/ erhandelt.

Schwabach/ Gunzhauſen/ Waſſertrüdingen / Hof / Münchberg / Feuchtwang / Uffenheim;

Sein Sohn Fridericus, ward von Kayſ. Sigismundo erſtlich zum Statthalter in die Mark Brandenburg verordnet; nachmals aber/ wegen ſeiner Fürſtlichen Tugenden/ auch getreuer und guter Dienſte/ und weil er bey dieſem ſeinem Statthalter-Amt von eigenen Mitteln ein merkliches zugeſetzt / weil überdas der Kayſer/ wegen vieler hoher Geſchäfte im Reich/ auch in Hungarn und Böheim/ dieſem ſeinem Erbland nit vorſtehen konde / und zudem keinen Männlichen Erben zu hoffen hatte / mit dieſen Landen und der ChurWürde/ gegen darlegung 400000 Gulden/ Erblich begabet / auch A. 1417 d. 18 Apr. zu Coſtenz beym Concilio hierüber offentlich belehnet.

Die Chur und Mark Brandenburg/ A. 1417:

Churf.

I Cap.   Aufname dieses Hauses.   3

Churf. Johannes sein Enkel/ behauptete A. 1482. das Herzogtum Crossen in Slesien: und Mgr. Georg sein Bruder-Sohn/ ward/ von seiner Mutter Brudern K. Uladislao in Böheim mit dem Herzogtum Jägerndorf daselbst/ versehen und begabet. Dessen Bruder Albertus, empfienge A. 1525 das Herzogtum Preussen vom König in Polen zu Erb-Lehen. Churf. Johann Sigmund/ erbte A. 1609/ nach dem Tode seiner Gemahlinn Großvatters/ des lezten Herzogens zu Gülich/ Cleve und Berg/ als der ältesten Erb-Tochter Eydam/ zwar mit Neben-Anmassung Pfalz-Neuburg/ die Gülichische Lande; und sein Sohn/ Churf. Georg Wilhelm/ A. 1637 nach absterben Bugislai XIV des lezten Herzogens/ vermög alter Erb Einigung/ das Herzogtum Pommern. *Die Herzogtümer/ Crossen und Jägerndorf in Slesien/ Preussen/ Gülich/ Cleve und Berg/ und Pommern.*

Dessen Sohn/ Herr Friderich Wilhelm/ itziger und Eilfter Churfürst zu Brandenburg Burggräflichen Stammens/ überliesse/ zu Beförderung des Teutschen Friedens / ein Theil von diesem Herzogthum/ nämlich die Vor-Pommerische Lande samt dem Fürstentum Rügen/ an die Cron Sueden: dafür Seine Churf. Durchl. vom Reich/ die Fürstentümer Halberstadt und Minden/ samt der Anwart zum ErzStift und Primat Magdeburg/ als dero künftigem Herzogtum/ zugewandt worden. Sie wurden auch A. 1657/ von der Cron Polen / im Herzogtum Preussen/ welches zuvor dieser Cron Lehen gewesen / *Souverain* gesprochen/ und ferner A. 1660/ beym Frieden Schluß mit der Cron Sueden/ mit dem Fürstentum Cammin versehen. *Vor Poihern u. Rügen kommen davon: hingegen wieder darzu/ die Fürstentümer Halberstadt u. Minden/ u. das Herzogt. Magdeb. Chur Brb. wird in Preussen Souverain: erlangt das Fürstentum Cammin.*

Solchergestalt ist dieses Chur- und Hoch-Fürstliche Haus/ in dritthalb hundert Jahren/ zu solcher Großmacht/ dieser Edle Cederbaum zu solcher Höhe und Breite/ erwachsen/ daß dessen Schatten/ auser der beyden Fürstentümer Burggraftums Nürnberg/ vom Rhein und den Niederlanden an/ durch Cleve/ die Graffsch. Mark/ die Stifte Minden/ Halberstadt und Magdeburg/ die Mark Brandenburg/ Cassuben/ Wenden/ Pommern und *Großmacht dieses Hauses.*

A 2   Preussen/

4 **Männliche Stamm-Zweige** I Cap.

Preussen/ biß an das Samoiten Land/ und also von einem Ende Teutschlands biß zum andern/ in die Länge bey 270 Meilen reichet und sich erstrecket.

3. Stamm Stuffen und Zweige dieses Hauses. Männliche Regenten/ Weltliche/

Dieser Baum/ zehlet nunmehr / 18 Stamm-Stuffen oder Generationes; und an solchen Aesten / 230 Stamm Zweige/ nämlich 110 Männliche und 120 Weibliche: Unter denen/ jener 41/ und dieser 30 / jung gestorben und verdorret. Unter den Erwachsenen Männlichen Stamm-Zweigen befinden sich/ nächst den XI Churfürsten/ (unter welchen der Zweyte A. 1446. zum König in Polen erwehlet worden/) 30 Regirende Lands-Fürsten: derer 13 das gantze Burggrafftum/ 7 das Theil Oberhalb Gebirgs/ 3 das Unter Land/ 2 das Herzogtum Preussen/ 2 die Mark und 3 das Herzogtum Jägerndorf bezeptert. Derer/

Geistliche: so zur Geistlichen Hochwürde gelanget / werden 28 / und darunter Ein Cardinal und Geistl. Churfürst / 8 Erz Bischofe/ 10 Bischofe/ Ein Hochmeister in Preussen/ 5 Heermeistere des Johanniter-Ordens/ und 5. andere Geistliche Herren / gezehlet.

Stamm-Tafel hierüber. Diß und anders wird/ dem wehrten Leser / in folgender Stamm-Tafel/ kürzlich vor augen gestellet.

1. Conradus I Burggraf zu Nürnberg.
2. Fridericus I starb 1218.
3. Conradus II. G. Clemenia Kayf. Rud. I Schwester.
4. Fridericus II.
  Conradus III.
5. Fridericus III. starb 1297. G. Helena Churf. Prinz. v. Sachsen.
6. Fridericus IV. Johannet.
  Fridericus Bisch zu Eichstett/ nachm. zu Regensburg.
  Albertus.
  Bertholdus Bisch. zu Eichstett.
7. Johannes II. starb 1357.
8. Fridericus V. starb 1398. G. Elisab. Frider. I. Churf. zu Sachs. Schwester.
  Johannes III. im Oberland. starb 1420.
  G. Margar. Kayf. Caroli IV. Tochter.

9. FRIDERICUS I, Churfürst und Marggraf zu Brandenburg 1417. 18 Apr. starb 1440. Alt 68. Jahre. Gem. Elisabetha Frider. Herz. in Bayrn L.

Johannes Mgr. im Ober L. st. 1464. Alt 63 Jahr. G. Barbara Chur Pr. v. Sachs.

FRIDERICUS II. Churf. erw. K. in Polen 1446. starb 1471. G. Catharina Chur Pr. von Sachs.

10 ALBERTUS A

Fridericus III. in der Marck starb 1463.
10. Alber-

I Cap. und Stamm-Stuffen. 5

A 10. ALBERTUS Achilles & Ulysses, Churf. zeugte 19. Kinder. st. 1486. Alt 72. Jahre.
G. 1. Margar. Mgr. von Baden. 2. Anna ChurPr. v. Sachsen.

11. JOHANNES Cicero Chf. st. 1499. G. Herzoginn aus Sachsen.	Fridericus IV. ⸺ 17 Kinder. st. 1536. Alt 76 J. G. Sophia. Kön. Prinz. v. Polen.	Sigismundus st. Obert. st. 1495.

12. JOACHIMUS Nestor Churf. st. 1535. G. Elisabetha, Königliche Prinzessin aus Denne-mark.	Albertus Cardinal Churf. und ErzB. zu Maintz und Magdeb. Bisch. zu Halberstat.	Casimirus im Obert. st. 1527. G. Susanna Herzoginn aus Bayrn.	Georgius im Untersf. und zu Jägerndf. st. 1543. Alt 60 J. G. 1. Amilia Herzoginn aus Sachsen.	Albertus II. Hoch-m. und Herzog in Preussen. st. 1567. Alt 78. Jahre. G. 1. Dorothea, K. Prinz. von Dennem. 2. Anna Maria Hz. v. Braunschweig.	Johannes III. Vice-R. zu Valenzia Hisp. st. 1526. G. Germana. Kön. Wittib in Hispan.	Wilhelmus ErzB. zu Riga. st. 1563. Alt 65. J.	Johannes Albertus, ErzB. zu Magdeb. und Bisch. zu Halberst. st. 1550.

13.JOACHIMUS II. Chf. st. 1535. G. 1. Magdal. Herz. v ö Sachs. 2. Hedwig Kön. Prinz. aus Denne-m.	10. Johannes IV. in der Marck starb 1571.	*Albertus III. Alcibiades starb im Obert. st. 1557.	Georg Friderich. st. 1603. Alt 60. J. G. 1. Elisab. Mgr. v. Bräd-b.	Albertus Fridericus in Preussen. st. 1618. Alt 66. J. G. Maria Eleonora Herz. v. Gülich.

14.JOHANNES GEORGIUS Churf. st. 1598. Alt 73 J. 3. 23 Kinder. G. 1. Sophia Hz. von Lignitz. 2. Sabina Mgr. von Brandb. 3. Elisabetha Fürst. von Anhalt.	Fridericus V ErzBisch. zu Magdeb. Bisch. zu Halberst. st. 1552.	Sigismundus ErzBisch. zu Magdeb. Bisch. zu Halberst. st. 1566.

15.JOACHIMUS FRIDERICUS Churf. erstl. Bisch zu Havelberg u. Lebus, Erz-Bisch. zu Magdeburg st. 1608. Alt 63 J. G. 1. Catharina Mgr. von Brandenb. 2. Eleonora Mgr. von Brandenb.	Christianus im Obert. starb 1655. Alt 75. J. G. Maria Mgr. Brandenburg.	Joachimus Ernestus im Untersf. st. 1625. G. Sophia Gr. von Solms.	Fridericᵘˢ VI Johanniter Ordens Heer-Meist. 1611.	Georg Albertᵘˢ, Johann. Ord. Heermeister.

16.JOHANNES SIGISMUNDUS Churf. st. 1619. G. Anna Marggr. von Brandenburg.	Johañ Georg II. in Jägernd. B. zu Strasb. Joh. Ordens Heerm. st. 1624.	Christianᵘˢ Wilhelmᵘˢ, ErzBischoff zu Magdeburg st. 1662. Alt 78. J.	Erdman Augustᵘˢ st. 1651. G. Sophia M. v. Bräd.	Georg. Albertus, Administr. im Obert. st. 1666. G. MariaElisab. aus Holst. 2. Sophia Mar. Gr. v. Solms.	Albertᵘˢ IV. Mgr. im untersf. zu Donoltzbach. Oct. 1667. G. 2. Sophia Margar. Gr. v. Oettingen.

17. GEORGIUS WILHELMUS Chf. st. 1640. G. Elisab. Charlota ChurPr.	Joach. Sigismundᵘˢ Joh Ord Heermeist. st. 1625.		Ernestus in Jägernd. st. 1642.		H. Christianus Ernest' Mgr. im Oberl. zu Bayreuth, geb. 1644. 27 Julii G Fr. Erdm. Sophia ChurPrz v. Sachsen.	Herr. Johann. Fridericus Geboren 8. Oct. 1654.

18. H. FRIDERICUS WILHELMUS Churfürst zu Brandenburg. Geb. 6. Febr. 1620. Gem. Louyse Prinzessin von Uranien. st. 1667. 2. Fr. Dorothea, Herzoginn von Holstein-Glücksb.

A 3

6 **Weibliche Stamm-Zweige.** I Cap.

Deren Fruchtbarkeit und Langlebigkeit:
Bey dieser StammTafel ist zugleich bemerkt worden/ dieses Hauses Fruchtbarkeit/ indem Churf. Albrecht 19/ Churf. Johann Georg 23 und Mgr. Friderich IV, 17 Kinder gezeuget. Ingleichen wird darinn mit vorgezeiget/ die Langlebigkeit der Fürsten dieses Hauses: Immassen zween derselben im 60/ zween im 63/ einer im 65/ 66 und 68/ einer im 72/ 73/ 75 und 76/ und zween im 78 Jahr gestorben/ und also der Altverlebten Dreyzehen gezehlet werden.

Universitäten
Sonsten ist hierbey noch zu erwehnen/ daß von diesem Haus/ und in dessen Landen/ drey Universitäten und zwey Illustria Gymnasia, nämlich A. 1506. von Churf. Joachim I die HohSchul zu Frankfurt an der Oder/ A. 1544 von Herz. Albrecht II die zu Königsberg in Preussen/ und A. 1655 von ietzregirender Churf. Durchl. die zu Duysburg im Land Cleve; Ferner A.

und Gymnasia.
1582 von Mgr. Georg Fridrich das *Gymnasium* im Kloster Heilsbrunn/ und A. 1664 von dem Durchleuchtigsten Fürsten/ Deme diese Historie gewidmet ist/ das *Christian - Ernestinum* zu Bayreuth/ gestiftet worden.

Weibliche Stam Zweige: Geistliche/ und Vermählete/an Kayser König - Chur und ErzFürstliche/
Unter den Weiblichen StammZweigen/ werden/ nächst den 30 Jungverstorbenen/ 9 Geistliche/ (darunter 6. Ebtissinnen/) und 81 Vermählte/ gezehlet. Unter diesen befinden sich/ eine Röm. Kayserinn/ Kays. Ruperti Gemahlinn/ eine Königin in Sueden/ 3 Königinnen in Dennemark Stammens Mütter/ 3 Churfürstinnen zu Sachsen StammensMütter/ 4 Churfürstinnen zu Brandenburg darunter zwo StammensMütter/ 2 ChurPfalzgräfinnen StammensMütter/ und eine Erz-Herzoginn in Oesterreich/ Kays. Alberti II Großmutter.

auch andere Fürstliche Häuser.
Hiernächst sind aus diesem Haus entsprossen/ 2 vermählte Herzoginnen in Bayrn/ 4 zu Braunsweig/ 2 in Churland/ 5 zu Lignitz/ 1 zu Mantua/ 3 zu Meckelburg/ 8 in Pommern / 3 zu Sachsen-Lauenburg/ und 4 zu Würtenberg/ 3 Marggräfinnen zu Brandenburg/ 2 Pfalzgräfinnen/ 3 Landgräfinnen in Hessen/

1. Für

1 Fürstinn zu Anhalt/ 1 von Zollern/ und 1 von Eggenberg/ zum theil StammensMütter; ferner 2 Herzoginnen zu Crossen/ 1 zu Gülich/ 2 zu Lüneburg/ und 1 zu Münsterberg/ 1 Landgrä-sinn in Thüringen/ und 2 zu Leuchtenberg/ 1 Fürstinn Radzivilinn/ und 1 in Siebenbürgen.

Hingegen haben an diß Haus geheuratet / eine Kayserliche Prinzessin Kays. Caroli IV Tochter/ eines Kaysers (Rudolphi I) Schwester/ 1 Königl. Wittib in Hispanien/ 1 Königliche Prinzessin aus Böheim/ 2 aus Polen und 2 aus Dennemark/ 6 Chur-Prinzessinnen aus Sachsen/ und 1 ChurPfalzgräfinn; ferner 1 Prinzessin von Anhalt/ 2 von Baden / 2 von Bayrn / 7 von Brandenburg/ 3 von Braunschweig/ 1 von Gülich/ Hessen und Brabant/ Holstein/ Lignis/ Lüneburg/ Meissen/ Meran/ Münsterberg/ und Pommern/ 3 aus Sachsen/ 1 von Uranien/ und 2 von Würtenberg. Diß Haus hat auch sonst/ mit den alt Gräflichen Häusern Castell/ Henneberg/ Hohenloh / Nassau / Schaumburg und Wertheim/ und sonderlich im itzigem Seculo mit Oettingen und Solms/ sich befreundet.

Prinzessinnen/ so herzu geheuratet.

Wiewol dieser Chur-und Fürstliche Ceder-Stamm/ vor wenig Jahren/ gar arm an Zweigen gewesen: So hat er doch seither so herrlich wieder getrieben/ daß er nunmehr/ noch den zweyen Chur-und Fürstlichen Regenten/und dem ChurPrinzen/ noch 8 junge Prinzen und 4 Fürstliche Freulinn zehlet. Der Himmel wolle ihn noch ferner Segen-besaften und Gnad-wärmen/ damit dessen unendlicher Wachstum noch viel hohe Aeste und Zweige aufzipfeln möge.

Itzige Aeste und Zweige dieses Stammes.

Sonsten zehlet dieses Haus/ viele Hochfürtreffliche Helden/ welche beydes zu Kriegs- und Friedens-Zeiten hohe Tugend von sich scheinen lassen/ und sich Durchleuchtigst erwiesen. Insonderheit zieret dieselben/ der Ruhm hoher Dapferkeit und Kriegs-Witze/ welche diesem Haus gleichsam von angebohrenheit eigen und verwandt ist: und solche haben sie auch jederzeit / zu Diensten der Röm. Kaysere/ und des H. Reichs/ höchstlöblich verwendet. Also ware

Hochfürstreffliche Helden/ dieses Hauses. Kriegs-Helden:

Burggrafen/ ware Bgr. Friderich III, seines Hrn. Vettern Kayſ. Rudolphi I getreuer Kriegs-Geselle: Wie er dann/ in der Schlacht mit K. Ottocaro, die Fränkiſche und Rheiniſche Reichs-Hülfe befehligt/ auch ſelber dem Kayſer etliche hundert Reuter zugeführt. Sein Sohn Bgr. Friderich IV, befande ſich/ unter andern Kriegs Zügen/ auch in dem Treffen Kayſ. Ludwigs mit Kayſ. Fridrichen/ und halfe jenem den Sieg erobern. Er hat auch/ vorher Kayſ. Heinrichen VII, in Jtalien begleitet/ und deſſen Sohne/ K. Johannſen/ das Königreich Böheim erobern helffen.

Churfürſten/ Churf. Friderich I wurde/ wegen ſeiner bezeigten Kriegs-Erfahrenheit/ unter Kayſ. Sigismundo, zum Reichs-Feldherrn wider die Huſſiten erwehlet: Da ihm der Päpſtliche Nuncius, zu Nürnberg in der Sebalds Kirche/ ſelber das Schwerd angegürtet. Seine beyde Söhne wurden/ wegen ihrer Heldenthaten/ Churf. Friderich II der Marggraf mit den Eiſernen Zähnen/ und Churf. Albrecht der Teutſche Achilles, zugenennet. Dieſem Letztern/ welcher inſonderheit üm Kayſ. Fridrichen IV mit dapferer Treue ſich wohl verdient gemacht/ wird von Ænea Sylvio, der nachmals P. Pius II wurde/ rühmlich nachgeſchrieben: Daß er/ zum öftern Feldherr und in vielen Schlachten/ in ſelbigem allemal der vorderſte/ im Abzug der letzte/ und in Belägerungen der Erſte auf der Mauer/ geweſen; Daß er niemals jemanden einen Ritterkampf verſaget/ in ſolchen allemal obgelegen/ niemals beſchädigt noch abgeworfen worden/ ſondern jedes mal ſeinen Gegenpart aus dem Sattel gehoben und zur Erde gefärtiget. Churf. Joachim II, ſein Ur Enkel/ ware Obriſter Feldherr/ wider die in Hungarn und Oeſterreich einfallende Türken/ und halfe dieſelben ſchlagen und verjagen. Er hat auch ſonſten/ neben ſeinem Sohn und Chur Prinzen/ im Teutſchen Krieg/ Kayſ. Carln V groſſe Dienſte erwieſen. Was Glück und ſieghafte Dapferkeit/ auch hohe Kriegs witze/ jetzt-regirende Churf. Durchl. in letzt-verwichenen Kriegen/ mit und wider die Cronen Polen und Sueden/ verſpüren laſſen/ das iſt noch/ in friſchem Ruhm-Andenken/ und gibt/

deren

deren hoch-ersprießliche Würkung/ der Chur- und Fürstlichen Nachkommenschaft dieses Hauses/ grosse Ursache/ sich Deroselben mit ewigem Danke zu erinnern.

Mgr. Friderich III, Churf. Albrechts Sohn/ hat gleichfalls/ und Mark neben seinen Söhnen Casimiro und Johanne III, zu Dienst der grafen. Käysere Maximiliani I und seiner beyden Enkel/ in den Kriegen wider Flandern/ Venedig/ Bayrn und Hungarn / Muht und Faust niemals gesparet. Was maßen auch Mgr. Albrecht/ um des willen der Teutsche Alcibiades benahmet/ seine gefürchte Waffen durch ganz Teutschland/ bis in Lothringen und an die Französische Gränze/ blinken gemacht/ und sich bey Kays. Carln V und K. Francisco I in Frankreich in hochachtung gesetzet: Solches ist annoch Weltbekandt/ und kan dißorts mit wenig Zeilen nicht beschrieben werden.

Gleichwie aber dieses Haus/ allein um Friedens willen / und Friedens-Heb denselben zu erhalten/ jederzeit die Waffen dapfer geführet: also den. zehlet es auch viel theure Regenten/ unter denen Churf. Johannes, Churf. Johann Georg / Mgr. Georg Friderich und Mgr. Christian/ vor andern Ruhm-leuchten/ die den güldenen Frieden/ sowol im H. Reich/ als in ihren Landen/ zu unterstützen und zu fördern/ weder Mühe noch Kosten gesparet. Wie dann auch Churf. Friderich II, wiewol er von den Polnischen Ständen ordentlich erwehlt und zur Kron beruffen worden / solche lieber dem ErbPrinzen Casimiro überlassen/ als deswegen in einen Land- und Leut-verderblichen Krieg sich einflechten/ wollen. Sie haben auch sonst des Friedens mit G-Ott sich beflissen/ und in der Gottesfurcht großen Eifer verspüren lassen. Wie dann insonderheit Mgr. Georg ein solches erwiesen/ indem er vor Kays. Carolo V. sich unerschrocken vernehmen lassen: Wie daß er lieber seinen Kopf verlieren / als von der einmal erkannten und bekannten Warheit Evangelischer Religion wieder abweichen/ wolle.

Ein Haus/ das ein Palast ist der dapferen Pallas / wird zugleich auch bewohnet von der kunstsinnigen Pallas. Kunst und
B Brunst

Kunst-Helden.

Brunst/ regen sich gemeinlich in Einer Seele: Gleichwie Apollo/ neben dem Bogen/auch die Leyr zu führen pfleget. Solcher Kunst-Helden/ werden in diesem Haus auch viele gezehlet. Churf. Johannes und sein Sohn Churf. Joachim I, waren weiße und hochfürtreffliche Rednere/erwiesen auch solche ihre hohe Weißheit und Redseeligkeit/ zu jedermans Verwunderung / bey Reichstägen und sonst in hohen Versammlungen: dannenhero Sie/ jener der Teutsche Cicero, dieser (der auch vieler Sprachen kündig war / und ausländischen Abgesandten in ihrer Sprache selber zu antworten pflegte/) der Teutsche Nestor zugenennet worden. Churf. Johann Georg ware an Verstand und Weißheit so hoch-übertrefflich/ daß er es/ in Rathschlagungen/mit klugen Gedanken seinen Rähten weit vorthäte. Wasmassen Sie aber/ nicht allein selber Kunstgelehrt gewesen/sondern auch das Reich der Künste zu-mehren sich beflissen/solches ist aus ob-erwehnten ihren Hoch Schul-Stiftungen abzunehmen: Und haben sie/ selbige Musen-Sitze nicht allein erbauet/sondern auch zum theil mit eigener Besuchung beehret/ wie drunten an seinem Ort soll mit-angeführet werden.

6. Verwädschaft dieses Hauses/ mit dem Ertz-Haus Oesterreich. Beyde Häuser aufwachsen

Das Chur-Haus Brandenburg / ist mit dem Königlichen Ertz-Haus Oesterreich / fast zu Einer Zeit/und durch Einen Beförderer / zu sonderbarer Hoheit gestiegen und erwachsen: Indem Kays. Sigismundus, A. 1417 Bgr. Fridrichen VI mit der Chur- und Mark Brandenburg erb-begabet und belehnet; und A. 1437 Ertzh. Albrechten V, mit seiner einigen Tochter / die Königreiche Hungarn und Böheim zuegewendet/dadurch er ihme und dem Ertz-Haus zur Kayserlichen Höchstwürde/ welche seither durch fortsätzliche Wahl-gunst der Churfürsten bey demselben verblieben/

und aufstamen miteinander;

eine Stuffe gebauet. Beyde Häuser stammen auch bey 400 Jahren her / zugleich mit einander / von Gr. Albrechten IV zu Habsburg: Als welcher Kays. Rudolphi I, und Clementiæ Bgr. Conrads II Gemahlinn/ Vatter gewesen. Diese Verwandtschaft wurde / ungefähr anderthalbhundert Jahre hernach/ durch Churf. Fridrichen I, erneuret als dessen Schwester Beatrix an

Ertzh.

I Cap. **Verwandschaft mit Oesterreich.** 11

Erzh. Albrechten III vermählet worden: Deren Enkel Kays. Albertus II, durch seine Ur Enkelinn Annam, K. Uladislai in Hungarn und Böheim Tochter, Kays. Ferdinandi I Gemahlinn, den Erz Stammen fortgepflanzet. Es hat auch Kays. Ferdinandus I dieser Verwandschaft sich erinnert, und dannenhero, in einem Schreiben an Churf. Joachim II den 19 Mart. A. 1554 dieser Worte sich vernehmen lassen: Wie daß S. May. die uralte Verwandnis und Freundschaft, damit beyde Häuser Oesterreich und Brandenburg mit- und nebeneinander herkommen, in guter frischer Gedächtnis habe.

Aus dieser Glücks- und Geblüts-Verwandschaft, entstunde noch die dritte, des Gemütes: Vermög deren, beyde Häuser, jederzeit miteinander in freundlichem Vernehmen gestanden. Burggraf Friderich III, halfe Kays. Rudolphi I Wahl befördern, brachte ihm auch hiervon die erste Botschaft, und ward von ihme nach und nach zu hohen Geschäften gezogen. Churf. Albertus Achilles, hat sein lebenlang Kays. Fridrichen IV gute treue Dienste erwiesen. Marggr. Johannes III, machte sich bey K. Carln in Hispanien so beliebt, daß er ihn zum Statthalter in das Königreich Valenza verordnet, und seine Stief Groß Mutter ihm zur Gemahlinn gegönnet. Marggr. Casimir, ware eben dieses Königs Gesandter zum Reichs-Wahltag: Deme er auch mit so guter Verrichtung beygewohnet, daß sein Principal dazumal Röm. Kayser worden.

Es finden sich aber, auser den zweyen ob-angezogenen, noch zwölfe, und also zusammen XIV vornehme nahe Verwandschaft-Bande zwischen diesen beyden Häusern: Welche, vieler anderer zu geschweigen, in nachfolgender Verwandschaft-Tafel kürzlich vor augen gestellt werden.

B 2 Albertus

Verwandschaffts-Tafel mit Oesterreich. I Cap.

Albertus IV Graf zu Habsburg.

RUDOLPHUS I Röm. Kayser. ⚭ Clementia, Friderici II Burggr. zu Nürnb. Gem. um A. 1234.

| ALBERTUS Röm. Kayf. Erzherzog in Oesterreich. | Mechtild, Ludov. II Chur-Pfalzgrafens Gemahlinn. | Agnes Alb. II. Churf. zu Sachf. G. Gem. | Gutha, Wencesl. Kön. in Böh. Gem. | Fridericus III. |

| Albertus II | LUDOVICUS Römischer Kayser. | Agnes, Heinr. Pueri Lgr. in Hess. Hz in Brab. G. | Rudolphus II Churfürst. | Elifabetha, Johan. K. in Böh. Gem. | Fridericus IV. 2. Johannes II. Gem. Agnes, Landgräfin in Heffen. |

6 Leopoldus III. Albertus III. Burggr. Beatrix zu Nürnb.

Stephanus Herzog in Bayrn. | 2. Agnes, Johann. II Burggr. zu Nürnb. Gem. | Wenceslaus Churfürst. | CAROLUS IV. Röm. Kayser. | Fridericus V. |

Fridericus | Rudolphus III Churf. | 4 Margaretha, Joh. III. Burggraf. zu Nürnberg Gem. | 6. Beatrix, Alb. III. Erzh in Oest. G. 5. Friderc. I Churf. u. Mgr. zu Brand. Gem. Elisab. Herz. in Bayrn. | 4 Johannes III. Gem. Margarecha Kayf. Pring. aus Böh.

| Albertus IV. | Ernestus | Elifabetha, Fridericus I Churf. zu Brandenb. Gem. | 5 Barbara Johan. Alchym. Maragr. zu Brandenb. Gem. | | |

| ALBERTUS II Röm. Kayser. | FRIDERICUS IV Röm. Kayser. | Margaretha Frid. II Churf. zu Sachf. G. | 5 Johannes Alchymista Mgr. zu Brandenburg. Gem. Barbara Chur-Prinzeffin von Sachsen. | | 7 Albertus Achilles Churf. Gem. Anna Chur-Prinzeffin von Sachsen. |

Anna, Wilh. Hz. zu Sachs. Gem. Elifabetha K. Hz. G. Cafim. in Pol. S Soph. Frid. Mj. Gr. G.

| | MAXIMILIANUS I Röm. Kayser. | Cunegundis, Alb. IV Herz. in Bayrn. Gem. | Albertus Herz in Sachsen. | 7 Anna, Alberti Achill. Churf. zu Brandenburg Gem. | 9 Johannes Churf. Gf. Margaretha Herzoginn zu Sachsen. | 8 Fridericus Mgr. Gem. Sophia Kön. Princeffinn in Polen. |

9 Marg. Joh. Churf. zu Br. G. | Philippus K. in G. | Sufanna Cafim. Mgr. zu Br. Gf. Gem. | Georgi Churf. Barbara | Joachimus I Churf. | Albertus Herzog in Preuffen. | 10 Cafimirus Mgr. Susanna Herz. in Bayrn.

12. Sophia Joh. Georg. Churf. zu Brandb. Gem | FERDINANDUS I Röm. Kayser. | 11 Magdalena. | 11 Joachimus II Churf. | 13. Albertus Fridericus. G. Maria Eleonora Herz. zu Gülich. |

MAXIMILIANUS II Röm. Kayf. **A** | Maria, Wilh. Herzog zu Gülich Gem. **B** | 12. Johann-Georg Churf. Gem Elisabetha Fürstinn von Anhalt. **C** | 14. Maria, Christiani Maragr. zu Brandenburg Gem.

I Cap.   Sipschaft mit den Königen.   13

A	B	C
Carolus Erzh.	13 Maria Eleonora, Alb. Frid. Mgr. zu Brandenb. Gem.	14 Christianus Mgr. zu Brandenb. Gem. Maria Mgr. zu Brandenburg.
FERDINANDUS II Röm. Kayf.		
FERDINANDUS III Röm. Kayfer.		Erdmann Augustus.
HERR LEOPOLDUS Röm. Kayfer.		Herr Christianus Erneftus, Marggr. zu Brandenburg.

Disorts allein von unsrem Durchleuchtigsten Fürsten zu sagen/ so sind S. Hochfürstl. Durchl. gesipt/ mit Ihr. Kayf. auch zu Hungarn und Böheim Kön. Mayst. im Fünfter/ mit dem König in Hispanien im Sechsten/ und mit den Königen in Frankreich/ Engelland und Polen/ im vierten Grad; besag hiernächst-folgender Sipschaft-Tafel: 7 Sipschaft/ mit dem Röm. Kayf. und den Königen / in Hispanien / Frankreich/ Engelland und Polen.

FERDINANDUS I Röm. Kayfer.

MAXIMILIANUS II Röm. Kayfer.	Johanna, Francisci Groß Herz. zu Florenz Gem.	Maria, Wilhelmi Herzogens zu Gülich Gemahlinn.	
Carolus Erzherzog in Oesterreich.	Maria, Heinrici IV Königs in Frankr. Gem.	Maria Eleonora, Alb. Frider. Mgr. zu Brandb. Herz. in Preuff. Gem.	
FERDINANDUS II Röm. Kayfer.	Constantia, Sigism. III K. in Polen G.	Ludovicus XIII K. in Frankr.	Maria, Caroli K. in Eng. G.	Maria, Christiani Mgr. zu Brandenb. Gem.
FERDINANDUS III Röm. Kayfer.	Hr. Johannes Casimirus König in Polen.	Hr. Ludovicus XIV K. in Frankreich.	Hr. Carolus II König in Engell. u. Schottland.	Erdmann Augustº.
Herr LEOPOLDUS, Röm. Kayfer/ König in Hungarn und Böheim/ Erzh. in Oesterreich.	Fr. Maria Anna, Philippi IV K in Hispan. Gem.		Herr Christianus Eruestus, Maragraf zu Brandenburg.	
Herr Carolus II König in Hispanien.	Frau MARGARETHA, Röm. Kayferian.		Fr. Teresia Maria Köninginn in Frankreich.	

Die andere beyde Könige/ belangen S. Hochfürstl. Durchl. mit Sipschaft/ der König in Dennemark im Dritten/ und der König in Sueden im Vierten Grad: Wie hernach folget.   in Dennemark und Sueden.

B 3   Johann

Sipschafft mit den Churfürsten.

Johann Georg, Churfürst zu Brandenb.		Wilhelm, Herzog zu Gülich.	
Joachim Friderich Churf.	Christianus Marggraf zu Brandenburg.	Maria Eleonora, Alb. Frid. Mgr. zu Brandenb. Gem.	Magdalena, Joh. Pfalzgr. zu Zweybr. Gem.
Anna Catharina, Christiani IV R. in Dennemark Gem.	Erdmann Augustus.		Johann Casimir, Pfgr. zu Kleeburg.
Herr Fridericus IV Kön. in Dennem.	Herr Christianus Ernestus Marggr. zu Brandenburg.	Maria, Christiani Marggrafens zu Brandenburg Gem.	Carolus Gustavus, K. in Sueden.
			Herr Carolus König in Sueden.

§. Sipschaft mit den Churfürsten. Von denen HH. Churfürsten wird S. Hochfürstl. Durchl. mit Sipschaft berühret/ von Chur-Cöln und Chur-Bayrn im Fünfften/ von Chur-Sachsen im Dritten/ von Chur-Brandenburg im Vierten/ und von Chur-Pfalz im Sechsten Grad: Und solches erscheinet/ aus hiesiger Sipschafft-Tafel.

Johannes Churfürst zu Brandenburg.				FERDINANDUS I Röm. Kayser.	
Anna, Frider. Kön. in Dennemark Gemahlinn.	Joachim Churf.	Maria, Wilh. Herz. zu Gülich Gem.			Anna, Alberti V. Herz. in Bayrn Gem.
Christianus III K. in Dennemark.	Joachim II Churf.	Maria Eleonora, Alb. Frid. Margr. zu Brandenb. Gem.			Wilhelm V.
Fridericus II K. in Dennemark.	Johann Georg Churf.				
Anna, Jacobi VI K. in Engell. G.	Joachim Friderich Chf.	Sophia, Christiani I Churf. zu Sachs. Gem.	Christianus Mgr.	Maria	Albertus, Herz. in Bayrn.	Maximilianus, Churfürst in Bayrn.
Elisabetha, Frid. V Churpfgr. Gem.	Johann Sigmund Chf.	Johann Georg Churf.	Erdmann Augustus		Hr. Maximilianus Churf. zu Cöln.	Ferdinandus Maria Churfürst in Bayrn.
H. Carol. Ludovic. Churpfalzgraf.	Georg Wilhelm Churf.	Hr. Johan Georg II Churfürst zu Sachsen.	Hr. Christianus Ernestus Mgr. zu Brandenburg.			
	Hr. Friderich Wilh. Churf. zu Brandenb.					

I Cap.   Sipschaft mit den Reichs-Fürsten.   15

Andere des H. Röm. Reichs Fürsten belangend/ so stehen S. Hochf. Durchl. in Sipschaft/ mit Brandenburg-Onoldsbach im Zweyten/ mit dem H. Bischof zu Osnabruck / mit Braunsweig-Zell und Hanover / mit Hessen-Darmstadt/ mit Lignitz / mit Sachsen-Hall/ Mersburg und Naumburg/ und mit Würtenberg/ im Dritten/ mit Holstein-Gottorf/ Pfaltz-Simmern und Sachsen Lauenburg im Vierten / und mit Hessen-Cassel im Fünften Grad oder Stamm-Tritt: Wie folgende Tafel fürweiset.

9. Sipschaft mit anderen Reichs-Fürsten.

			Georg Wilh. Churf.	Hedwig Sophia Wilh. V Landgr. in Hess. Gem.	Herr Wilhelm VI Landgr. zu Hessen, Cassel.
		Johann Sigmund Churf.	Maria Eleonora, Ludovici Philippi Pfaltzgr. Gem.		Herr Ludwig Heinrich Moritz Franz Pfgr. zu Simern.
	Joachim Friderich Churf.	Barbara Sophia, Johann. Frider. Hertzogens zu Würtenb. Gem.			Herr Eberhard, Hertzog zu Würtenberg.
		Christianus Marggr. zu Brandenb.		Erdmann Augustus.	Herr Christian Ernst Marggr. zu Brandenburg Culmbach.
		Joachim Ernst Marggr. zu Brandenb.		Sophia. Albercus.	H. Johann Friderich Marggr. zu Brandenb. Onoltzbach.
		Sophia Christiani I Churf. zu Sachs. Gem.	Johann Georg L Churf.	H. Augustus H. Christianus H. Mauritius.	Herzog zu Sachsen. Hall. Mersburg. Naumburg.
		Magdalena, Ludovici Landgraf. in Hessen Gemahlinn.		Maria Elisabetha, Frid Herz. zu Holst. G.	H. Christianus Albertus, Herzog zu Holstein. Gottorf.
			Georgius Anna Eleonora, Georg. Herzog zu Lüneb. Gem.	H. Georg Wilhelm H. Johann Friderich H. Ernst-Augustus.	Herr Ludovicus Landgraf zu Hessen-Darmstatt. Zell. Hanover. B. zu Osnbr.
		Dorothea Sybilla, Johann Christiani Herzogens zu Lignitz Gem.			Herr Christianus Herzog zu Lignitz in Sles.
		Maria, Francisci Herz. zu Sachsen-Lauenburg Gem.		Julius Heinrich.	Herr Julius Franciscus Herzog zu Sachsen-Lauenburg.

Hedwig, Jul. Herz. zu Braunsw. Gem.   Johann Georg Churfürst. Gem.   Joachimus II Churfürst zu Brandenburg.

Die

Sipschaft mit den Reichs Fürsten.

Die Sipschaft Sr. Hochfürstl. Durchl. mit Anhalt/ Baden-Durlach/ Braunschweig-Wolfenbüttel/ Sachsen-Weimar und Gotha/ im vierten Grad/ erhellet aus nachfolgender Tafel.

```
                 ⎧ Johann Georg ── Johann Ca- ── H. Johann Georg Fürst zu Anhalt- Dessau/
                 ⎪ F zu Anh.         simir.         und die HH. Vettern.
                 ⎪ Elisabetha Johann.── Christianus ── Erdmann ── Herr Christianus Ernestus,
                 ⎪ Georg. Churf. zu    Mgr. zu       Augu-         Marggr. zu Brandenburg
Joachim Ernst,   ⎨ Brandenb. Gem.      Brandb.       stus          Culmbach.
Fürst zu Anhalt. ⎪ Sibylla, Frider. Herz. ── Barbara, Frider. Marggr. ── Herr Fridericus, Marggr. zu
                 ⎪ zu Würtenberg G.          zu Baden Gemahl.            Baden-Durlach.
                 ⎪                        ⎧ Wilhelm ── Herr Johann-Ernst Herzog zu Sachsen-
                 ⎪ Dorothea Maria, Johann.⎨              Weimar/ und die HH. Brüder.
                 ⎪ Herz. zu Sachsen Gem.  ⎩ Ernestus, Herzog zu Sachsen-Gotha.
                 ⎪                         Johannes. ── Herr Carolus Wilhelm, Fürst zu Anhalt-Zerbst.
                 ⎪                     ⎧ Dorothea, Augusti ⎫── Herr Rudolph-Augustus, Herzog
                 ⎪ Rudolphus Fürst     ⎨ Herz. zu Braun-    ⎬   zu Braunschweig-Wolffenbüttel/ und
                 ⎩ zu Anhalt.          ⎩ schweig Gem.       ⎭   die HH. Brüder.
```

Dero Sipschaft mit Mekelburg erstreckt sich auf den Fünften/ und mit Holstein-Sonderburg und Pfalz-Birkenfeld/ auf den Sechsten Grad; Wie hiesige Tafel ausweiset.

Albertus Achilles, Churfürst zu Brandenburg.

Fridericus Marggr. zu Brandenburg.		Johannes Churfürst.	
Albertus Herz. in Preussen.	Joachim Churfürst.	Anna, Friderici I K. in Dennemark Gem.	
AnnaSophia, Albertus	Joachim II Churf.	Christianus III König in Dennemark.	
Joh. Alb. Herz. Fridericus.	Joh. Georg Churf.	Johannes Herz.	Dorothea. Wilh. Herz. zu
zu Mechelb. G.		in Holstein-	Lüneb. Gemahlin.
Johannes Maria.	Christianus Mgr.	Sonderburg.	
	zu Brandenb.		Dorothea, Caroli Pfgr. G.
Adolph Fri- Johann.	Erdmann Au-	Philippus.	
dericus. Albertus.	gustus.		Georg Wil- Christia-
		H. Christi-	helm. nus.
H. Christi- H. Gustav	H. Christian-Er-	anus Herzog	
nus Herzog zu Adolph,	nestus, Marg-	zu Holstein-	H.Carl-Otto. H. Christianus
Meckelburg Herz zu Me-	graf zu Bran-	Glücksburg	Pfalzgraven in
Swerin. feld.Gustr.	denburg Culmb.	u.HH. Vettern.	Birkenfeld.

Ferner

Sipschafft mit den Reichs-Fürsten.

Ferner so sind S. Hochfürstl. Durchl. im Vierten Grad gesipt/ mit Sachsen-Altenburg/ und mit denen HH. Pfalzgraven zu Neuburg/ Sulzbach/ Zwepbruck/ Kleeburg und Lautereck: wie nächst-folgende Sipschafft-Tafel vor Augen stellet.

Wilhelm Herzog zu Gülich.

Maria Eleonora, Alberti Friderici Herz. in Preussen Gem.		Anna, Philip. Ludov. Pfalzgr. zu Neub. Gem.		Magdalena, Johan. Pfgr. zu Zwepbruck Gem.	
Maria, Christiani Marggr. zu Brandenb. G.	Wolfgang Wilhelm,	Augustus,	Anna Maria, Fridr. Wilh. Herz. zu Sachs. G.	Friderich Casimir°.	Johann-Casimirus.	Maria Elisabetha, Pfgr. Georg-Gustav. Gem.
Erdman August°.	H. Philipp Wilhelm Pfalzgraf zu Neuburg.	H. Christian Augustus Pfalzgraf zu Sulzbach.	H. Frid. Wilhelm, Herz. zu Sachsen-Altenburg.	H. Friderich Ludwig Pfalzgraf zu Zweybruck.	H. Adolphus Johannes Pfalzgraf zu Kleeburg.	H. Leopoldus Ludovicus, Pfalzgraf zu Lautereck.
H. Christian Ernestus, Mgr. zu Brandenburg-Culmb.						

Noch eine Sipschafft/ nämlich mit Baden-Baden/ belangt S. Hochfürstl. Durchl. mit dem Sechsten Grad; besag dieses Täfeleins.

Philippus I König in Hispanien.

CAROLUS V. Röm. Keyser.	FERDINANDUS Röm. Keyser.
Philippus II König in Hispanien.	Maria, Wilhelmi Herz. zu Gülich Gem.
Catharina, Carl-Emman. Herz. zu Savoy G.	Maria Eleonora, Alb. Fridr. Marggr. zu Brandenburg Gem.
Franciscus Thomas.	Maria, Christiani Marggr. zu Brandenburg Gem.
Louyse Christina, Ferdin. Maxim. Mgr. zu Baden G.	Erdmann Augustus.
S. Ludwig Wilhelm, Marggraf zu Baden-Baden.	H. Christianus Ernestus Marggr. zu Brandenburg-Culmbach.

Das II Capitel.

Erste Reisen in Teutschland.

(1) H. Marggr. Christian Ernstens/ Erste Jugend/ und (2) Education. (3) Erste Abreise / nach Halberstadt und Berlin. (4) Suite des Prinzens. (5) Ruckreise von Berlin. (6) Fürsten sollen Weiß und Gelehrt seyn. (7) Des Prinzens Reise / nach Straßburg. (8) Seiner Chur- und Fürstlichen Vor-Eltern Begräbniß/ im Kl. Heilsbronn. (9) Fürsten sollen Alles mit GOtt anfangen. (10.) Des Prinzens Studia und Exercitia, zu Straßburg. (11) Seine Reise/ zum Kayserl. Krönungs-Tag nach Frankfurt am Mayn. (12) Ruckreise nach Straßburg. (13) Reise/ durch das Elsaß. (14) Des Prinzens Oration, von der Wohl-Regir kunst. (15) Reise/ durch Hel-vetien.

ANNO 1644.

1. H. Mgr. Christian Ernstens/Erste Jugend:

AUs vor-beschriebenem Chur- und Fürstlichem Ceder-Stammen ist / als ein Hochfürtrefflicher Zweig / entsprossen Der Durchleuchtigste Fürst und Herr/ Herr CHRISTIAN ERNST Marggraf zu Brandenburg/ zu Magdeburg/ in Preussen/ zu Stettin/ Pommern/ der Cassuben und Wenden/ auch in Slesien / zu Crossen und Jägerndorf Herzog/ Burggraf zu Nürnberg/ Fürst zu Halberstadt/ Minden und Cammin: Gebohren in der Fürstlichen Residenz zu Bayreuth den 27 Julii A. 1644. Morgens zwischen 7 und 8 Uhr.   Er war ein einiger Sohn / seiner Hochfürstl. Eltern: Die Er auch / und zwar erstlich die Frau Mutter/

Geburt/ A. 1644 d. 27 Jul.

II Cap.   H. Mgr. Christian Ernstens Education   19

Frau SOPHIA/ Herrn Marggr. Joachim Ernstens zu | ANNO 1655.
Onoldsbach Fr. Tochter/ den 23 Novembr. A. 1646/ nachmals | und Waisen-
auch den H. Vatter Herrn Marggr. ERDMANN AUGU- | Stand.
STEN den 27 Januarii A. 1651/ durch zeitlichen Tod ver- | Fr. Mutter.
liehrend/ solchergestalt bey noch-zarten Jahren in den Waisen- | H. Vatter.
Stand gesetzet worden.

Weil an diesem Zweig/ als welcher künftig/ auf den Regenten-
Thron gepflanzet und zu einem hohen Baum erwachsen/ Land und | 2. Dessen Auf-
Leute überschatten solte / ein Grosses gelegen war : Als hat der | erziehung.
Herr Großvatter/ Herr Marggr. CHRISTIAN/ zu dessen | H. Großvatter.
Wohl-erziehung sonderbare Sorgfalt angewendet/ und gar zeitlich
in allen Fürstlichen Tugenden und Sitten/ auch löblichen Wissen-
schaften/ Ihn unterrichten lassen. Nachdem aber auch der Herr
Großvatter den 30 May A. 1655 in besagter Fürstlichen Residenz hochseeligst verschieden/ und diesen jungen ErbPrinzen mit
12 Jahren noch Minderjährig verlassen: Ist zwar die Erbfolge
der Fürstlichen Lands Regirung auf denselben gewalzet/ hat aber
wegen der Unvogtbarkeit Ihme noch nicht können aufgetragen werden. Es ware/ nicht nur des ganzen Landes und Fürstentums/ sondern auch des Durchleuchtigsten Hauses Brandenburg und H.
Röm. Reichs Teutscher Nation/ hohe Angelegenheit / daß an diesem dero künftigem Landsfürsten/ Stammkleinod und Hochfürst-
lichem Mitglied/ bey solchem Alter/ nichtes/ das nachmals nit wieder zu ersetzen/ versehen und versäumet werden möchte: Wie dann
nit minder/ des Prinzens eigener ewiger und zeitlicher Hoch Wol-
stand/ hierunter gewaltet. Fürsten sind Heil-Brunnen / daraus | Fürsten sind
ein ganzer Staat seine Wolfart schöpfet : Ist derhalben hochnö- | Heil-Brunnen.
tig/ daß Sie gleich anfangs mit dem Gebäude Fürstlicher Gesun-
denheit wohl bedachet und eingefasset/ und dadurch wider allen unge-
sunden Zufluß und den Staub Irdischer Verderblichkeit verwahret werden/ damit nichts als Gesundheit von ihnen fliessen
möge.

C 2   Die

20　H. Mgr. Christian Ernstens Education.　II Cap.

ANNO 1655.
H. Friderich
WilhelmChurf.
u. H. Mgr. Ge-
org Albrecht/O-
ber- und Mit-
Vormündere.

Dieses war dißorts die hohe Sorgfalt Herrn Friderich Wilhelms Churfürstens und Herrn Georg Albrechtens / beyder Marggrafen zu Brandenburg Chur- und Fürstlicher Durchleuchtigkeiten/ hochbesagten Prinzens beyder Herrn Vettern/ als Ober- und Mit-Vormündere: Welche Ihnen/ dessen Fürstlöbliche Auferziehung/ möglichstes Fleisses angelegen seyn lassen: Demnach auch höchstgedachte S. Churf. Durchl. höchstvernünftig ermessen/ daß solches Educations-Werk/ um vieler Ursachen willen / auser Lands bässer als zu Haus geführet werden könde: Als haben Sie/ aus höchstrühmlicher und recht-vätterlicher Fürsorge / dero Geheimen Raht und Statthaltern des Fürstentums Halberstadt

H. Baron von
Blumenthal/
Educations-Di-
rector.
A. 1656.

Herrn Joachim Fridrichen Freyherrn von Blumenthal / unterm dato Königsberg in Preussen den 30. Febr. A. 1656 gnädigst anbefohlen/ mehr-hochernannten Prinzen / von Bayreuth nach Halberstadt abzuholen/ auch die Direction über desselben Fürstl. Leben/ Wandel und Aufwachstum über sich zu nehmen. Es hat aber wohlbesagter Herr Statthalter / durch zugestossene Leibesschwachheit behintert/ seine Reise nit eher / als im Monat April anstellen können: Da er dann/ den 25 diß Monats / zu besagten Bayreuth wohl angelanget.

3. Erste Abreise des Prinzens.
d. 20 Jun.

Weil nun auch S. Churfürstl. Durchl. zu Sachsen/ neben Herrn Marggr. Albrechtes zu Onoldsbach und Herrn Landgr. Georgens zu Hessen-Darmstadt Hochfürstl. Hochfürstl. Durchl. Durchl. welche/ als nächste hohe Anverwandten / in diesem hochwichtigen Werk fleissig mit zu Raht gezogen worden / ingleichen die gesamte HH. Räthe der Vormundschaftlichen Regirung/ und die ganze löbl. Landschaft/ den Hochfürstl. Prinzen auser Landes zu lassen/ für gut befunden: Als hat man alsofort alles / was zu sothaner Abreise nötig/ an hand geschaffet und bestellet. Worauf mehr-höchstgedachter Prinz/ am Heil. PfingstFest / das erste mahl mit dem hochwürdigen Abendmal des HErrn sich versehen lassen/ und folgends den 20 Junii von Bayreuth abgereiset.　Es seynd a-

ber/

II Cap. Erste Abreise nach Halberstadt und Berlin.

ber/ Ihn zu begleiten/ einige Räthe/ insonderheit Herr Carl vom Stein/ jetziger Zeit Hochfürstl. Brandenb. Geheimer Raht/ Canzler und HofRichter/ auch des Burggrafftums Nürnberg Oberhalb Gebirgs ErbTruchseß/ ingleichen des Johanniter-Ordens Ritter/ und designirter Commendator zu Lietzen: Welcher/ in währender seines gnädigsten Fürstens Minorennität oder Minderjärigkeit/ seine Treu verspüren lassen/ Ihme zugeordnet worden.

ANNO 1656.
H. Canzler Carl vom Stein.

Die Reise gienge über Hof/ eine vornehme Stadt des Marggrafftums/ und Schleitz/ der Herren Reussen/ allwo Sie ihre Begräbnis haben/ auf Naumburg/ anitzo Herrn Hertz. Moritzens zu Sachsen Residenz/ und Eisleben/ der Grafschaft Mansfeld HauptStadt. Allhier wurde das Haus/ in welchem D. Martinus Luther den 10 Novembr. A. 1483 zur Welt gebohren worden/ in augenschein genommen: Selbiges stehet in der langen Gassen am Ecke/und ist/in so manchem Brand/ allemal unverletzt stehen geblieben. Endlich/ nach zehen Tagen/ den 30 besagten Monats Junii sind sie in Halberstadt/ durch GOttes Gnade/ glücklich und gesund angelanget. Ob nun zwar/ vorwohlbesagter Herr Statthalter von Blumenthal/ ihme die anvertraute Education treulichst angelegen seyn lassen: So hat jedoch dem Allerhöchsten nach seinem allweisen Raht gefallen/ ihn mit einer schweren Krankheit zu belegen/ und endlich den 14 Januarii des folgenden 1657 Jahrs/ nach rühmlich-geführten LebensLauf/ mit einem recht-seeligen Abdruck von dieser Zeitlichkeit gen Himmel abzufordern. Durch diesen vorzeitigen Todesfall desjenigen/ der zum Vorsteher seiner Auferziehung verordnet war/ wurde der Hochfürstliche Printz/ bald in seiner ersten Jugend/ der Sterblichkeit erinnert: Worbey Ihme zugleich ein LehrFürbild/ was massen durch ein Christlöbliches Leben ein seeliger Tod und ewiger Nachruhm zu erwerben sey/ vor augen geschwebet.

Hof.
Schleitz.
Naumburg.
Eisleben.

Ankunft zu Halberstadt, d. 30. Jun.

H. Statthalters Absterben. A. 1657 d. 14. Jan.

C 3 Nach-

ANNO 1657.

Ankunft 21 Febr. zu Berlin.

H. Graf von Wittgenstein u. H. Baron von Löben/ Fürstl. Educations-Directores.

4. Suite des Prinzens.

H. Ernst Heinrich Borck Fürstl. Hofmeister.

H. Dr. Caspar v. Lilien/ Fürstl. Inspector.

Nachdem des Herrn Churfürsten zu Brandenburg Churf. Durchl. diesen Todesfall vernommen/ haben Sie alsofort dero Räthe Einen nach Halberstadt abgefärtiget; Mit deme der Hochfürstliche Prinz den 17 Febr. von dar abgereiset / und zu Berlin den 21. diß/ wohl eingelanget. Allhier ist Er / in dem Churfürstlichen Hoflager zu Cöln an der Spreu/ unter der Churfürstl. Geheimen Rahte/ auch Statthalters der Chur- und Mark Brandenburg des Fürstentums Minden und Grafschaft Ravensberg/ Herrn Johannsen Grafens von Sayn und Wirtgenstein/ und Herrn Johann Fridrichen Freyherrns von Löben/ Auffsicht und Direction, bey vier Monat lang verblieben.

Immittels dieser Zeit/ sind S. Churfürstl. Durchl. höchstsorgfältig bedacht gewesen/ wie der Hochfürstliche Prinz/ nachdeme auch/ zu Fortsetzung der wohlangefangenen Studien und anständigen Exercitien/ Denselben auf eine Universität zu verschicken/ vor gut und nützlich befunden worden/ mit wohl=qualificirten und tauglichen Leuten versehen werden möchte. Demnach / auf reiffe Beratschlagung und fleissige Erkundigung/ wurden endlich/ durch S. Churf. Durchl. als Ober- und Herrn Marggr. Georg Albrechts Fürstl. Durchl. als MitVormundern / Herr Ernst Heinrich Borck uff Regenwald/ Strameln/ Jozenow und Fahrenbach/ nachmals Hochfürstl. Brandenb. Geheimer Raht / Ober-HofMarschall und Cammer Director, ein Cavallier von grossem Verstand und vielen löblichen Tugenden/ zum Fürstlichen Hofmeister: Ferner Herr Dr. Caspar von Lilien/ Röm. Kays. Maj. Comes Palatinus, der Zeit Hochfürstl. Brandenb. Geheimer KirchenRaht / General-Superintendens und Ober-HofPrediger/ auch des Consistorii Assessor Primarius, welcher von höchstgedachter Sr. Churf. Durchl. wegen seiner fürtrefflichen Erudition und Qualiteten/ allbereit vorher zur Profession Theologiæ bey der löbl. Universitet zu Königsberg in Preussen vocirt, auch A 1653 bey damaliger Erwehlung zum Römischen König Herrn FERDINAN-

II Cap.   Ruck-Reise/von Berlin.   23

DINANDI IV glorwürdigsten Andenkens / mit nach Augs- ANNO 1657.
burg ware verschickt worden/ zum Fürstl. Inspectorn; und dann
auch Herr Johann Theodorus Müller J. Utr. Candidatus, itzo H. Johañ The-
Hochfürstl. Brandenb. LandschaftRaht/der nicht allein Teutsch- odorus Müller/
und Niderland vorhin wohl durchreiset/sondern auch / bey wäh- Secretarius.
renden Friedens Tractaten/ zu Oßnabruck eine geraume Zeit / mit
nicht-geringem seinem Nutzen / sich aufgehalten / zum Secretario,
angenommen und bestellet.

   Nach solcher Anstalt/reisete der Hochfürstl. Prinz / den 22 5. Ruckreise
Junii/ in Begleitung der Churfürstl. Herren Geheimen Räthe von Berlin,
und anderer vornehmen StandsPersonen/ von Berlin ab /, und 22 Jun.
nahmen Sie ihren Weg über Wittenberg/ (allwo vordessen dero Wittenberg.
von Wonseß bürtiges Landkind/ der berühmte Fridericus Taub-
mannus, Poëseos Professor gewesen/) und Leipzig/ da Sie die Leipzig.
Kirchen und Auditoria der Universiteten besehen. Die Ankunft Ankunft zu
zu Bayreuth/geschahe den 30 diß Monats: Allwo der Hochfürstl. Bayreuth 30
Prinz des Herrn Mit Vormunders Fürstl. Durchl. und denen ge- Jun.
samten Hh. Räthen stattlich erwiesen und dargethan / wieviel Er/
Zeit seines Abwesens/in Christ.Fürstlichen Tugenden und löblichen
Wissenschaften zugenommen hatte. Und auf diesen Grund den
Bau der Vollkommenheit zu setzen/ ward alsofort alle Anstalt ge-
machet/die Reise nach einer Universitet/und zwar nach Straßburg/
zu befördern. Und hiermit wurde/dem ruhmseeligsten Fürbilde
der Chur-und Fürstlichen VorEltern / löblichst nachgeahmet:
Welche auch/in ihrer Jugend/aus Liebe zu den Studien / und namentlich die Churfürsten/ H. Johann Georg mit seinem Herrn
Brudern Marggr. Friedrichen/ und H. Georg Wilhelm /, wie
auch H. Marggr. Christian/ zu Frankfurt an der Oder / ingleichen H. Johann Sigmund Churfürst/ mit seinem H. Brudern
Marggr. Johann Georgen/ ebenfalls zu Straßburg/ein zeitlang
sich aufgehalten/und also/ die Schulen der Weißheit besuchend/sich
als Fürsten der Weißen erwiesen hatten.

                                                            Plato,

**§. Fürsten /
sollen Weiß
und Gelehrt
seyn.**

Plato, der Weltweißen Erz Vatter/ hat nach seiner Gewonheit weißlich gesaget: Dieses allein sey ein glückseeliges Regiment/ wann entweder die Weißen regiren/ oder die Regenten sich der Weißheit befleissigen. Weißheit und Wissenschaft/ Lesen und Lernen/ ist einem Fürsten so unentbärlich-nötig/ daß er ohne dieselbe diesen Namen nit behaupten kan. Fürsten / erben zwar die Regirung: Aber die Regirkunst müssen sie lernen. Ihnen/ als den Durchleuchtigen/ wird zwar ein hellers Liecht der Weißheit angebohren: Aber solche Flamme/ muß mit dem Oel der Unterweisung genehret werden; Die Belehrung / muß der Natur zu Hülfe kommen. Sie sind unter den Sterblichen die Grösten: Sie sollen auch die Weisesten seyn.

Es ist aber ihnen und dem Staat verderblich / wann Sie erst durch die langsame Erfahrung sollen klug werden. Wissenschaft/ die von Lebendigen und Todten zu lernen/ muß Sie alles ordentlich und aus dem Grund verstehen machen: Sonst werden Sie nicht/ als durch viele Um-und Irrwege/ ihrem Zwecke zuwandern. Belesenheit in den Staats-und Geschicht-Schriften/ weiset und unterweiset mit Beyspielen/ was nütz/ oder schädlich gethan und unterlassen werde. Wann ihnen die Belehrung nit selber die Sinnen gibet/ so müssen Sie mit fremden Augen und Ohren sehen und hören/ und sich regiren lassen/ da Sie regiren solten. Ungelehrte Regenten sind/ wie Sie Plutarchus vergleichet/ stumme und thumme Seul-Bilder und Statuen, welche zwar von ausen prächtig erscheinen/ aber inwendig voll Erden/ Sand/ Staub und Spinneweben stecken. Sie sind auch gemeiniglich/ wie der Kayser Maximinus und andere seines gleichen/ ungerechte Tyrannen/ ungehalten/ wild und eigensinnig: Da hingegen die Weißheit-Lehre/ die Sitten mildert und nit wild seyn lässet/ nach dem Vers Ovidii:

Emollit mores, nec sinit esse feros.

So ist auch Kriegerischer Muht/ ohne Weißheit/ keine Dapferkeit/ sondern nur ein Tollkühnheit/ die oftmals den Kopf zerlaufet.

Dem

II Cap.   Fürsten sollen weiß und gelehrt seyn.   25

Demnach sollen die Regenten/ nicht dem Tyrannischen Kayser Licinio, der das Studiren eine Pest des Regiments gennenet/ aber selber eine Pest der Welt gewesen / sondern vielmehr andern Fürsten/die Gelehrt und Vielwissend gewesen/ löblich nachahmen. Salomo/ der weiseste unter den Königen/und König aller Weißen/ wäre so berühmt nicht/ wann er nit wäre so weiß gewesen. Bey den Persern/ konde niemand König werden/er hätte dann ein zeitlang bey ihren Weißen/die sie Magos gennenet/auf der HohSchul sich befunden. Julius Cæsar schriebe selber in ein ewigs Buch/ das wir nach 1600 Jahren annoch lesen/ was er Löbliches getrieben. Kayf. Augustus, hat im Feldlager immer gelesen/geschrieben und offentliche Reden gehalten.   Kayf. Adrianus ware so Gelehrt/ daß auch die Weißesten noch von ihm zu lernen hatten. Kayf. Marcus Aurelius hat/wegen seiner Weißheit und Vielwissenheit / den Zunamen Philosophi bekommen / und als er schon Kayser war/ dannoch des Apollonii Auditorium üm Lernens willen besuchet/ auch keine andere als gelehrte Leute üm sich leiden wollen. Alexander Severus, Constantinus und Theodosius die Ersten und Grossen dieses Namens/ waren Gelehrte Augusti. Vom Grossen Alexander ist bekant/ daß er des Poeten Homeri Schrifften bey Nacht unter sein Hauptküssen geleget/ dieselben täglich gelesen und so wehrt geachtet/daß er ihnen ein güldnes / mit Edelsteinen reichversetztes köstliches Kästlein zum Schrein oder Behälter gewidmet. Alle diese/und unzählig andere Gelehrte Fürsten/ sind auch gewesen Glückseelige Fürsten.

Von unsren Teutschen/gleichwie auch von andern/ Fürsten muß nit mehr gesagt werden/was vorzeiten Hieronymus von den alten Teutschen geschrieben : Daß nämlich ihre Finger / am Schaft des Spiesses erkrummet/in Büchern zu blättern oder die Feder zu führen untüchtig seyen. Carolus Magnus, Fridericus II, Carolus IV, anderer Fürsten zu geschweigen/ingleichen Sigismundus, Maximilianus I und Ferdinandus I, waren Gelehrte

D   Teutsche

26 Fürsten/ sollen weiß und Gelehrt seyn. II Cap

Teutsche Kaysere: Derer etlichen solches / im Oesterreichischen EhrenSpiegel und Ostländischen Lorbeerhayn / mit Umständen zu Ruhm nachgeschrieben worden. Kays. Sigismundus hielte vor einen dem Adel übel-anständigen Titel / Nichts-wissend und ein Idiot seyn. Er pflage auch/ in Bestellung der Aemter/ die Gelehrten den Edelgebohrnen vorzuziehen/ sagend: Der Geburt-Adel komme vom Glück zu/ aber Gelehrte würden von GOtt mit Tugend und Weißheit geadelt. Diß thäte auch Kays. Maximilianus, und widerredte seinen darwider-murrenden Höflingen/ mit diesen Worten: Ich muß brauchen/ die es können/ weil ich andere hierzu untüchtig finde. Kays. Carolus V, als er einsmals Lateinisch angeredt wurde/ und nit alles verstunde/ vielweniger antworten konde/ bereute seine verlorne Jugend/ seufzte und sagte: Hätte ich damals gelernet / so dörfte ich iezt nit mit fremden Ohren hören/ und mit fremden Mund reden.

Widerspruch der Ungelehrten.

Die Blinden / weil sie selber nicht sehen und dannenhero vom Licht nichts wissen/ wollen und wünschen/ daß auch andere nit sehen sollen. Solche/ sind diejenigen/ die einen Fürsten ungelehrt verlangen/ und die Weißheitlehre vor SchulPossen achten. Sie haben freylich gern einen güldnen/ aber blöden und blinden/ Midas/ der sich von ihnen führen und verführen lasse: Da dann notwendig ein Blinder mit dem andern muß in die Grube fallen. Der hochweiße und gelehrte König Alphonsus, der ihm auch ein offenes Buch zum Devis erwehlet/ als ihm vorgebracht wurde/ daß ein König in Hispanien die KunstLehre einem König übel-anständig achte/ gabe hierauf den Bescheid: Diß sey eines thummen Ochsens/ und keines Menschens/ Stimme. Er pflage auch einen Ungelehrten Reichen/ ein güldnes Rindvieh/ und einen Nichts-wissenden König einen Gekrönten Esel/ zu nennen. Eben dergleichen/ wird Francisco I König in Frankreich nachgeschrieben: Welcher auch die Bücher den Waffen/ weiler aus jenem diese mit Verstand führen lerne/ vorgeschätzet; und die Todten / nämlich die Schriften

der

II Cap.   Fürsten sollen weiß und gelehrt seyn.   27

der Gelehrten/ weil sie ihm ohne Schmeicheley die Warheit sagten/ vor seine bäste Räthe gehalten. Kays. Ferdinandus I, auch ein gelehrter Herr und Patron der Gelehrten/ hat einem seiner HofSchranzen/ einem grossen Feind derer von der Feder/ seine Torheit gar schicklich verwiesen. Dann als er einsmals mit ihm auf der Jagt war/ und ihm ungefähr ein Pacquet mit Briefen einkame/ übergabe er ihm solches/ mit Befehl/ er solte ihm einen Extract daraus machen. Wie nun derselbe sich entschuldigte/ Er verstünde sich nicht auf dergleichen Arbeit/ wüste auch nicht einmal/ was ein Extract wäre/ sagte der Kayser: Ey so laß mir meine Gelehrten unverachtet/ die es können und gelernet haben/ weil du sihest/ daß ein Fürst/ nit allein der Jäger und Reuter/ sondern auch Gelehrter Leute vonnöten habe.

Nun diesen/ auch seinen Höchstlöblichsten Chur-und Fürstlichen VorEltern/ deren KunstLiebe im vorhergehenden Ersten Cap. mit Ruhm erwähnt worden/ gleichlöblich nachzuahmen/ hat der Hochfürstliche Prinz Herr Marggr. CHRISTIAN ERNST sich von Jugend auf beflissen/ auch/ mit Christfürstlichen Tugenden und Wissenschaften sich noch mehrers auszuzieren/ auf Straßburg von Bayreuth den 20 Julii, in Begleitung Hrn. Mgr. GEORG ALBRECHTS Fürstl. Durchl. und dero Fürstl. Gemahlin Fr. MARIEN ELISABETH gebornen Herzoginn von Holstein/ auch etlicher HH. Räthe und anderer vornehmen Ministern, aufgebrochen; den 21 diß/ Abends um 6 Uhr/ sind Sie zu Nürnberg angelanget/ und von dem löbl. Magistrat daselbst beneventirt worden. Folgenden Tags haben Sie/ nicht allein die Reichs-Vesten/ sondern auch das Rathaus/ und Nachmittag das Zeughaus besichtiget. Den 23 diß besahen Sie/ vormittag auf dem Rathaus/ die ReichsCleinodien/ samt dem Kayserlichen Habit und der Kron/ so bey Krönung eines Röm. Kaysers oder Königs/ (wie der Hochfürstl. Prinz im folgenden Jahr zu Frankfurt selber mit angesehen/) pflegt gebrauchet zu werden:

D 2

Vierte Reise/ nach Straßburg, 20. Jul.

Nürnberg.

28 *Reise nach Straßburg.* II Cap.

ANNO 1657. den: Nachmals auch die herrliche Bibliothek/ allwo Sie/ von dem
H. Joh. Mich. fürtrefflichen Theologo Herrn Johann Michael Dilherrn mit
Dilherr. einer schönen und sehr wohl gesetzten Oration empfangen
worden.

  Nachdem die Mittags Malzeit ungefähr biß 2 Uhr gewäh-
ret/ haben sobald darauf von höchstgedachtem Herrn Marggr.
GEORG ALBRECHTEN und dero Fürstl. Frauen Ge-
mahlinn/ der Hochfürstliche Prinz und desselben Bediente ihren
Abschied genommen/ und sind selbigen Abend noch auf das Kloster
Kl.Heilsbronn. Heilsbronn gereiset. Folgenden Tags den 24 diß wurden / in
24. Jul. bemeldtem Kloster/ von dem Prinzen/ die Kirche und alda befindli-
8. Des Prin- che Epitaphia und Monumenten der hochlöblichen Herren Burg-
zens Chur- grafen zu Nürnberg / und der Durchleuchtigsten Herren Marg-
und Fürstl. grafen zu Brandenburg/ sodann auch die Schul und andere Ge-
VorEltern bäude des Klosters/ besehen. Es schiene dazumal / als wann der
Begräbnis. Fürstl. Prinz/ was Virgilius von seinem Ænea schreibet/ gleichsam
durch die Fränkische Sibyllen-Höle in das Elyser-Feld spazirte/
und ihm seine ruhmseeligste VorEltern/ gleichwie jenem seine Nach-
kommen/ vorstellig würden: Deren zwar-stumme Bildnise gar
beredt waren/ Ihn nicht allein seiner Sterblichkeit zu erinnern/ sondern auch zur löblichsten Lebens-Nachfolge anzumahnen. Wie
dann/ in selbiger Fürstlichen Begräbniskluft/ 10 Burggrafen und
10 Marggrafen/ allesamt Regenten/ samt theils ihren Gemahlin-
nen und unerwachsenen Kindern / und unter denselben 7 Seiner
Ascendenten/ 3 Churfürsten/ eine an diß Haus vermählte Kayserliche Prinzessinn aus Böheim/ eine Königl. Prinzessin aus Po-
len/ und eine Sächsische ChurPrinzessinn/ begraben ligen / besag
nachfolgenden Todten-Registers:

                    1. Frid.

ANNO 1657.
Todten-Register.

1. *Fridericus I* Burggr. zu Nürnb. starb 1218.
   |
   Conradus II Burggr. Gem. Clementia Bays. Rud. I Schwest.
   |
2. *Fridericus III* Burggr. starb 1297.
   |
3. *Johannes* starb 1300.   4. *Fridericus IV* Burggr. starb 1332.
   |
5. *Conradus IV*   6. *Johannes II*   7. *Albertus* Bgr.   8. *Berchtoldus* Bisch.
   Bgr. st. 1334.   Bgr. st. 1357.   st. 1361. Gem.   zu Aichst. st. 1365.
   |
9. *Fridericus V.* Burggr. starb 1398. Gem.
   |
10. *Johannes III* Bgr.   1. *Fridericus I* Churf. und Marggr. zu
    st. 1420. Gem.   Brandenburg starb 1440. Gem.
    |
2. *Johannes Alchymista*,   3. *Fridericus II*   4. *Albertus Achilles* Churf.
   Marggr. starb 1464.   Churf. st. 1471.   starb 1486. Gem.
   |
Johannes Churf.   5. *Sigismundus* Marg-   6. *Fridericus* Marggr.
| graf st. 1495.   st. 1536. Gem.
Joach. I Churf.
| 7. *Casimirus* Marg-   8. *Georgius* Marggr. st.
Joach. II Churf.   graf st. 1527.   1543. Gem.
|
Joh. Georg Churf.   9. *Georg - Fridericus*
             Mgr. st. 1603.
|
10. *Joachim-Ernestus* Mgr. st. 1625.

     Nachmittag reiseten Sie fürter auf Onoldsbach / da Sie dann/ungefähr eine halbe Meile vor der Stadt/ von Herrn Marggraf ALBRECHTS Hochfürstl. Durchl. und dero bey sich habenden von Adel/ Beamten und Bedienten/ empfangen und nach der Fürstl. Hofstatt eingeholet worden. Den 27 diß Nachmittag/ nahmen Sie alda wiederum ihren Abschied / und verruckten selbiges Tags noch bis auf Feuchtwang / ein Marggräfisch Städtlein; setzten von dar ihren Weg fort / über das Marggr. Städtl. Kreilsheim, auf Schwäbisch Hall/ eine Reichs Stadt;

Onoldsbach.
24. Jul.
H. Marggr. Albrecht zu Brandenb. Onolzb.

Feuchtwang.

Kreilsheim.
Schwäb. Hall.

allwo

allwo Sie von dem Magistrat durch einige Abgeordnete empfangen worden/ und in deren Begleitung die schöne Kirche besehen. Von hier gienge folgenden Tags die Reise auf Stutgart/ da der Hochfürstliche Prinz etwan anderthalb Stunden darvor/ in Abwesenheit des regierenden Herzogs zu Würtenberg/ den 30 diß/ durch den Land-Hofmeister Herrn Grafen von Castell angenommen/ und in die Fürstliche Residenz einbegleitet/ auch daselbst von zweyen Fürstlichen Prinzen empfangen worden. Als folgenden Tags Herrn EBERHARDS Herzogs zu Würtenberg Hochfürstl. Durchl. neben dero H. Brudern Herrn Herz. ULRICHEN/ und dem ältesten Prinzen H. Herz. JOHANN FRIDRICHEN/ in dero Hoflager angelanget/ haben dieselbe den Prinzen überaus freundlich beneventirt/ auch Ihme/ als einem angenehmen Gast/ etliche Tage lang sehr grosse Ehre erwiesen. Von Stutgart reiseten Sie den 6. Augusti wieder ab/ und kamen mit spatem Abend nach Pforzheim/ eine Stadt dem Herrn Marggrafen von Baden-Durlach zuständig: Alda Sie folgenden Tags Herrn Marggr. ALBRECHTS des Jüngern/ also-genannten Teutschen Alcibiadis, Hochseel. Andenkens/ Fürstliches Monument beschauet. Von hinnen nahmen Sie den Weg über Rastatt/ eine Stadt/ so gleichfalls Marggr. Badisch und wegen der grossen Maß berühmt ist/ fürter über Lichtenau ein Gräfl. Hanauisches Städlein in Elsaß/ auf Straßburg: Alda Sie den 8 diß/ gegen Abend um 5. Uhr/ gesund und glücklich angelanget/ und im DomProbsts-Hof/ in der Brandgassen gelegen/ alda zu des Hochfürstlichen Prinzens Hofhaltung allbereit nötige Anstalt gemacht ware/ die Einkehr genommen.

Die erste wiewol Heidnische Römische Kaysere/ pflagten alle ihre grosse Verrichtungen mit dem Opfer im Tempel anzuheben: Wie dann Suetonius von Augusto schreibet/ er habe ein Gesetze gegeben/ daß kein Ratsherr im Rahk seinen Sitz nehmen solte/ er

hätte

II Cap. **Fürsten sollen alles mit GOtt anfahen.** 31

hätte dann zuvor den Göttern geopfert. Auch von Cambyse, ANNO 1657.
dem Perser König berichtet Herodotus, daß er seinem Sohn Cyro
unter andern diese Lehre gegeben: Seyt ein Freund GOttes/ ehret und fürchtet denselben/ und fanget ja nichtes an/ ihr habet
dann zuvor die Gottheit angeruffen! Dann die Natur der
Sterblichen ist schwach und untüchtig/ aber der Weißheit
GOttes ist nichtes verborgen/ und der dieselbe zu sich erbittet/
dem pfleget es in allem nach Wunsche zu ergehen. Fast dergleichen Worte führet Salomo/ in seinem Gebete/ welches er um die *Sap. 9.*
Gabe der Weißheit zu GOtt abgehen lassen. Alles/ was Joseph/
Josua/ David/ Hißkia und Daniel thäten/ da gabe der Herr Glück
zu/ und machte sie weißlich handeln: Die Ursach ware/ weil sie
alles mit GOtt anfiengen/ und fast mehr mit GOtt / wie Kays.
Carolus V. als mit den Menschen redeten. Fürsten können/
gleichwie alle Menschen/ nichts thun ohne GOtt; von GOttes
Gnaden sind sie/ was sie sind; Sie wissen nichts/ ohne die Weiß-
heit/ die von GOtt komt: Darum ist nötig/ daß sie Alles mit
GOtt und nichts ohne GOtt anfangen. Dieser Fürst-Gebühr
sich zu erinnern/ hat der Hochfürstliche Prinz Ihme zum Symbolo *Des Prinzens*
erwehlet/ den schönen Lehrspruch des Heiden-Apostels: PIETAS *Symbolum.*
AD OMNIA UTILIS, Gottesfurcht ist nütze zu allen Din- *1.Tim. 4.v.8.*
gen. Solchem auch nachzukommen/ und seine Fürstliche Studia in Straßburg mit GOtt anzufangen/ hat Er daselbst/ den 9
diß/ am ersten im Tempel GOttes sich offentlich sehen lassen / und
dem Gottesdienste im Münster beygewohnet.

Den folgenden 10 diß/ wurde Er/ von dem löblichen Magistrat daselbst/ durch etliche Abgeordnete/ namentlich einen Stätt-
und Ammeister/ auch der Stadt Syndico, bewillkommet. Den
11 und 12 diß/ haben Sie das Zeughaus/ wie auch den Hospital
und das Waisenhaus besichtiget / sind auch auf den berühmten
Münster Thurn gestiegen. Im Zeughaus fanden Sie unter an- *Grossen Stoll-*
dern einen grossen Ehrnen Stollhafen/ welchen die Züricher vor- *hafen zu Straß-*
dessen/ *burg.*

32   **Anwesen zu Straßburg.**   II Cap.

ANNO 1657. dessen/ mit einem Brey oder Muß angefüllet/ ehe der Brey kalt worden/ den Rhein herunter eingebracht/ und die von Straßburg/ welche dazumal zu ihnen in Bund traten/ dadurch versicherten/ wie bald und leichtlich Sie von ihnen Succurs haben köndten. Hierauf/ nachdem nun/ zu des Hochfürstlichen Prinzens notturft und dessen Suite, so in 15 Personen bestunde/ alle anstalt gemacht und

H. Carl von Stein: alles wol eingerichtet worden/ hat vorwolgedachter Herr Carl von Stein/ nachdem er/ von Bayreuth aus bis hieher/ den Prinzen begleitet/ von Straßburg sich wieder erhoben/ und ist von dannen nach Bayreuth zurücke abgereiset. Damit aber der Hochfürstliche Prinz/ wie daß Er/ zu Straßburg studirens halber sich ein

Der Prinz immatriculiret sich bey der Universität. zeitlang aufzuhalten/ gesonnen wäre/ im werk bezeugen möchte/ hat Er bey der löbl. Universität daselbst/ unter dem Rectorat Herrn Johann Schmieds/ vornehmen Theologi, Professoris Primarii und des Kirchen-Convents Præsidis, den 30 Septembr. sich immatriculiret.

10. Des Prinzens Studia und Exercitia zu Straßburg. Nachgehender Zeit hat der Hochfürstliche Prinz/ seine bißher in etwas beyseit gestellte ChristFürstliche Studia, mit GOtt wieder vor die hand genommen. In solchen ward zuvörderst dahin alles Fleisses abgesehen/ wie desselben Gemüte die reine Evangelische Lehre/ nach Innhalt der ungeänderten Augsburgischen Confession und Formulæ Concordiæ, als woran nicht allein des Prinzens/ sondern auch seines ganzen Landes ewige und zeitliche Wolfart/ auch gemeiner Fried und Ruhe hauptsächlich hanget/ instilliret und noch tiefer eingepflanzet werden möchte. Nächst dem ist auch das Studium Historicum, samt andern einem künfftigen Fürsten zu löblicher LandsRegirung höchstnötigen Wissenschaften/ mit ernste tractirt, ingleichen/ nebenst Erlernung der Französischen Sprache/ das Reiten/ Danzen und Fechten/ und zwar alltäglich/ neben den heilsamen Studiis, fünff Equestria und andere einem Fürsten wohlanständige Exercitia, getrieben worden. Und weil der Hochfürstl. Prinz/ etwas in Mathematicis, insonderheit aber die

Forti-

II Cap.   Des Prinzens Studia und Exercitia.   33

Fortification zu erlernen/ grosses Belieben getragen: Als ist Er ANNO 1658.
darinnen gleichfalls ungesparetes Fleisses informirt und wohl exerciret worden.

Folgendes Jahrs/ nachdem der Gesundheit/ eine recreation
zu gebrauchen/ fürträglich erachtet worden: Hat der Hochfürstliche Prinz neben den Seinigen/ den 25 May/ einen SpazirRitt SpazirRitt
nach Molßheim gethan/ und in dieser dem HochStift Straß- nach Molß-
burg zugehöriger Stadt das Jesuiter-Collegium, samt der Car- heim. 25 May.
thause/ besichtiget. Und weil Er/ eine geraume Zeit her / von einem beschwer- und recht-verdrüßlichen affect sich sehr incommo- Unpäßlichkeit.
dirt und belästigt befunden: Als hat Er / auf vielfältiges Einrah-
ten der Leib-und anderer Medicorum, den 17 Junii / nach Grieß- Saurbrunn-
bach/ die Saurbrunn Cur daselbst zu gebrauchen / sich verwandelt; Cur/17 Jun.
Die dann auch/ durch Göttliche Verfügung/ wohl angeschlagen/
und Ihn gesund wieder zurücke gesendet.

Es hatte vor 46 Jahren der Brandenburgische ChurPrinz II fünfte
H. Marggr. Georg Wilhelm/ als er gleichfalls/ Studirens hal- Reise / zur
ber/ bey der Universität zu Frankfurt an der Oder sich befunden/ Kayserlichen
von dannen nach Frankfurt am Mayn/ Kays. Matthiæ glorwür- Krönung
digsten Andenkens zu gratuliren und dem Wahltag beyzuwohnen/ nach Frank-
sich verfüget. Weil nun in diesem Jahr an besagtem Ort eben furt am
dergleichen vorgienge/ als truge auch dieser Hochfürstliche Prinz Mayn.
ein grosses und recht-sehnliches Verlangen/ die Kayserliche Krö- 13 Jul.
nungs-Handlung mit anzusehen/ auch der neu-erwehlten Kays.
May. und denen anwesenden Churfürsten respective unterthänigst
und gehorsamlich aufzuwarten. Nachdem Er von Sr. Churf.
Durchl. zu Brandenburg / dessen gnädige permission erhalten/
auch von dem Churfürstl. Brandenb. Statthalter des Herzogtums Cleve und Principal-Abgesandten Herrn JOHANN
MORITZEN Fürsten zu Nassau/ ein Notification-Schrei-
ben hierüber eingelaufen/ hat Er mit seinem Hofmeister / Inspectorn und Secretario, auch etlichen andern Bedienten den 13 Julii
                              E   von

34　Reise zur Kayserlichen Krönung.　II Cap.

ANNO 1658. von Straßburg sich erhoben / und auf Frankfurt den nächsten Weg vor sich genommen. Den 15 diß sind Sie gegen Mittag *Heydelberg.* in der ChurPfälzischen Residenz-Stadt Heydelberg angelanget: alda Sie die Kirchen/ Churfürstl. Begräbnis und andere Seltenheiten beschauet. Weil Sie der nächst-bevorstehenden Kayserlichen Krönung zueilen hatten/ als sind Sie / durch die BergStraße / den 16 diß / die Fürstl. Hessische ResidenzStadt Darmstadt vorbey paßiret / und also um 6 Uhr gegen Abend in der vornehmen Reichs- und Handelstadt Frankfurt glücklich und wohl *Frankfurt am Mayn. 16 Jul.* angelanget: Daselbst Sie / von Prinz Johann Morizens Fürstl. Gn. mit grosser und gewönlicher Höflichkeit empfangen worden.

Des Prinzens daselbst abgelegte Visiten. Den 17 diß / besuchte der Hochfürstl. Prinz am ersten Ihre Churfürstl. Durchl. zu Sachsen / Herrn JOHANN GEORGEN II, dero Churfürstl. Frau Gemahlinn und die Durchleuchtigste Chur-Prinzeßinn: Alda Er zugleich S. Churfürstl. Gd. zu Mainz Herrn JOHANN PHILIPPEN angetroffen / und deroselben reverenz erwiesen. Den 19 diß nach- *Audienz bey Ihr. Kays. May. LEOPOLDO. 19. Jul.* mittag / hatte Er bey Ihr. Kays. May. die Audienz, und ward von Deroselben gnädigst empfangen. Den 20 diß hat Er / Vormittags S. Churf. Gd. zu Trier / Herrn CARL CASPARN / und nachmittag Erzherz. LEOPOLD WILHELMS / HochErzFürstl. Durchl. ingleichen folgenden Tag des Herrn ChurPfalzgrafens CARL LUDWIGS Churf. Durchl. die Visite gegeben.

Kayserliche Krönung daselbst. Am 22 Tag diß Monats / als welcher der Kayserlichen Krönung gewidmet ware / fuhre mit der Durchleuchtigsten Churfürstinn zu Sachsen der Hochfürstliche Prinz in die HauptKirche zu S. Bartholomæi, die bey dieser höchstfeyrlichen Handlung gebräuchliche Ceremonien mit anzusehen. Er hat auch nachmals / mit höchstgedachter Ihr. Churfürstl. Durchl. auf dem so-genannten Römer / sich an einen bequemen Ort begeben / allwo Sie die

übrige

II Cap.   Reise zur Kayserlichen Krönung.   35

übrige Solenniteten/ insonderheit wie die Herren Churfürsten bey [ANNO 1658.]
dem Kayserlichen KrönungsMahl ihre Aemter verrichteten / in
Augenschein nehmen können. Folgenden Tags/ hat Er bey Ihr.
Churf. Durchl. zu Cöln Herrn MAXIMILIAN HEIN-
RICHEN Herzogen in Bayrn/ die Visite abgeleget. Den 25
diß/ fuhre Er/ mit denen bey sich habenden/ über den Mayn nach
Sachsenhausen: allda Allerhöchstgedachte Ihr Kays. Maj. und
sämtliche Herren Churfürsten/ von höchsternannten Erzherzogen/
im Teutsch Meister Haus/ zu Mittag tractirt worden. Den 26
diß/ wurde Er von Sr. Churf. Gn. zu Mainz zur Tafel ge- [Er wird von
betten/ worbey zugleich Prinz RUPRECHTS Pfalzgrafens Chur Mainz
bey Rhein Fürstl. Durchl. sich eingefunden.   gastirt.]

  Solchergestalt hat der Hochfürstliche Prinz / in seiner Ju- [Befind sich diß-
gend/ das höchste Reichs-Collegium und den Teutschen Götter- orts im Teut-
Himmel/ als selbsten einige von den vornemsten Gliedern dieses schen Götter-
Aller- und Durchleuchtigsten Staats/ zu seinem ewigen Ruhm/ Himmel.]
nicht allein beschauet/ sondern auch dem Höchst-Preißwürdigsten
Oberhaupt und denen höchstfürtrefflichsten Mitgliedern / mit
hochhöflichster Unterthänigst- und Gehorsamer Aufwartung/ sich
zu sonderbarer Hochachtung bekandt gemacht. Man hätte von
seiner HieherReise/ wie der Poet Virgilius von der Geburt des [Ecl. IV. ℣. 15]
Prinzen Salonini, sagen können:

  Ille Deûm vitam accipiet, Divisque videbit
  Permixtos Heroas, & ipse videbitur illis.

Er wird/ selbst ein ErdenGott/ sehn die Götter Teutscher Erden/
Und von ihnen allen auch freundlich angesehen
   werden.

  Dergleichen Ehre/ widerfuhre Ihm auch nachmals/ bey den
zweyen höchsten Ausländischen Königen der Christenheit : Wie
drunten an seinem Orte zu lesen seyn wird. Und zu erweisen / daß
Er zu hohen Sachen gebohren sey/ hat/ eben am zehenden Tag
     E 2   nach

36   Ruckreise nach Straßburg.   II Cap.

ANNO 1658. nach seiner Ankunft in diese hohe Versammlung / nämlich den 27
Julii/ sein Fürstlicher GeburtsTag sich einfinden müssen: Da
Sein XV Ge-Er/ durch gnädigste Verleihung des Allerhöchsten/ sein fünfzehn-
burtsTag. des Jahr gesund und glücklich angetretten.

12. RuckReise   An diesem Tag nahme der Hochfürstliche Prinz von Prinz
nach Straß- JOHANN MORIZEN Abschied/ begabe sich zu Schiff/
burg. und fuhre auf dem Mayn hinunter nach Mainz: Da Er/ wegen
27. Jul.
Mainz. entstandenen starken Windes/ in nicht-geringe LebensGefahr ge-
Gefahr zu rathen/ jedoch vermittels Göttlicher Hülfe mit allen bey sich haben-
Wasser. den erhalten worden. Am folgenden 28 diß / reisete Er durch
Oppenheim. Oppenheim/ eine ChurPfälzische Stadt / auf Worms / eine
Worms. ReichsStadt: Alda Sie die DomKirche / auch den Ort besa-
hen/ wo A. 1521 D. Martinus Lutherus vor Kays. Carln V
und der ganzen Reichsversammlung gestanden / und der in seinen
Schrifften enthaltenen reinen Göttlichen Lehre halber / mit uner-
schrockenem Muht und Mund/ auch standhafter Bekäntnis / sich
verantwortet. Noch selbigen Abends / gelangten Sie nach
Frankenthal. Frankenthal / eine berühmte ChurPfälzische Vestung. Den
Speyr. 29 diß/ gegen 10 Uhr/ kamen Sie zu Speyr an/ und besichtigten
in dieser Reichs Stadt die DomKirche/ deren Kayserliche Begräb-
nise / und andere denkwürdige Sachen / auch den Ort / wo das
Kayserliche CammerGericht pflegt gehalten zu werden. Nach-
mittags giengen Sie über Rhein/ die Vestung Philipsburg vor-
M. Graben. bey/ und kamen gegen Abend nach Graben / einen Markt des
Marggraftums Baden/ nahmen folgenden Tags ihren Weg über
Rastade: Von dar Sie dann endlich/ Dienstags den 31. Julii
Ankunft zu gegen Mittag/ zu Straßburg glücklich wieder angelanget.
Straßburg.
31. Jul.   Der Hochfürstliche Prinz / continuirte hierauf seine Stu-
dia und Exercitia, mit sehr grossem Eifer: Da dann/ Ihn zu di-
SpazirRitt in vertiren/ auch üm anderer erheblichen Ursachen willen / wiederüm
der Elsaß. eine Reise vorzunehmen/ nötig befunden worden. Also reiseten
20 Aug. Sie den 20 Augusti von Straßburg ab/ kamen selbigen Tags
nach

nach Ober Ehenheim / eine Elsäßische Römisch-Catholische *Ober-Ehen-*
ReichsStadt / und besichtigtigten folgends den berühmten *heim.*
S. Ottilienberg: Woselbst der Hochfürstliche Prinz von denen *Kloster auf S.*
Conventualn wol empfangen / auch Ihme die Reliquien und *Ottilienberg.*
Rariteten des Stifts gezeiget worden. Wie dann nit minder/
als Er / nach Straßburg die RuckReise nehmend / zu Ober-
Ehenheim wieder eingelanget/ und die Kirchen samt andern Gebäuden besehen/ der Magistrat Ihn wohl empfangen und verehret.
In dem Gemach/ wo die ordentliche Rahtsversammlungen gehalten werden/fande Er auf der Tafel liegen eine Teutsche Bibel/
und in derselben aufgeschlagen den Text Exod. XXIII. ÿ. 2, inn-
haltend/ mit was guten Qualiteten die GerichtsPersonen begabt
seyn sollen: Worüber Er eine sonderbare Erfrölichung verspü-
ren/ und solches von diesem Raht Ihm sehr wohl gefallen
lassen.

Bald hierauf muste/ aus sonderbaren Ursachen und um einer *12 Sechste*
unumgänglichen Angelegenheit willen/ eine andere Reise in das *Reise durch*
OberElsaß vorgenommen werden. Demnach den 1 Septembr. *das Elsaß.*
brache der Hochfürstliche Prinz mit seiner Suite wiederüm von *1 Septembr.*
Straßburg auf/ ritte üm Mittag die zum HochStift Straßburg
gehörige Stadt Benfeld vorbey/ und kame Abends üm 5 Uhr *Benfeld.*
nach Sletstadt/ einer ReichsStadt Röm. Catholischer Religion: *Sletstadt.*
Allwo Sie/ noch selbigen Abends/ die PfarrKirche mit der schönsten Canzel/ das Jesuiter-Collegium, der Dominicaner und Mino-
riten Klöster/ besahen. Des folgenden Tags waren Sie früh auf/
ritten Rapolesweiler und andere am Lothringischen Gebirge ligende Städtlein und Flecken vorbey/ besahen zu Colmar / einer *Colmar.*
ReichsStadt/ die Evangelische Kirchen und andere Gebäude/ und
kamen Abends üm 4 Uhr zu Brysach an: Allwo Sie die Stadt- *Brysach.*
Kirche und treffliche Vestung (darzwischen dem Hochfürstlichen
Prinzen/ mit was grosser Mühe der unvergleichliche KriegsHeld
Herr Herzog BERNHARD zu Sachsen-Weimar diesen
E 3 hoch-

58　　　　Reise durch das Elsaß.　　　II Cap.

ANNO 1659.　hoch importirenden Ort emportiret / weitläuftig erzehlt wurde/) beschen/ und folgends daselbst übernachtet. Am Morgen den 3 diß/ reiseten Sie von dannen nach Freyburg/ die HauptStadt im Breißgau Oesterreichischen Gebiets / und besahen alda die schöne Kirche/ (so nach der Form des Straßburgischen Münsters gebauet seyn soll/) und das Capuciner Kloster vor der Stadt: In welcher Sie Herz. FERDINAND ALBRECHTS von Braunsweig-Wolfenbüttel Fürstl. Gd. krank darnider ligend gefunden. Nachdem Sie auch die Krystall-PolirMühl und andere SeltenSachen allhier beschauet/ritten Sie um 3. Uhr von dannen nach dem Baden-Hochbergischen Marggr. Städtlein Emmedingen/ allwo Sie übernacht verblieben. Den 4 diß/ machten Sie sich in grossem Regenwetter wieder auf / und kamen Mittags nach Cappel/ einen in das HochStifft Straßburg gehörigen/ Abends aber nach Ichingen einen Marggr. Badischen / Marktflecken. Worauf Sie den 5 diß / Mittags gegen 10 Uhr / gesund und glücklich in Straßburg wieder angelanget.

Freyburg im Breißgaw.

H. Ferdinand Albrecht Herz. zu Braunschw. u. lüneburg.

Emmedingen.

Cappel. Ichingen. Wiederkehr nach Straßb. 5. Sept.

14. Des Prinzens Oration, von der WohlRegirKunst. A. 1659. 21. Apr. zu Straßburg gehalten.

　　Den folgenden Herbst und Winter verbrachte der Hochfürstl. Prinz/ daselbst zu Straßburg/ mit emsigster continuirung seiner Studien und Ritterlichen Exercitien. Damit Er aber / seinen Herrn Ober- und MitVormundern/ auch sonst männiglichen/ eine Probe zeigen möchte/ wohin Er seither mit seinen Studien eigentlich und hauptsächlich gezielet/ und wie weit Er es damit gebracht hätte: Hat Er eine schöne Lateinische Oration, de Principatûs bene regendi Artibus oder von der WohlRegirkunst/ elaborirt, und selbige/ den 21 April. folgenden 1659 Jahrs/ bey der löblichen Universität Straßburg / in Gegenwart Herrn Herz. JOHANN AUGUSTENS von Holstein/ vieler Gräflicher / Freyherrlicher und anderer vornehmen Personen/ auch einer unglaublichen Mänge der Studirenden Jugend und anderen Volkes / höchstrühmlich memoriter gehalten / und Jhme dadurch ein immer-bleibendes Lob und unsterblichen Nachruhm

ruhm erworben: Wie dann diese Oration durch den Druck etliche ANNO 1655.
mal hervorgegeben worden/ und fast an alle Chur-und Fürstliche
Höfe in Teutschland gelanget. Der höchstfürtreffliche Prinz
hat hierinn/ den beyden Ersten Röm. Kaysern Julio und Augusto,
auch seinen ruhmseeligsten Stamm Ahnen Johanni und Joachimo I
beyden Churfürsten zu Brandenburg/ und anderen hohen Personen/ löblichst nachgeahmet: Welche auch/ in ihrer Jugend/ mehrmals offentlich declamirt/ und damit jene eine grosse Hoffnung/
die nachmals an ihnen reichlich eingetroffen/ in die Herzen der Römer gepflanzet; besagte beyde höchstlöblichste Churfürsten aber das
mit diese Ehre erworben/ daß jener der Teutsche Cicero, dieser der
Teutsche Nestor, zugenennet worden. Es konde ja denen Anwesenden ein Freud Wunder seyn/ einen Fürsten also schön und zierlich
von den Tugenden und Regir Künsten eines Fürstens Reden zu hören. Er erwiese auch dadurch/ daß Er nicht allein zum Regiren
gebohren/ sondern auch zum löblich-Regiren unterwiesen wäre.
Nit minder konde man sicherlich hoffen/ daß so ein Fürstlicher Redner und Fürst der Rednere/ der die Geschicklichkeit hatte/ einen Fürsten zu unterweisen/ der einst einen löblichsten Fürsten sich erweisen/
und/ was Er hier geredet/ im Werk darthun würde.

15. Sibende
Nach diesem/ ward für gut befunden/ mit dem Hochfürstlichen Reise/ durch
Prinzen eine Reise durch Helvetien und die Eidgenosschaft anzu-Helvetien.
stellen: Worbey obwohl erwehnter Herr Carl vom Stein/ welcher 2. May.
die Oration anzuhören von Bayreuth sich dahin verwandlet hatte/ H. Carl vom
sich mit in die Geleitschaft begeben. Also reiseten Sie den 2 Stein.
May/ Nachmittag um 1 Uhr/ von Straßburg ab/ und kamen
Abends nach Offenburg/ eine kleine ganz Römisch-Catholische Offenburg.
Reichs-Stadt/ alda sonst nichts/ als die Kirche/ zu besehen gewesen.
Folgenden Morgens waren Sie früh auf/ giengen die Reichs-Stadt
Gengenbach vorbey/ und fütterten Mittags in dem Städtlein
Haselach/ Grafen Maximilian Franzen von Fürstenberg zuständ- Haselach.
dig. Nachmals liessen Sie gleichfalls das Städtlein und Gräfliche

ANNO 1659. che Fürstenbergische Stamm-Hauß Hausen ligen/ und nahmen ihr
Hornburg. Nachtlager in Hornburg / einem Fürstl. Würtenbergischen
Villingen. Marktflecken. Den 4 diß / brachen Sie abermals mit frühem
Morgen auf/ und kamen Mittags nach Villingen / so Oesterrei-
chisch und fortificirt ist. Nach der Malzeit/ sassen sie wieder auf/
Geisingen. und ritten bis nach Geisingen: Ist ein Fürstenbergisches Städt-
lein/ und ligt nur eine Meile von Don Eschingen/ wo die Donau
entspringet.

  Folgenden Tags/ gelangten Sie um Mittag zu dem Fürsten-
bergischen Städtlein Engen/ und dann Abends nach Hohentwiel/
Engen. einer Fürstl. Würtenbergischen Vestung/ welche auf hohen Felsen
Hohentwiel. liget/ und fast für unüberwindlich geachtet wird. Der Commen-
5 May. dant/ H. Obrister Conrad von Widerhold/ der auch im verwi-
Obr. Wider- chenen Teutschen Krieg den Ort dapfer beschirmet / führet den
hold/Commen- Hochfürstlichen Prinzen in der Vestung hin und wieder/ und zeig-
dant. te Ihm erstlich einen grossen Baum von Hagedorn/ den ein Her-
Grosser Hage- zog zu Würtenberg auf dem Hut mit aus Frankreich gebracht/ und
dorn. allhier gepflanzet. Im Zeughaus liesse er Ihm viel Gewehr und
Granaden sehen/ deren jenes/ in der Sparrischen Beldägerung / selbigem Grafen abgenommen/ und diese hinein geworfen/ worden.
Von hinnen/ führte er Ihn ins Proviant Haus/ und endlich auch
in die Keller/ deren zween mit Wein ganz angefüllt waren. Allhier
musten/ nit allein der Hochfürstliche Prinz / sondern auch alle und
Keller Recht. iede in seiner Suite sich befindende/ das KellerRecht ausstehen. Ihme ward auch des andern Tags/ bey der Tafel / der Willkomm/ so
zwar nit groß / vorgesetzet. Letzlich praesentirte Ihm der Herr
Commendant das Buch/ worinn vorerwehnte von des jetz-regi-
renden Herrn Herzogs zu Würtenberg Hochfürstl. Durchl. con-
firmirte Leges beschrieben stunden / um/ ihren Namen hinein zu
schreiben. Unter denselben Gesetzen ist auch dieses/ daß alle Fürst-
Fürstl. Stein- liche Personen/ so die Vestung besehen/ Steine von 50/60 bis 100
tragen. Pfunden/ von unten des Bergs bis unter das Thor tragen sollen/
derer

II Cap. Reise durch Helvetien. 41

derer auch gar viele/ mit ihrer Trägere Fürstlichen Namen be- ANNO 1655.
zeichnet/ albereit daselbst ligen: ist aber der Hochfürstliche Prinz
vor dißmal damit verschonet worden.

 Nachmittag um 2 Uhr/ den 6 May/ reiseten Sie von dannen nach Schafhausen/ und besahen/ eine halbe Stunde davor/ ehe
Sie hinein kamen/ den RheinFall oder die Cataractas Rheni: und Rhein-Fall.
diß war der erste Eintritt in das Gebiete der Eidgenossen. Den
7 diß/ nachdem Sie abends vorher zu Schafhausen angelanget/ Schafhausen.
kamen von dem Magistrat selbiger Stadt/ welche in der Eidgenosschaft das XII Haupt-Ort ist/ etliche Deputirte, welche den Hochfürstlichen Prinzen in das Zeughaus/ und von dar in die Domkir-
che/ führten. Diese Kirche stehet/ nach der heiligen Apostel Zahl/
auf XII Seulen/ deren iede von ganzem Stein/ die Zwölfte aber/
so der Judas heiset/ geborsten ist. Nachdem Sie auch die Bibliothek beschauet/ giengen Sie mit den Herren Deputirten in ihr
Logement zur Crone: alda der Hochfürstliche Prinz stattlich
tractirt/ und mit seiner ganzen Suite frey bewirtet worden. Um
3 Uhr brachen Sie von dannen wieder auf/ und wurden von den
Herren Deputirten auf 2 Stunden bis nach Dietenhofen beglei- Dietenhofen.
tet. Allhier fande der Hochfürstliche Prinz den Herrn Wegelin/
der Ihme vorm Jahr im Saurbrunn bekandt worden: Und weil
eben/ eine Stunde zuvor/ dessen Frau mit einem Jungen Sohn nie-
dergekommen/ hat er den Prinzen zu Gevatter gebetten. Der Der Prinz/ wird
Tauf-Actus, wurde folgenden Tags verrichtet: da dann hochge- Gevatter.
dachter Prinz/ einem von den Herrn Deputirten/ des Namens Im 8 May.
Thurn/ seine Stelle zu vertretten aufgetragen. Er aber/ ist noch
selbigen Abend biß gen Stein am Rhein geritten/ und die Nacht Stein am
daselbst geblieben. Rhein.

 Den 8 diß/ begaben Sie sich zu Schiff/ und fuhren nach Costanz: alda Sie Mittags angelanget/ und nach der Malzeit das Costanz.
Münster/ worinn ein grosser blauer Stein/ auf welchem Johannes Huß den 6 Jul. A. 1415 unter seiner condemnation ge-
      F   standen/

ANNO 1659. standen/ annoch gezeiget wird/ auch dessen Gefängnis im Franciscaner Kloster/ beschauet. Hierauf giengen Sie wieder zu Schiff/ fuhren über den BodenSee/ und übernachteten zu Riettingen: altwo Sie schmale Bissen und schlechtes NachtLager gefunden. Den 9. diß machten Sie sich gar früh wieder auf/ und fuhren über den See nach Lindaw/ einer ReichsStadt/ deren Forteresse Sie besichtigt: Sie ligt mit Wasser umgeben/ und ist/ auser des Adelichen FrauenStifts/ ganz Evangelischer Religion. Den 10 diß/ giengen Sie am Morgen wieder zu Schiff/ liessen auch die Pferde in ein ander Schiff bringen/ und fuhren über See gen Roschach/ eine Stadt nach S. Gallen gehörig: Ritten von dar zu Land nach S. Gallen/ eine BundsStadt der Eidgenossen/ reformirter Religion, mit schönen Häusern geziert. Sie hat eine einige sehr schöne Röm. Catholische Kirche/ und einen Gefürsten Abt/ der aber über die Stadt nicht zu gebieten hat. Von hinnen reiseten Sie/ nach der Mahlzeit/ auf Flowyl/ ein grosses Dorf/ nach Zürich gehörig; und kamen den 11 diß nach Wintertur/ eine Stadt gleichfalls im Züricher Gebiete gelegen/ welche unter dem Namen Vitoduri gar alt und berühmt ist.

BodenSee.
Lindaw.
Roschach. S. Gallen.
D. Flowyl. Wintertur.

Zürich. 11 May.

An diesem Tag/ Abends um 6 Uhr/ sind Sie zu Zürich/ so unter den Eidgenossen der Erste HauptOrt/ angelanget: da folgenden Tags/ der Hochfürstliche Prinz/ von des löbl. Magistrats Deputirten gewillkommet/ auch nachgehends/ gleichwie zu Schafhausen/ stattlich tractirt und ganz ausgelöset worden. Sie führten Ihn/ weil eben das HimmelfartsFest einfiele/ in die Predigt/ welche man seinet wegen fast eine Stunde lang verschoben: ferner / nach verrichtetem Gottesdienst/ in das Venetianische Zeughaus/ welches der Magistrat, wegen der alliance mit Venedig/ selbiger Signoria um ihr Geld zu vergönnen und zu halten verbunden ist/ da unter andern ein Doppelhacke mit 36 Zügen zu sehen gewesen. Aus diesem/ gienge man in das Zürichische Zeughaus: alda Wilhelm Tellens/ des Anfängers ihrer libertet/ Schwerd und Armbrust/

Venedisches Zeughaus daselbst.

brust/auch viel lederne Stücke/gezeiget wurden. Hierauf hat man ANNO 1659.
mit den Herren Deputirten sich in das Logement verfüget / und
daselbst gespeiset. Der Hochfürstliche Prinz wurde zwar von
ihnen sehr gebeten / noch selbigen Tags zu verharren: Dann sie/ Fischerey auf
Ihme zu gefallen/eine Fischerey anzustellen / und einen silbernen dem See.
Becher/den die Fischer/samt den Fischen/ mit dem Netze wieder
herausziehen solten/in den See zu werffen/vorhabens wären. Weil
Er aber sehr eilete/als bedankte Er sich der Ehre / ritte aus der
Stadt/setzte sich/nach einer halben Stunde Wegs / auf den Fluß
Limmat/ und fuhre/weil es darinn viel Steinklippen gibet / mit Fl. Limmat.
nicht-geringer Lebensgefaar/nach Baden hinunter/alda Sie das Baden.
berühmte Warme Bad besehen. 12 May.

Bey diesem Ort ist eine Wiese/ in welcher / von vielen Jahren Die Würfel-
her/ Würfel ausgegraben werden: wie dann auch / Herr Carl Wiese.
vom Stein/ und der Fürstl. Herr Inspector Lilien/ einen daselbst
gefunden. Der Hochfürstliche Prinz gienge vor seiner Wieder-
Abreise/den 13 diß/ auch an den Ort/ und vermeinte einen heraus
zu graben/fande aber keinen: wiewol ein Bürger/ in seiner Gegen-
wart/ 6 Stücke hervorgezogen. Die Anwohnere können keine
Ursach geben/woher es komme/und berichteten dannoch / daß derer
etliche tausend schon gefunden worden / und noch täglich gefunden
werden. Hierauf liessen Sie/beym Kloster Königsfeld / über die
Ruß und Aar / so daselbst zusammenfliessen/sich übersetzen/ und ka- Hornis.
men über Hornis/in das Dorf Mellen/so beyde Oesterreichisch/ al- D. Mellen.
da Sie über Nacht verblieben.

Den 14 diß/passirten Sie durch Reinfelden/ eine von den Reinfelden.
Oesterreichischen vier Waldstädten/ und kamen zu Mittag nach
Basel/der Eidgenosschaft IX Haupt Ort/ mit einer Universitet/ Basel.
alda Sie zur Crone logiret. Nach der Malzeit/ spazirten Sie ins 14 May.
Münster/besahen daselbst das Grabmal der Kayserin Annæ Kays.
Rudolphi I Gemahlinn / heutiger Oesterreichischen Erz Stam-
mens Mutter/neben des weltberühmten Erasmi Roterodami, des

F 2 Fürs-

ANNO 1659. Fürtrefflichen Juristen Francisci Hotomanni, und anderen Epitaphiis. In dem Zeughaus zeigte man dem Hochfürstl. Prinzen/ Herz. Carls in Burgund Panzer/ Trompeten/ Paucken und Pferd-Harnisch/ so ihme/ in den bekandten dreyen Treffen/ von den Eidgenossen abgenommen worden: und ist dises/ allen vorerwehnten Zeughäusern der Eidgenossen/ als das schönste und neuste vorzuschätzen.

Linden Platz.
Nächst diesem Zeughaus/ ligt der mit vielen Linden und zweyen Springbrunnen besetzte Gras-und lustreiche S. Peters-Platz/ welcher bey 3 Morgen Lands umgreifet. Diese besahen

Grosse Eiche.
Sie/ wie auch die grosse alte Eiche mit 10 dicken Aesten/ welche/ in einem Umfang von 112. Schritten/ auf 30 Seulen ruhen. Sie besichtigten auch/ auf dem Prediger-Kirchhof/ den gemahlten To-

Todes Danz.
des-Danz/ da das Sceleton durch alle Stände/ vom Papst an bis zum Bettler/ die sterbliche Menschen an den TodtenReihen und davon führet: Diejenigen/ so der Stimme des Göttlichen Worts nit gläuben wollen/ (wie die Inscription daselbst lautet/) durch sothane stumme Predigt zur Busse zu bewegen.

D. Seet.
Den 15 diß/ kamen Sie zu Mittag nach Sekt/ ein Dorf unter das Französische Parlement zu Ensisheim im Elsaß gehörig/ fütter-

Mömpelgart. 15 May.
ten daselbst/ und gelangten Abends nach Mömpelgart/ die Haupt-und ResidenzStadt dieses Würtenbergischen Fürstentums. Ihre

H. Leopold Friderich Herz. zu Mompelgart.
Durchl. Herr Herzog LEOPOLD FRIDERICH/ schickten alsobald ihren Hofmeister/ neben einer Carosse, den Hochfürstl. Prinzen nach Hof abzuholen: der aber/ weil Er müd ware/ sich zum höchsten entschuldigt/ und zeitlich sich zur Ruhe verfüget. Am folgenden Morgen/ ward Er abgeholet und in das Schloß logiret: da Ihme dann/ sowol von Ihr. Durchl. dem Herzog/ als dero Fürstl. Frauen Gemahlinn/ grosse Caressen erwiesen worden. Nach gehaltener Tafel/ sind sämetliche Fürstliche Personen in die Bibliotheck/ und von dar in die Betstunde/ gefahren. Am 17 diß/ führte den Hochfürstlichen Prinzen/ der Hofmeister/ in die RüstCammer: alda Sie viel rares Gewehr sahen/ dergleichen anderweit nit leichtlich

II Cap.   Reise durch Helvetien.   45

lich zu finden seyn wird. Nach der Tafel-Zeit/ zeigte Ihm die Fürstinn/ in ihrem Gemach/ ihren stattlichen Geschmuck: und giengen Sie von dannen in die KunstCammer / darinn sehr kunstreiche Stücke zu finden waren.

    Den 18 diß/ nach eingenommenem Frühstücken / nahme der Hochfürstliche Prinz wieder Abschied/ und wurde von Ihr. Durchl. und dero Fürstlichen Fr. Gemahlinn/ auch vom H. Canzler Christof Jörstnern und dem ganze Hofstaat/ bis auf eine Stunde begleitet. Diesen Tag nahmen Sie das Nachtlager zu Bisancour/ so zu Elsaß gehöret. Folgenden Tags/ kamen Sie Mittags nach Senne/ und Abends nach Rufach: Deren jenes unter das Parlement in Elsaß/ dieses zum HochStift Straßburg / gehöret: Den 20 diß/ war die Einkehr zu Osten/ so Ihr. Durchl. dem H. Herzog zu Mömpelgart zuständig/ der auch den Hochfürstlichen Prinzen daselbst tractiren lassen: welcher hierauf in Slettstadt/ nun zum Zweytenmal/ übernachtet/ und vom Magistrat mit Wein regalirt worden. Folgenden Tags/ speiseten Sie am Mittag zu Matzenheim/ einem Dorf: worauf Sie/ am selbigen Pfingst-Abend/ durch die Gnade GOttes/ glüklich und wohlvergnügt in Straßburg wieder angelanget/ nachdem Sie in diesen dreyen Wochen eine schöne Reise verrichtet.

    Den 20 Junii/ besuchte der Hochfürstliche Prinz Herrn Herzog EBERHARDS zu Würtenberg Hochfürstl. Durchl. in Deinach: brache den 23 diß/ nach empfangener vieler und grosser Ehre/ von dannen wieder auf/ und nahme seinen Weg nach Griesbach/ daselbst Er / den Saurbrunn wieder zu gebrauchen/
    folgenden Tags glüklich angekommen.

ANNO 165
Bisancour.
Senne.
Rufach.
Osten.
Slettstadt.
D. Matzenheim.
Wiederkehr nach Straßb. 21 May.
Spazir-Reise.
Deinach.
Griesbach.

F 3   Das

Das III Capitel.
Reise in Frankreich.

(1) Des Hochfürstl. Prinzens/ lezte Abreise von Straßburg. (2) Zweyte Reise durch Helvetien. (3) Reisen/ nach Genf/ (4) nach Lyon, (5) durch den Delphinat. (6) Anwesen zu Orenge. (7) Reise durch Languedoc und Provence. (8) Zweyte Reise/ durch Languedoc. (9) Reisen/ durch Guascogne und Guienne, (10) durch Xaintonge, und (11) nach Angiers. (12) Erkrankung daselbst des Hochfürstlichen Prinzens / an den Kindsblattern.

1. Des Hochfürstl. Prinzens / lezte Abreise von Straßburg. 7. Aug.

Demnach endlich S. Churfürstl. Durchl. zu Brandenburg / als Ober= und Herrn Vormund Marggr. GEORG ALBRECHTS Durchl. als Mit-Vormund / daß mehr-hochbesagter Fürstl. Prinz/ zumal dessen Majorennitet und würkliche Antrettung Seiner Hochfürstl. Landes Regirung herannahete / seine Peregrination in Fremde Länder fortstellen solte/ vor notwendig erachtet: als ward hierzu die nötige Anstalt gemachet/ alles in gute Ordnung gerichtet/ und die verfaßte Instruction allen Bedienten/ soviel einem ieden davon zu wissen nötig/ eröffnet. Auf solche Anstalt/ machte der Hochfürstliche Prinz abermals mit GOtt den Anfang/ und empfienge den 7 Augusti/ im Münster zu Straßburg/ das Heil. Nachtmal: da dann zugleich der Herr Inspector, nachdem Er zum KirchenRaht und HofPrediger vocirt, durch Herrn Dr. Johann Conrad Dannhawern / des KirchenConvents Præsidenten daselbst / ordiniret worden. Hierauf ist mehr-hochernennter Fürstl. Prinz / nachdem

III Cap. Lezte Abreise von Straßburg. 47

dem eben 2 Jahre seit seiner ersten Ankunft nach Straßburg verflossen waren/ Dienstag Morgens gegen 7 Uhr/ im Namen des Allerhöchsten/ in Begleitung des Herrn Herzogs zu Holstein Fürstl. Gn. des Königl. Französischen Residentens/ etlicher Rahts-Personen/ vieler Cavalliere/ der ExercitienMeistere und anderer Personen/ von Straßburg aufgebrochen: eine grosse renomme seiner Hochfürstlichen Qualiteten/ bey iedermänniglich hohes und nidriges Standes/ dergleichen in langer Zeit und vielen Jahren keinem Fürsten nachgerühmet worden/ hinterlassend.

Die Suite/ bestunde in 15 Personen: in welcher/ über obbesagte zu des Prinzens education verpflichtete/ Herr Urban Jacob von Laineck auf Nemmersdorf/ Schwerzenbach an der Saal und Jodiß/ der Zeit Hochfürstl. Brandenb. Eltister Cammer Junker/ auch des Edlen Lehen-Gerichts vornehmer Assessor, Herr Georg Christian vom Stein/ ietzo Hochfürstl. Brandenb. Cammer-Junker/ ferner vorbesagten Mr. von Laineck/ damaliger Hofmeister/ Herr Germanus Luitke/ ietzo Hochfürstl. Brandenb. Raht und Geheimer Secretarius, Herr Georg Ort/ der Zeit Hochfürstl. Brandenb. UnterStallmeister/ H. Andreas Mösch/ ietzo Hochfürstl. Brandenb. Verwalter zu Stokenrod/ und mehr andere/ sich befunden haben.

Am ersten Tag/ ritten Sie nach obgedachtem Malzenheim/ und belieben selbige Nacht zu Markoltsheim einem Städtlein/ so gleich dem vorigen/ in das HochStift Straßburg gehöret. Folgenden Mittwoch passirten Sie Breysach vorbey/ nahmen Mittags die Einkehr zu Ledersheim/ unter der Ensisheimischen Französischen Regirung/ und übernachteten zu Gembs/ so auch Französisch ist. Den 11 diß/ kamen Sie vormittags bey guter Zeit in Basel/ besahen nach der Malzeit die KunstKammer Dr. Amerbachii, und ritten vor Abends noch bis nach Liechstall/ ein Baslerisches Städlein. Am Freytag waren Sie wieder früh auf/ und ritten über Ballstett/ so Soloturnisch/ nach Soloturn/ den

ANNO 1663.

Dessen Suite.
H. Urban Jacob von Laineck.

H. Georg Christian v. Stein.

H. Germanus Luitke.
H. Georg Ort.
H. Andreas Mösch.

1. Zweyte Reise durch Helvetien.
Markoltsheim.
Ledersheim.
Gembs.

Basel.
Liechstall.

Ballstett.
Soloturn.

X I

48 Zweyte Reise durch Helvetien. III Cap.

ANNO 1659.

Bern.

D Immeln.
Murten.

Päterlingen.

3. Reise nach
Genf.
IX. Montpres-
niere.
Lausanne.
Morges.
Rolle.
Nyon.
Ankunft zu
Genf
16 Aug.

XI Haupt-Ort der Eidgenosschaft: daselbst Sie Abends üm 7 Uhr angelanget/ und alsofort die Kirchen samt den Antiquiteten besehen; wie dann/ diese Römisch-Catholische Stadt/ bey 2000 Jahre alt seyn soll/ und an einem alten Thurn daselbst sich der Stadt Trier Schwester nennet. Den 13 diß/ machten Sie sich wieder früh auf/ und ritten nach Bern/ der Eidgenosschaft II Haupt-Ort: welches eine mächtige Stadt ist/ und bey 40 Städte auch in 60 Vogteyen unter sich hat. Sie verharreten daselbst den Tag über/ besahen inzwischen das treffliche Zeughaus/ die Kirchen und Bibliotheck. Bey der AbendMalzeit/ wurde dem Hochfürstlichen Prinzen/ im Namen des Magistrats, der Wein præsentiret. Folgenden Sonntag/ Morgens üm 7 Uhr/ machten Sie sich wieder auf die Reise/ frühstückten unterwegs im Dorf Immeln/ und kamen üm 12 Uhr nach Murten/ eine Stadt Bernischen Gebiets/ und berühmt in Historien von der grossen Niderlag Herz. Carlo von Burgund/ deme allhier die Eid-und ihre Bundesgenossen 30000 Mann abgeschlagen. Abends üm halb 7 Uhr/ gelangten Sie nach Päterlingen/ zu Latein Paterniacum und ingemein Payerne genannt/ eine Stadt/ so gleichfalls unter deren von Bern Jurisdiction gehöret.

Den 15 diß/ erlangten Sie Mittags Montpresniere ein schlechtes Dorf/ ritten durch die Stadt Lausanno, vorzeiten ein Bistum/ iezt eine Universitet Berner-Gebiets/ und kamen Abends gen Morges; Folgenden Tags/ durch Rolle, üm Mittag nach Newis oder Nyon: So allesamt Städte der Berner sind/ und am Genfer-See liegen. Endlich sind Sie/ diesen Abend nach 6 Uhr/ zu Genf oder Geneve angelangt: Ist eine Freye Stadt/ und mit der Stadt Bern in Bündnis/ alt und zu der Römer Zeiten berühmt. Der Hochfürstliche Prinz/ besuchte/ nächsten vormittags nach seiner Ankunft/ die Reit Schulen. Nachmittag wurde Er/ von etlichen Rahts-Deputirten/ gewillkommet/ und bey der Abend-Malzeit Ihm der Wein præsentirt. Den 18 diß/ hielte

Er

III Cap. Reise nach Lyon. 49

Er vormittags sich innen/ wegen des Regenwetters: Nachmittag aber/ fuhre Er auf dem See spaziren/ sich in etwas zu erlustigen. Diese Stadt/ ligt auf Savoyschem Boden/ ist aber weder diesem Herzog/ noch dem Bischof/ welcher bey anfang der Reformation nach Nicii entwichen / unterworfen: ward vorzeiten vom Reich bevogtet. Sie wird zweygetheilet durch den Fluß Rosne oder Rhodanum, welcher nit weit von der Quelle des Rheins entspringet/ durch das Walliser Land oben in den Genfer See fället/ und hierunten bey Genf/ über 10 Meilen/ wieder heraus schiesset/ sonder sein blaues Wasser mit demselben zu vermängen: Denne er auch grosse Fohren/ bey 2 Ellen lang und 40 Pfunde schwer/ zu führet. Es hat hier eine Universität/ und Meistere von allen Exercitien. *Fl. Rosne, Rhodanus.*

Von Geneve reisete/ Freytags den 19 diß/ der Hochfürstliche Prinz wieder ab/ und kame über Coulonge, ein Städtlein/ zu dem ängen Paß/ la Cluse oder l'Escluse, die Clause/ genannt/ am Berg Jura: ist eine Vestung ob dem Gebirg-Weg/ Königl. Französischen Gebiets/ worunter die Rosne in unsichtbarer Tieffe über Stein und Felsen daher rauschet und brauset. Dieser Weg führte Sie über eine Meile an das Ort/ wo besagte Rosne mit grossem Ungestümm unter einen holen Berg sich stürzet und verliert/ auch ziemlich weit davon erst wieder hervorstrudelt: worauf Sie/ im Dorf Chastillon, übernachtet. Folgenden Tags waren Sie gar früh auf/ ritten über ein steinigtes und klippenvolles Gebirge/ durch das Städlein Nantua, dessen Inwohnere gute Glufen oder Stecknadeln machen/ und kamen üm 12 Uhr in das Dorf Cerdon, dem Herzogen von Nemours gehörig: daselbst Sie ein paar Stunden verblieben/ und Abends im Städtlein Bournay Nachtlager gehalten. Folgenden Sonntag liessen Sie sich über den Fluß d'Ain setzen/ welcher die Landschaften Bresse und Bougie scheidet/ und logirten Mittags zu Montlieu: von dar Sie/ Abends üm 5 Uhr/ in Lyon glüklich angelanget. *4. Reise nach Lyon. Coulonge, la Cluse. Rosne verliert sich unter die Erde. D. Chastillon. Nantua. D. Cerdon. Bournay. Montlieu, Ankunft zu Lyon. 21 Aug.*

ANNO 1655.

G Diese

Reise nach Lyon. III Cap.

ANNO 1659.
Kurze Beschreibung dieser Stadt.

Diese uralte Celtische Stadt/zu Latein Lugdunum, (ist der Ursprung-Name Lug-duyne, zu Teutsch Schauen-Berg/ wie sie dann auf und an zween grossen Bergen ligt/) ward/ von dem Römischen Landpfleger in Gallia L. Munatio Planco, 38 Jahre vor Christi Geburt/ als eine Colonia der Römer besetzt. Sie umgreift bey 6 Meilen/und ist/nächst Paris/ in Frankreich die grösste und vornemste/ in Handelschaft aber allen andern fürberühmt: wie dann allhier zwey Schiffreiche Ströme/ die Saone (Araris) und Rosne, zusammen fliessen/ und die Loire nur 12 Meilen davon entfernet ist.

Brüken.

Jeder derselben/ trägt eine grosse Steinerne Brüke von vielen Jochen: unter welchen die erste beyde Städte zusammenhänget/ und die Letzere/ durch den Kayser-Mord des frommen Gratiani, in Historien bekandt worden. Es ist auch/der ErzBischof dieser Stadt/ Primas in Frankreich. Sonsten ist dieser Ort berühmt/von der ersten Stiftung des Ordens S. Francisci: wovon ein Kloster ober S. Johannis HauptKirche zeuget.

Tempel Augusti.

Beym Zusammenfluß der beyden Ströme/ liget das uralte Kloster Aisnay oder Athenaeense, alda vorzeiten ein Tempel gestanden/ darinn man Kays. Augusto als einem GOtt geopfert.

Wolredenheit-Kampf.

Sein Enkel Cajus Caligula hat nachmals in dieser Kirche eine Academie angestellt/da die vornemste Oratores und Poeten/in Griechischer und Lateinischer Sprache/einander zum Kampf der Wolredenheit gefordert: und muste/ der Uberwundene/ den Uberwinder mit einer Gabe und einem Lobspruch verehren; welcher aber gar zu schlimm bestanden/ muste wegen seiner Vermessenheit/seine Oration oder Gedichte mit einem nassen Schwamm/ oder gar mit der Zunge/von der Tafel löschen/wann er nit wolte in den Fluß geworfen werden.

l'Academie du Forestier.

Montags den 22 diß/fuhre der Hochfürstliche Prinz auf die Academie du Forestier: allwo Er den Vormittag zugebracht/ Nachmittag aber gegen Abend/ mit Spaziren und im Ballhaus/ sich belüstiget. Folgenden Dienstag Vormittags/ fuhre Er in

der

III Cap. Reise durch den Delphinat.

der Stadt herům/ eines und anderes denkwürdiges zu besehen: Insonderheit die schönen Kirchen/ vor deren einer auf dem Platz de Confort, Nostre Dame de Confort genannt/ eine Kluft zur Begräbnis der Teutschen gewidmet ist/ über welcher ein Reichs Adler von Messing und diese Obschrift stehet: *ANNO 1658. Sepultur der Teutschen.*

ICY EST LA SEPULTURE DES
ALEMANS IMPERIAUX.
Diß ist die Begräbnis der Teutschen
aus dem Reich.

Sonsten stehet auch/ mitten auf diesem Platz/ eine Pyramide, so an den dreyen Seiten/mit den Namen GOttes in 72 Sprachen/mit grossen güldnen Buchstaben überschrieben zu sehen. Am Mittwoch ware man geschäftig/ die Pferde zu verkaufen/ weil die Reise nun zu Wasser fürter gehen solte.

Folgenden Donnerstag den 25 diß/ům Mittag setzte sich der Hochfürstliche Prinz mit den Seinen auf die Rosne, fuhre den Strom hinunter/ und kame abends nach Vienne. Diese gleichfalls uralte RömerStadt/ ist das Haupt der Provinz Dauphiné oder des Delfinats: welche A. 1349/ Humbertus der letzte Fürst dieses Landes/dem König in Frankreich Philippo Valesio mit solcher Bedingnis geschenket/daß allemal des Königs ältster Sohn den Namen davon führen/ und solche von Röm. Reich zu Lehen empfangen solte. Es ist auch allhier ein Erzbistum / und ein verfallnes altes Amphitheatrum. Nachdem der Hochfürstliche Prinz die Kirchen/das Jesuiter Collegium und andere Antiquiteten/unter denen auch der Ort gewiesen wird / da Pontius Pilatus gewohnet/gefangen gesessen und gestorben/ besehen hatte: Gienge Er folgenden Tags wieder zu Wasser / passirte unterschiedliche Städte/ doch sonder aussteigen/vorbey/ bis er nach Valence gelanget; welche HauptStadt im Land Valentinois,von welchem der Bischof dieses Orts den Grafen Titel führet / älter als Rom seyn soll.

5. Reise durch den Delphinat. Vienne.

Amphitheatrum.

Valence.

G 2 Nach

52   Reise durch den Delphinat.   **III Cap.**

ANNO 1659.
Viviers.

Pont S. Esprit.

Ankunft zu O-
renge. 28 Aug.

6. Anwesen zu
Orenge.

Prinzen von
Uranien.

Stadt
Orenge.

Nachdem Sie allhier übernachtet/ waren Sie den 27 diß früh auf/ und kamen Mittags nach Viviers, so in Vivarais die vornemste Stadt ist/ allwo der Hochfürstliche Prinz ein wenig zu Land trat= te; Folgends noch selbigen Abend nach Pont S. Esprit gelangte. Diese Stadt/ dahin man sonst von Valenze über Land durch eine schöne mit Thym/ Lavendel/ Spikenard und Oliven=Bäumen be= wachsene Gegend reiset/ ist berühmt und hat den Namen von der steinernen Brücke daselbst über die Rosne, welches Alt-Römische Gebäu/ auf 24 Schwibbogen/ sich 1030 Schritte lang erstrecket/ 12 Schritte breit ist / und ihres gleichen nit haben wird. Von hinnen fuhren Sie Sonntags den 28 diß fürter auf Orenge, und fütterten eine Stunde davon in einem Vorwerk / bis die Pferde und Wagen aus der Stadt kamen: womit es dann / bis um zwey Uhr/ sich verzogen.

    Orenge, ingemein Uranien genannt/ ist ein kleines Fürsten= tum/ etwan 3 Meilen breit und 4 lang / vorzeiten unter der Gra= fen von Provence Gebietschaft; Kame nachmals an die Grafen von Chalon, die es der Cron Frankreich unterworfen. Als A. 1544 Philibertus der letze dieses Geschlechts ohne Erben verstor= ben/ kame es an Gr. Renatum von Nassau / seiner Schwester Sohn: von welcher Zeit an/ es bey dem Haus Nassau verblieben. K. Heinrich IV in Frankreich/ machte Sie A. 1606 zu Frey= Fürsten/ oder Souverain, daß sie sich von GOttes Gnaden schrei= ben/ eigene Münzen schlagen/ und ein freyes Cammer Gericht bese= tzen dörfen: welches alles/ anderen Prinzen in Frankreich nicht er= laubt ist. Die Stadt/ ist alt-Römisch: wovon noch/ der alte Cir= cus oder Kampfplatz/ und vor der Stadt der Arcus Triumphalis oder Sieges=Pforte/ C. Mario und Catulo Luctatro zu Ehren auf= gerichtet/ Zeugnis geben. Das Bistum allhier und die Hoh=Schul von K. Carolo Magno gestiftet/ sind abgangen/ daß fast keine / oder doch gar wenig Studiosi, sich Studierens halber daselbst aufzuhal= ten pflegen. Von dem hohen Schloß daselbst/ kan man in 7 Pro= vinzen sehen.   ✱   Sobald

III Cap.   Anwesen zu Orenge.

ANNO 1653.

Sobald der Hochfürstliche Prinz in dieser Stadt angelanget/ ward Er/ von des Herrn Gouverneurs Gr. Friderichs von Dohna Abgeordnetem/ beneventirt: welcher/ weil er/ wegen eines langen Zweyspalts mit dem Parlement daselbst auch anderen Personen/ aus dem Schlosse sich nit wagen dorfte/ am folgenden Morge seine Carosse, den Prinzen hinauf zu holen/ hinabschikte. Sie blieben beysammen/ bis gegen Abend. Dienstags den 30 diß/ ward Er auch/ vom Parlement und dem Magistrat, von dem Consistorio und der Universitet/ ingleichen von der Noblesse daselbst/ gewillkommet. Gegen Mittag/ wurde Er abermahl auf das Schloß geholet/ und daselbst bis gegen 3 Uhr entreteniret. Folgende Tage war man bemüht/ ein eigenes Logiment und Pension zu überkommen: so man endlich/ durch Vorschub des Herrn Grafens und dessen Leute/ um ein leidliches erhalten: Entzwischen/ aus wohlbesagten H. Gouverneurs Angeben/ der Hochfürstliche Prinz/ durch des Orts Inwohnere täglich Nachmittag besuchet worden.

H. Gr. Friderich von Dohna Gouverneur.

Am Sonnabend den 3 Septembr. hat der Hochfürstliche Prinz einem Doctorat in Facultate Theologicâ, beygewohnet. Der Doctorandus, ware ein Augustiner-Mönch/ ein alter alberer Socius, der kein argument assumiren konde. Nach diesem/ haben Sie das neue Logiment bezogen/ und folgenden Sonntag dem Gottesdienst beygewohnet. Nachmittag wurde Er von der Fr. Gräfinn/ des Herrn Gouverneurs Gemahlinn/ einer Marquisin von Monbrun, besuchet. Montags fienge Er an/ in den Waffen sich zu exerciren. Am Dienstag vormittags thäte Er/ auf eine Stunde Wegs/ einen Spazir Ritt nach einem Berg/ welcher um und um mit Rosmarin bewachsen ist. In der Widerkehr/ begabe Er sich auf das Schloß/ mit dem Herrn Gouverneur das MittagMahl zu halten. Nachdem Er/ folgende zweer Tage/ in gutem und gesunden Aufwesen passiret/ ward Er den Freytag vormittags von dem Herrn Gouverneur besuchet: mit dem

Doctorat-Actus.

Rosmarin-Berg.

Reise durch Languedoc und Provence. III Cap.

ANNO 1659. Er nachmittag sich auf das Schloß begeben/ und mit ihme / wegen vorgenommener Reise/ sich abgesetzet.

7. Reise durch Languedoc uñ Provence.
10 Sept. Rochefort.
Pont de Gard. Wunderbrücke.

Sonnabends den 10 diß / machte sich der Hochfürstliche Printz früh auf/ einen Tour durch Languedoc und Provence zu thun/ setzte bey dem Schloß Roquemoure über die Roine, und kame Mittags nach Rochefort, ein Städtlein / passirte den Fluß Gardon, und besahe daselbst die Wunder Brücke / Pont de Gard genannt. Diese Brücke ist/ aus grossen Quaterstücken / zwischen denen man keinen Kalch sihet / dreyfach aufeinander gesetzt / und hänget zween Berge zusammen / zwischen denen der Fluß Gard durchschiesset. Die Untere hat 6 Breite / die Mittlere 10 schmälere/ und die Oberste 35 kleine Bögen. Neben der Mittleren/ kan man/ über eine breite Landstrasse fahren/ reiten und gehen. In die Obere ist ein Canal eingehauen/ wordurch das Wasser von der Stadt Uzez oder Utica nach Nismes geleitet worden: So aber mit der Zeit vergangen. Ist ein Römisches uraltes Gebäude/ und eine Antiquitet/ deren wenige zu vergleichen.

Nismes.

Am Abend üm 7 Uhr / kame der Hochfürstliche Printz nach Nismes: da Er folgenden Tags von etlichen vornehmen Innwohnern der Stadt besuchet/ auch in die Kirchen und sonsten herüm geführet worden/ die Er folgends bey der Mittag Malzeit behalten. Diese Stadt/ soll bey 600 Jahren älter als Rom seyn. Die Hugonoten/ haben hier die Oberhand / auch eine berühmte Academie. Es sind daselbst viel schöne Antiquiteten zu sehen/ und unter andern ein herrliches Amphitheatrum, so fast ganz noch in Wesen ist/ der Tempel und Brunn Dianæ, und die alt Römische Epitaphia in den Kirchen. Um 2 Uhr machten Sie sich wieder auf/ und reiseten 4 Stunden/ bis nach Pont de Lunel, einer starken Steinernen Brüke über den Fluß Vidourle, nit weit von dem Städtlein Lunel: da Sie/ in dem berühmten Wirtshaus an der Brüke/ übernachtet.

Amphitheatrum.

Pont de Lunel.

Fol.

III Cap.   Reiſe durch Languedoc und Provence.   55

Folgenden Monntag den 12 diß / kamen Sie üm Mittag ANNO 1659
nach Montpellier. Allhier iſt ein Biſtum / und eine berühmte Montpellier.
Univerſitet/ welche inſonderheit von den Studioſis Medicinæ, weil
daſelbſt die Arzney Kräuter in mänge wachſen und die Botanica
floriret/ auch das Alkermes aus Berlein/ ſo allein hier in Wäldern wachſen/ neben andern guten Apotheker-Waaren / zubereitet
wird. Nachdem Sie die Stadt uñ Gärtten beſehen/ reiſeten Sie noch
ſelbigen Tags/ über 3 Stunden/ bis in ein Dorf/ Berol genannt. D. Berol.
Am Dienſtag ritten Sie/ längſt des geſtads am Mittel Meer/ und
mittagten zu Aigues mortes, zu Teutſch Todte Waſſer: iſt ein Aigues-
kleines/ aber uralt-Römiſches Städtlein/ wegen der faulen Süm- mortes.
pfe alſo benamet. Nachdem Sie in dem Städtlein S. Gilles S. Gilles.
übernachtet/ kamen Sie den 14 diß/ bey guter Zeit/ nach Arles, und Arles.
blieben den Tag daſelbſt ſtille ligen. Dieſe uralte Stadt / ſonſt
Arelat genannt/ von den Griechen in Maſſilia vor der Chriſt Geburt erbauet/ vorzeiten der Könige in Burgund Siß Stat und das
Haupt in Provence, hat ein Erz Biſtum / ein alt Römiſches Amphitheatrum, ſamt vielen Monumenten und Grabſteinen: und
hat von ihr/ das Königreich Arles oder Arelat, den Namen bekommen.

Von hier gienge/ Donnerſtag den 15 diß/ die Reiſe / nach
S. Martin de Crau einem Dorf/ und fürter nach S. Chamas, ei- S. Martin de
nem Städtlein dem Erz Stift zu Arles unterworfen; wiederüm Crau.
folgenden Freytag Vormittags über 5 Stunden / zu einem ein- S. Chamas.
zelen Wirtshaus/ und von dar nach Marſeille, da Sie Abends Marſeille.
üm 5 Uhr angelanget. Dieſe Stadt/ zu Latein Maſſilia, iſt weit
älter als Rom/ da vorzeiten mit und gleich Athen eine weltberühmte
Hoch Schul geweſen; iſt noch heutzutag eine ſchöne / reiche / groſſe
und veſte Meer Stadt. Folgenden Donnerſtag fuhre der Hochfürſtliche Prinz/ über Meer/ nach Chaſteau d'It, einem der vier
Caſtelle/ ſo den berühmten Seehafen vor Marſeille beſchützen.
Um 3 Uhr ritte Er von hinnen noch 3 Stunden/ bis nach Aubaigne. Aubaigne.

Den

56 Reise durch Languedoc und Provence. III Cap.

ANNO 1659.
Maison breslee.
Toulon
Hieras.

den 18 diß/ mittagte Er à la Maison breslée, und kame Abends nach Toulon: allwo Er den Meerhafen und die Königliche Galleren beschauet. Am Monntag zu Mittag/ kame Er nach Hieras, und besahe daselbst die Königliche Gärten: in welchen eine überaus grosse Mänge von Citronen- Pomeranzen- Granat- und andern fruchtbaren Bäumen/ auch Felder mit Zucker Rohren/ zu finden waren. Selbigen Abend/ wurde zu Soulier das Nachtlager genommen.

Soulier.

Cigne.
Grosser Wein-Traube.

Folgenden Tags/ waren Sie um Mittag zu Cigne: allwo Sie einen Weintrauben gefunden/ dessen Beere so groß als die Hungarische Pflaumen gewesen: wie dann Eilf Personen davon assen/ und noch viel übrig bliebe. Gegen Abend/ kamen Sie nach S. Baulme: ist ein Dominicaner Kloster / und darbey eine Höle/ worinn S. Maria Magdalena soll Buß gethan und etliche Jahre lang auf einer Seite gelegen haben. Nachdem Sie hier über Nacht geblieben/ ritten Sie Mittwochs den 21 diß von dannen fürter/ kamen Mittags nach Laureau, und Abends nach Aix, über 5 Stunden. Diese uralte grosse Stadt/ zu Latein Aquæ Sextiæ genannt/ ist 121 Jahre vor Christi Geburt / von dem Römer C. Sextio Calvino erbauet und von den Warmbädern daselbst also benamet worden. Sie ist iezt die Haupt Stadt in Provence, und hat ein Erzbistum. Nit weit davon/ ist die grosse Schlacht geschehen zwischen Cajo Mario und dem König der Teutschen Teutobocho oder Dietwig/ da bey 200000 Mann erschlagen worden. Der Vormittag den 22 diß/ ward mit Besichtigung der Stadt zugebracht: worauf man/ biß nach Moulin de Fer, fort gereiset. Folgenden Freytag ritten Sie über Cavaillon, eine alte Römer Stadt/ nach Avignon. Diese vornehme Stadt gehört dem Päpstischen Stul zu Rom/ der solche A. 1360 durch Kauf an sich gebracht: Wie dann auch/ im 14 Seculo, 7 Päbste nacheinander/ 72 Jahre lang/ allhier gesessen. Die Rosne, wird daselbst mit 23 Schwibbogen überbrücket. Madonna Laura, des berühmten

S. Baulme.

Laureau.
Aix.

Moulin de Fer.
Cavaillon.
Avignon.

III Cap. Zweyte Reise durch Languedoc.

rühmten Francisci Petrarchæ berühmte Liebste/ ligt allhier in der Franciscaner Kirche begraben. Der Hochfürstliche Prinz/ besahe noch selbigen Abends das Päbstliche Palatium, die Kirchen und andere der Stadt seltenheiten: worauf Er/ folgenden Sonnabend den 24 Septembr. um 11 Uhr/ nach Orenge in guter Gesundheit wieder zurücke gelanget/ und also in 14 Tagen diese Reise glücklich verrichtet.

ANNO 1653.
Wieder Ankunft zu Orenge. 24 Sept.

Am Sonntag/ nach verrichtetem Gottesdienst/ fuhre Er auf das Schloß/ und speisete daselbst mit dem Herrn Grafen zu Mittag. Am folgenden Monntag/ fienge Er wiederüm an/ nebst den Studiis, seine Exercitia Equestria und Militaria vor die Hand zu nehmen/ welche Er/ in guter Gesundheit/ ein Monat lang continuiret.

Des Prinzens Exercitia Equestria und Militaria.

Am Monntag den 24 Octobr. brache der Hochfürstliche Prinz von Orenge wieder auf/ nahme seinen Weg/ bey dem Schloß Roquemaure über die Rosne, passirte den Fluß Gardon, kame Mittags nach Serignan einem Städtlein/ und ritte Nachmittag färter/ über 5 Stunden bis nach Nismes, daselbst Er übernachtet. Folgenden Dienstag waren Sie früh auf/ und ritten eine halbe Stunde auser des Wegs zu dem Tempel und Brunn Dianæ, selbigen zu besichtigen. Ist ein Gebäu von gelben Steinen/ zwar meist eingegangen/ mit vielen Seulen. Der Brunn darneben/ ist groß wie ein Teich/ mit allerhand färbigen kleinen Marmelsteinen gepflastert. Mitten in denselben ist eine Tieffe/ so keinen Grund haben soll. Das Wasser wird von dannen/ durch Röhren/ in die Stadt geleitet. Er ergiest sich zuweilen so stark/ daß er die Stadtgräben wie ein Strom anfüllet/ und einmals sein Wasser im Collegio Academico halb Mannshoch gestanden. Von hier/ giengen Sie über Pont de Lunel, allwo Sie gemittagmahlet/ nach Montpellier, und blieben über Nacht daselbst. Am Morgen/ als Mittwochs/ nahmen Sie den Weg der Mittel-See zu/ und kamen Mittags nach Frontignan, einem feinen Städtlein an gedachtem Meer/ allwo der bäste Muscateller Wein von ganz Frankreich wächset.

8 Zweyte Reise durch Languedoc.
Serignan.
Nismes.
Tempel und Brunn Dianæ.

Pont de Lunel.
Montpellier.

Frontignan.

H

Zweyte Reise durch Languedoc. III Cap.

ANNO 1659. wächset. Nachmittag ritten Sie einen lustigen Weg / durch
Weingärten / Kräuter-Hügel und Kermes Büsche / auch durch un-
Pezenas. terschiedliche Städtlein und Dörfer / bis nach Pezenas, einer wohlerbauten Stadt / daselbst Sie das Nachtlager genommen. Folgenden Donnerstag / den 27 diß / waren Sie gar früh auf / und reiseten 5 gute Stunden / bis nach Beziers, einer Bischoflichen
Narbonne. Stadt: von dar Sie abends nach Narbonne gelanget.

Diese uralte Stadt / von welcher / das dritte Theil von Galliâ, Narbonensis genannt worden / ist heutzutag die äuserste
Gränz Vestung in Frankreich gegen Hispanien: hat ein Erz-
Bistum / und wird vom Fluß Aude durchschnitten. Nachdem
der Hochfürstliche Prinz / mit Besichtigung der Wälle / Kirchen
und anderer schwürdigen Sachen / den folgenden Vormittag allhier zugebracht / ritte Er üm 2 Uhr von dannen / langst dem Meer
hin / und sahe auf eine Viertel Stund von fernen / die an den aller-
äusersten Gränzen zwischen Frankreich und Hispanien gelegene
Vestung Leucate.

Der Prinz be- Am Sonnabend den 29 diß / waren Sie üm Mitternacht
sibt die Gränze auf / gelangten mit anbrechendem Licht / an die Gränze von Cata-
von Catalonien. lonien, passirten die Vestung Salses vorbey / und kamen üm Mit-
Perpignan. tag nach Perpignan, so die HauptStadt ist der Grafschaft Ros-
sillon. Allhier gabe der Hochfürstliche Prinz einem Schweize-
rischen Capitain Mr. Lochmann / sich zu erkennen: Durch dessen
addresse Er das Citadell zu sehen bekame / von dem Königlichen
Lieutenant wohl empfangen / und neben seinen Bedienten / von
besagtem Capitain, auch dem Königlichen General Lieutenant
Mr. de Marsilis, und anderen Officiers von der Armee, selbigen
Abend tractiret wurde. Am Sonntag den 30 diß / gienge Er gar
und Salses. früh von dar wieder hinweg / kame üm Mittag nach Salses, und besahe diese gewaltige Vestung. Allhier fanden Sie einem Pom-
merischen von Adel / und wurden von ihme / noch selbigen Tag /
bis

III Cap.   Zweyte Reise durch Languedoc.

bis nach S. Jean begleitet: Von dar Sie/ am Montag Mittags ANNO 1655.
nach Narbonne zurücke gelanget. S. Jean.
                                                         Narbonne.
Sie ritten/selbigen Tags noch 4 Stunden / bis nach Lesi- Lesignan.
gnan. Den 1 Novembr. passirten Sie Carcassonne, eine Bi- Carcassonne.
schof-Stadt/ übernachteten im Städtlein Alzone, fütterten fol- Alzone.
genden Mittwoch zu Castelneau d'Arry einer grossen Stadt/ und Castelneau d'
nahmen das Nachtlager zu Ville Franche. Den 3 diß / waren Arry.
                                                         Ville franche.
Sie bey guter Zeit zu Cadenet, einem Dorf / mittagten daselbst/ D. Cadenet.
und schickten einen voraus nach Toulouze, eine bequeme Herber- Toulouze.
ge/ weil eben der König sich in dieser Stadt befande/ vor Sie aus- Tholosa.
zusehen. Gegen Abend kahmen Sie daselbst glücklich und wohl
an / und logirten aux troix Roys oder bey den Drey Königen.

Diese alte Stadt/ an der Garonne, nach Paris/ der grössten
eine in Frankreich/ die HauptStadt in Languedoc, vorzeiten eine Graffschaft/ hat ein ErzBistum/ ein Parlament und zwar das
nächste nach dem zu Paris/ auch eine vornehme Universität. Es
sollen/ in der Kirche S. Saturnini daselbst/ Sechse von den heiligen
Zwölf Boten / neben vielen andern Heiligen / begraben ligen.
Eine Damoiselle, Clementia Isaura, hat vor undencklichen Jah-
ren/ ein Fest daselbst gestiftet / Floralia oder das BlumenFest ge- BlumenFest
nannt/ und verordnet/ daß järlich im Monat Majo, am Creuz- und Poeterey
Erfindungs Tag/ die gelehrte Jugend in der Poesy einen Kampf Kampf.
halten : und welche am bästen poëtisiren würden / mit güldnen
und silbernen Blumen von Rosen/ Veilchen und Nägelein / be-
schenkt werden/ solten. Der Hochfürstliche Prinz hielte sich am
Tag seiner Ankunft daselbst innen/ wegen starken Regenwetters:
inzwischen Er/ mit einem Schweizer Hauptmann von des Königs
Garde, bekandt worden. Folgenden Sonnabend vormittags/
besahe Er die vornemsten Kirchen/ wie auch das Palais und Rathaus. Nachmittag sahe Er / in einem Garten vor der Stadt/
dem König zu/ wie er seine Schweizer und Garde exercirte. Am
                       H 2   Sonntag

ANNO 1659.
Der Prinz / besihet den Königlichen Frantzösischen Hof.

Sonntag den 5 diß/ gienge Er nach Hof all' incognito: Da Er den König/ dessen Brudern/ die alte Königinn/ und andere Grandes de la cour, beysammen gesehen. Nachmittag gabe es abermaln Gelegenheit/ den König im Ballhaus spielen zu sehen. Er hat auch/ mit dem H. Hofmeister und H. Inspectorn, durch Vermittelung vor-erwehnten Capitains, einer Comœdie, so zu Hof in Gegenwart des Königs gespielet wurde/ noch selbigen Abend beygewohnet.

Reise/durch Guascogne und Guiene.
7 Novembr.
Peituin.
Ville.
S. Marie.
Melian.
Cadillac.

Nachdem Er allhier sich zu genügen ümgesehen/ gienge Er Dienstags den 7 Novembr. zu Wasser die Garonne hinab/ und kame selbigen Abend bis Peituin. Folgenden Mittwoch fuhre Er ohne Aussteigen fürter/ bis nach Ville: allwo Er über Nacht geblieben. Den 9 diß/ kamen Sie Nachts gen S. Marie, den 10 nach Melian, und den 11 üm 3 Uhr Abends nach Cadillac. Allhier stiege der Hochfürstliche Prinz an Land/ das schöne Schloß/ Kirche und Garten ob diesem Städtlein zu beschauen: gehört dem Herzogen von Espernon, welcher eben dazumal zugegen war. Um Mitternacht/ begab Er sich wieder zu Wasser/ und gienge mit der marée den Fluß hinab: Da Er dann/ mit anbrechendem Tag/ zu Bourdeaux angelanget.

Bourdeaux.

Diß ist auch eine alte Römer-Stadt/ zu Latein Burdigala: groß und schön/ auch die Haupt-Stadt in Guienne oder Aquitanien. Sie hat gleichfalls ein Ertz-Bistum/ ein Parlement in der Ordnung das Dritte/ und eine Universitet. Man sihet/ vor der Stadt/ die rudera von einem Amphitheatro, und sonst hin und wieder viel Antiquiteten. Es wächst allhier/ der bäste und stärkste rothe Wein in ganz Frankreich: der auch von dannen weit und breit verführet wird. Das Regenwetter/ machte den Hochfürstlichen Prinzen selbigen Tags sich innen halten: Aber am folgenden Sonntag besahe Er die Kirchen/ das Rathaus / Jesuiter Collegium, und andere der Stadt seltenheiten.

III Cap. Reise durch Xaintonge.

Am Montag den 14 diß/brache Er auf/ gienge mit etlichen der Seinen wieder auf die Garonne, und fuhre in einem kleinen Schiffe hinunter nach Blaye: nachdem Er den H. Secretarium samt der Bagage und übrigen Suite, in einem andern Schiffe / über See nach Rochelle vorabgefärtigt. Blaye, ist die älteste Stadt im Land Xaintonge, und mit seinem Castel eine starke Gränz Ve= stung von Frankreich. Von hinnen/ gienge der Hochfürstliche Prinz mit dem Messagier über Land/ weil Er bey dieser Jahrszeit sich dem Meer nit vertrauen wollen/ kame am Dienstag Mit= tags nach petit Niort, einem Dorf/ nachtlagerte zu Ponts; füt= terte folgenden Mittwoch au Gast, und bliebe über Nacht zu S. Guy. Am Donnerstag kame Er nach Brouage, besahe selbi= ge Vestung/ so von dem Cardinal Richelieu erbauet worden / und muste daselbst / wegen Ebbe oder Meer-Ablaufs/ bis Mittag stille liegen. Nachmittag gelangten Sie / nach Rochel= le: allwo die andere Bediente/ allbereit vorige Nacht üm 1 Uhr/ über Meer angekommen waren. Diese Stadt/ in Latein Rupel= la genannt / ist berühmt durch die harte Belägerung/ welche Sie von dem leztverstorbenen König in Frankreich ausgestanden: wor= über/ Hugonis Grotii schönes und von Martin Opitzen schön ge= teutschtes Carmen, wohl zu lesen ist. Der Hochfürstliche Prinz/ besahe allhier den Ort / wo der Cardinal Richelieu den damm legen lassen/ die Stadt Seewarts zu bezwingen; ingleichen die zween Thürne/ so die Einfart des Ports schirmen/ und selbigen mit einer Kette beschliessen; ferner die Kirchen/ und eines Kaufmanns Haus/ in welchem allerhand künstliche und seltsame Sachen zu ver= kaufen waren.

Sie verblieben daselbst/ bis an den Dritten Tag: Da Sie den 20 diß/ nach genommenem Frühstück/ mit dem Messagier wie= der fortgegangen/ und zu Marans Mittag hielten. Nachmittag embarquirten Sie sich auf einen kleinen Fluß/ und fuhren bis Po= seÿ, allda Sie über Nacht verharret. Den 21 giengen Sie für=

ANNO 1659.
10 Reise durch Xaintonge.
14 Nov. Blaye.

D. petit Niort.
Ponts.
Au Gast.
S. Guy.
Brouage.

Rochelle.

11. Reise nach Angiers.
20 Nov.
Marans.
Poseÿ.

H 3

62 **Reise nach** Angiers. III Cap.

ANNO 1655.
Chasteau neuf.
S. Foulgent.
Aigre Ville.
Nantes.

ter über Land bis Chasteau neuf, und logirten die Nacht zu S. Foulgent. Folgenden Mittwochs pasirten Sie Aigre Ville, und erlangten endlich / am Thorsperren / die Stadt Nantes. Diese nit gar grosse an der Loire gelegene Stadt / ware vorzeiten die Fürstliche Sitz-und HauptStadt im Herzogtum Bretaigne, und hat einen Bischof. Der Hochfürstliche Prinz besahe folgenden Tags die Stadt / wurde auch in das Citadell eingelassen / stiege auf den Thurn der StiftsKirche / und besahe / folgends / neben den andern Kirchen / die RechenCammer / dahin Er durch einen Kaufmann von Hamburg geführet worden. Nächsten Montag reisete Er mit dem Messagier wieder ab / und kame selbigen Abend nach Ansing: Morgens machte Er sich früh um 3 Uhr wieder auf / mittagmahlte zu Chasteau Sely, und kame folgends nach 1 Uhr in Angiers glücklich und wohl an.

Ansing.
Chasteau Sely.
Ankunft zu Angiers. 17 Nov.

Herzogt. Anjou oder Andegaw.

Diese schöne und grosse Stadt / in Latein Juliomagus, ist das Haupt des Herzogtums Anjou: welches vorzeiten Andes und Ducatus Andegavensis, das Andegaw / (nach Teutscher Gewonheit / von den damaligen Teutschen Inwohnern und Celten /) genennet worden / und zu Julii Cæsaris Zeiten schon seine eigene Fürsten gehabt. Sie hat einen Bischof / und eine vornehme Universitet : ligt in Gallia Celtica, an dem Fluß Magenne, der sie theilet / und bald hernach sich in die Loire stürzet. Es wächset hierum der bäste weisse FranzWein / der auch unter dem Namen Vin d'Anjou berühmt ist. Vor der Stadt ligt ein lustiger Ort / les pres des Allemans die Teutsche Wiesen genannt : welche ein Teutscher erkauft / und der Teutschen Nation zur SpazirLust verehret. Der Hochfürstliche Prinz / blieb bis Montag im Wirtzhaus ligen / und begabe sich folgends in des Mr. Hallots Academie : welchen Ort Er bequem befunden / seine Studia und Exercitia, samt Erlernung der Sprache / bästens fortzusetzen. In dieser Academie haben sich auch / Herr Graf Wrangel / und zween

Teutsche Wiesen.

Mr. Hallots Academie.

Barons

III Cap. Reise nach Angiers. 63

Barons Gebrüdere von Scheding/ samt ihren Hofmeistern / auf- ANNO 1659.
gehalten.

Allhier zu Angiers , tractierete der Hochfürstl. Prinz seine 11. Des Prin-
Studia mit ruhmwürdigsten Fleis/ wie Er dann auch auf der Reise zens Erkran-
und unterwegens allstets gethan hatte / biß Er den 3 A. 13 N. kung an den
Febr. A. 1660. an den Kindsblattern erkrankete : woran Er / 9 Kindsblat-
Tage lang/ sich ziemlich unpäßlich befunden/ aber/ durch GOttes tern.
Gnade und seiner Bedienten getreuen ungesparten Fleiß und gros- A. 1660.
se Sorgfalt/ davon glücklich wieder genesen. Und solches / ware den 3/13 Febr.
billich vor ein hohes Glück und eine sonderbahre Gnade des Allerhöchsten zu achten : weil bey unsren Zeiten viel Hochfürstliche
Personen/ in wohlerwachsenem Alter/ von dieser Krankheit zum
Tode gefördert worden. Erst nach erfolgter höchsterfreulichen
Genesung/ ist von denen Fürstl. Bedienten/ die glücklich-überstan-
dene Krankheit/ nach Teutschland berichtet worden ; welches dann
im ganzen Lande eine unbeschreibliche Freude verursachet hat. So
lange Sie sich zu Angiers aufgehalten/ ist an allen Sonn- und Fest-
Tägen der Gottesdienst / in des Hochfürstlichen Prinzens
Gemach / verrichtet und geprediget worden / worbey sich
alle anwesende Teutschen fleissig eingefunden. Und ob zwar
der Bischof daselbst solches erfahren / hat ers doch/
ohne einiges Widersprechen/ geschehen
lassen.

Das

Das IV Capitel.

Reise zu der FriedensConferenz zwischen den Königen in Hispanien und Frankreich.

(1) Friden-Schluß / zwischen den Cronen Hispanien und Frankreich. (2) Des Hochfürstl. Prinzens Ruck-Reise aus Anjou, (3) durch Poictou, (4) nach der Spanischen Frontiere; (5) Ab-und Zureise an beyder Könige Höfen, (6) Audienz bey Königl. May. in Frankreich; (7) Besprechung mit dem Kön. Hispanischen Hof. (8) Versprechung der Infantin von Hispanien / an den König in Frankreich. (9) Des Hochfürstl. Prinzens / fernere Ab-und Zureisen. (10) Zusammenkunft beyder Könige. (11) Audienz des Hochfürstl. Prinzens / bey Königl. May. in Hispanien und der Infantin. (12) Sein hohes Ehr-Glück auf dieser Länder-Reise. (13) Ablegung beyder Könige / und Königliche Copulation.

1 Frieden Schluß zwischen den Cronen Hispanien und Frankreich.

DIe beyde Großmächtigste Könige in Hispanien und Frankreich / Philippus IV und Ludovicus XIV, hatten nun / von A. 1635 / bey 24 Jahre lang / in Catalonia und den Niderlanden / einen schweren Krieg geführet. Weil man aber endlich beyderseits des Kriegs müde worden / als schritte man A. 1659 zur gütlichen Handlung / und ward im Monat April / durch beyderseits Königliche Ministros Don Antonio Piementelli und Monf. de Lyonne, ein WaffenStillstand beschlossen. Nach diesem ware / in der so-genannten Conferenz-Insel

IV Cap.   Ruck Reise aus Anjou.   65

Insel Caritte, (auf dem Fluß Vidosone, unfern von Fuentarabie, ANNO 1660.
in Guipuscoa, an der äusersten Meer-Gränze zwischen Hispanien
und Frankreich/ gelegen/) durch H. Cardinal Mazarini und Don
Louis de Haro, hierunter gehandelt/ und ist in der 13 Unterredung/
eine Heurat zwischen Ihr. May. dem König in Frankreich und
der ältern Königlichen Infantin von Hispanien / bis auf beyder
Königl. Majestäten ratification, geschlossen worden.   Weil nun
höchstbesagte/ der Catholische und Allerchristlichste/ Könige / auf
besagter Conferenz-Insel in Person zusammenkommen / und den
Frieden bestättigen wolten: als hat der Hochfürstliche Prinz diese
gute Gelegenheit/ eine so remarquable Solennität mit anzuschau-
en/ und beyderseits Königl. Majestäten aufzuwarten/ nit versäumen
wollen/ und dannenhero/ zur Reise nach selbigen Spanischen Fron-
tieren/ sich entschlossen.

Dieses Vorhaben zu vollziehen/ brache Er den 9 A. 19 N. 2. Des Hoch-
Aprilis um 11 Uhr gegen Mittag/ von Angiers auf/ und wurde fürstl. Prin-
von denen Herren Grafen von Oettingen/ Fuggern und Wolfs- zens Ruck-
eck/ auch sonst von sehr vielen Cavallieren/ auf eine Meil Wegs be- reise aus
gleitet.   Er wolte aber allein mit dem H. Hofmeister / H. In- Anjou,
spectorn und wenigen andern/ diese Reise thun : welcher wegen die 9. Apr.
von Adel/ samt dem H. Secretario und andern Bedienten / zu
Angiers und Saumur hinterblieben.   Er reisete aber in einer neuen
und sehr schönen equippage, mit einer köstlichen Kutsche mit 6 ansehnlichen Kutsche und 4 Reit Pferden/ 2 Pagen, einen Cammer-
diener/ 4 Laquayen und 2 Kutschern.   Als Sie 4 Meilen zurücke gebracht/ besahen Sie en passant das Schloß Verger, dem Sl. Verger.
Duc de Rohan zuständig.   Selbiges liat / neben einem ziemlich
grossen Dorf/ in der Ebene ; hat schöne Gemächer/ welche durchgehends mit Tapeten gezieret/ auch üm und üm einen hohen gefütterten Graben: und sihet man/ das Wappen dieses Herzoglichen
Hauses/ im Eingange gemahlet.

I   Nach-

Ruck Reise aus Anjou.   IV Cap.

ANNO 1660.
la Fleche.

H. von Zoppenbruck.

Nachdem der Hochfürstliche Prinz allhier sich ein wenig aufgehalten/ ward die Reise 4 Meilen bis la Fleche fortgesetzet: alda Sie abends um 6 Uhr angelanget/ aux quatre vents oder zu den vier Winden logirt/ und daselbst Monsieur von Zoppenbruck einen Clevischen Cavallier, welcher dem Hochfürstlichen Prinzen vordessen zu Frankfurt am Mayn / an Sr. Fürstl. Gnad. Prinz von Nassau Hofe/ aufgewartet / angetroffen. Diese Stadt ligt gar lustig am Fluß Magenne, und ist berühmt von seinem Jesuiter-Collegio, dem fürtrefflichsten in ganz Frankreich. K. Heinreich IV, weil er geglaubet/ daß er daselbst in Mutterleib empfangen worden/ hat diß Gebäu/ und zwar auf solche Weise / angefangen/ daß drey Könige darinn hofhalten könden. Er hat es nachmals den Jesuiten geschenket/ und wird/ von diesen Patribus, noch immer daran gebauet: welche auch/ eine Bibliothek von Büchern aller Faculteten/ daselbst angerichtet. Die Herzen besagtes Königs/ und seiner Gemahlinn Mariæ Mediceæ, werden/ in Gold oder vergüldt Blech eingefasst/ neben dem hohen Altar in der Kirche dieses Collegii verwahret und aufbehalten.

Nachdem Sie diß Gebäu folgenden Morgens besehen / und darauf das Mittagmal eingenommen / nahmen Mr. von Leineck und Herr Luidike/ welche den Hochfürstlichen Prinzen bis dahin begleitet/ ihren unterthänigen Abschied/ sich nach Angiers zurücke zu begeben. Er aber setzte seinen Weg 4 Meilen fort / über Boger.
Boger ein Städtlein/ (allwo auch vorgemeldter Cavallier , so bis dahin unterthänig aufgewartet/ zurücke geblieben/) nach Saumur:
Saumur. alda Er abends angelangte/ und à la corne (beym Horn) logirte. Am folgenden 11 A. 21 N. diß/ besahe Er die Reit Schul/ und ritte daselbst etliche Pferde. Diese Stadt an der Loire , der grösten eine im Herzogtum Anjou, wird von Hugonoten/ die allhier eine Kirche und Academie haben / stark bewohnt / und von Teutschen auch andern Fremden viel besuchet: weil es nicht allein ein lustiger Ort/ sondern auch die Sprache daselbst gut/ und wolfeil

zu zehr

IV Cap.   RuckReise aus Anjou.   67

ANNO 1660.

zu zehren / auch eine Schul von allerley Exercitien ist. Dem Hochfürstlichen Prinzen ward allhier aufgewartet / von dem berühmten Theologo der Reformirten Mr. Amyrault, auch von H. Mr. Maliverné: Deren jener/ nach Verlauf einer halben Stunde/ wieder um dimission bate/ dieser aber bis zum Aufbruch verblieben.

Amyrault, berühmter Theologus der Reformirten.

Noch selbigen Tags / gienge der Hochfürstliche Prinz 5 Meilen/ bis nach Touars, einer schönen Stadt und Vicomté, so dem Duc de la Tremouille zuständig / und nahme seine Einkehr (au croix blanche) beym Weissen Creutz. Hochbesagter Herr Herzog/ liesse alsobald beym Wirt anfragen/ wer bey ihm herbergte ? und als er ungefähr erfahren / daß es ein Teutscher Fürst wäre/ schickte Er seinen Stallmeister / Ihme wegen glücklicher Ankunft zu gratuliren/ und offerirte Ihm das Fürstliche Schloß zum Einlager. Weil es aber schon spat war / als nahme der Hochfürstliche Prinz die Offerte mit Danksagung an / und entschüldigte sich/ daß Er bey so spatem Abend nit nach Hof kommen könde. Folgenden Morgens um 7 Uhr / kame Mr. le Duc zu Ihme ins Wirtshaus/ und nach widerholter gratulation, fuhren Sie miteinander in das Schloß. Nachdem Sie / etliche Stunden/ einen Discours geführet / giengen Sie in das Frauenzimmer: Da der Hochfürstliche Prinz/ Madame la Duchesse aus dem Hochfürstl. Hause Bouillon bürtig/ Mr. le Grand Mareschal de Touraine Fr. Schwester/ wie auch Madame la Princesse de Tarente aus dem Hochfürstl. Hause Hessen / des letztverstorbenen Herrn Landgrafen zu Hessen-Cassel Fr. Schwester / und die Princesse de la Tremouille, anietzo Sr. Fürstl. Durchl. Herrn Herz. BERNHARDS zu Sachsen-Jena Fr. Gemahlinn/ salutirte. Er ware zwar resolvirt/ nach gehaltener Tafel/ und als Er auch dieses wohlerbaute Fürstl. Residenz-Schloß besehen/ von dar aufzubrechen. Er ward aber/ durch vielfältiges und sehr inständiges bitten/ aufgehalten. Gegen Abend/ haben Sie Mr. Morus.

Touars.

Duc de la Tremouille, ehret den Hochfürstl. Prinzen.

J 2

Reise durch Poictou. IV Cap.

ANNO 1660.
H. Morus, fürtrefflicher Prediger.

rus, einem unvergleichlichen Prediger/ welcher dahin zu kommen war ersuchet worden/ auf dem Saal / etliche Stunden lang / mit Verwunderung zugehöret. Nach Abends-gehaltener Tafel/ nahme der Hochfürstliche Prinz Abschied von denen Fürstlichen Personen/ auch andern Anwesenden: wiewol man überaus gern gesehen hätte/ das Er noch etliche Tage sich hätte aufhalten lassen. Folgenden Morgens den 13 A. 23 N. diß/ kame mehr-hochbesagter Mr. le Duc, den Hochfürstlichen Prinzen nochmaln zu sehen/ als Er dejeunirte oder frühstückte: der Ihme / wie vorhin allbereit geschehen war/ vor die treffliche Ehre/ so Ihme widerfahren/ danksagete. Beym Abzug/ wurde Ihm die Deduction des Rechts/ so das Hochfürstliche Haus de la Tremouille an das Königreich Neapels prætendiret / neben einer stattlichen Genealogie, offeriret.

3. Reise durch Poictou.
13 Apr.
Sl. Ouaron.

Viel-hochbesagter Mr. le Duc, liesse den Hochfürstlichen Prinzen bis nach Loudun führen: da Sie unterwegs/ dritthalb Stunden von Tours, das Schloß Ouaron besahen. Dieses Schloß ligt neben einem Städtlein/ in angenehmer Gegend: hat viel grosse Saale und Gemächer/ welche Sie mit schöner Tapezerey und köstlichem reichgesticktem Bettgewand / vornemlich aber mit sehr vielen überaus kunst-und kostbaren seltenen Contrefäten/ gezieret fanden. Nachdem Sie/ um 11 Uhr Mittags/ zu Loudun angelanget/ gienge der Hochfürstliche Prinz alsobald/ mit allen bey sich habenden/ in das Nonnenkloster: alda zeigte/ eine ziemlich-betagte Nonne/ihre rechte Hand/ auf welcher mit grossen Buchstaben diese Worte geschrieben stunden.

Loudun.

Schrifft des Satans / auf einer Nonne Hand.

JEHSUS
MARIA
JOSEPHUS
Fran. de Sales.

Man erzehlte Ihnen/ wie daß/ vor mehr als 20 Jahren/ das ganze Convent der Nonnen vom bösen Geist besessen gewesen: und
als

IV. Cap.   Reise durch Poictou.   69

als derselbe von ihnen endlich wieder ausgefahren/ habe er solche ANNO 1666.
Worte einer von ihnen auf der Hand hinterlassen. Die Buchstaben waren rötlich/ und es schiene/ als wann etwas davon abge-
fallen wäre. Ist eine verdächtige Sache/ weil Sie vom Geist
der Lügen herrühret: welcher/ als ein Feind GOttes/ dessen Ehre
in keinem Ding suchet oder zu befördern begehret. Diese Stadt
Loudun hat diesen Namen/ aus dem Latein Juliodunum, soviel als
Julius Stadt/ weil Sie von Julio Cæsare soll seyn erbauet worden. Sie ist berühmt/ von dem neulich daselbst-gehaltenen Na-
tional-Synodo, und haben die Hugonoten hier ihren öffentlichen
Gottesdienst. Die Weibspersonen/ machen schöne Kragenbän-
del in grosser Mänge/ welche durch ganz Frankreich verkauft
werden. Nach dem Mittagmahl/ kamen etliche von der Stadt/
sowol Manns- als Weibs-Personen/ welche den Hochfürstlichen
Prinzen zu Angiers gekannt hatten/ Ihme aufzuwarten.

Nachmittag reiseten Sie wieder ab/ und giengen 5 Meilen/
bis Richelieu. Diß ist zwar eine kleine Stadt/ aber/ wegen der Richelieu.
annemlichen Structur, der Schönsten eine in ganz Frankreich. Der
weltberühmte Cardinal Johannes Armandus Plesseus de Riche- Cardinal von
lieu, so A. 1642 den 4 Dec. gestorben/ hat Sie/ dem Namen   Richelieu.
gemäß/ zu so Zier-reichen Ort erbauet/ weil er daselbst gebohren
worden: ist vorher ein geringer Adelicher Sitz gewesen. Sie
ligt viereckigt/ und hat in der Mitten eine feine Kirche: ist aber/ wegen des Erbauers allzufrühen Tods/ nicht zu der von ihm intendir-
ten perfection gelanget. Das Schloß ligt/ zur Rechten der Das Schloß.
Stadt/ trefflich schön/ hat alle nötige Commoditeten/ als man nur
wünschen mag. Beym Eingang zur Linken/ ist eine angenehme
allée oder galerie, und zur Rechten ein herrlicher Garten/ welchen
ein breiter Wassergraben ganz umgiebet. Hinter dem Garten/
hat es eine palemaille und einen ThierGarten. Vor dem Thor
oder Eingang des Schlosses/ ist der ReitPlatz/ neben 2 wohlgebau-
ten PferdStällen/ in derer iedlichem 31 Stücke stehen können.

J 3   Uber

ANNO 1640. Uber den Thoren/stehen etliche alte Seulen von Marmel/so aus Italien/ mit nicht-geringem Kosten/dahin gebracht worden. Die Gemächer/sind durchgehends tapissiret und mit Gemählen gezieret: insonderheit sihet man/im grossen Saal/ alle FeldSchlachten und Stadt-Eroberungen/so unter der conduite des Cardinals geschehen/abgemahlet. Zu Ende des Saals/stehet eine schöne eingelegte steinerne Tafel/in welcher alle im Soal befindliche Stücke sich gar artig vorstellig machen. Die Bibliothek ist über die massen wohl regulirt/ und sind alle Bücher aufs köstlichste eingebunden und verguldet. Kurz! dieser Ort ist so voll Seltenheiten/und das Gebäu so wunderschön geführet/daß/ alles genau zu beschreiben/viel Zeit und Raum erforderte: wie dann/allbereit hiebevor/ ein Buch davon in Druck ausgeflogen.

D. S. Gerve.

Poictiers.

Nachdem Sie folgenden Morgens auch die StadtKirche besehen/ reiseten Sie fürter 4 Meilen bis nach S. Gerve ein Dorf/ hielten daselbst zu Mittag eine geringe Malzeit/und kamen / ferner über 4 Meilen/nach Poictiers: alda Sie aux trois Piliers (bey den dreyen Pfeilern) logiret/ und Mr. Seubert Fürstl. Würtenbergischen Mömpelgart. Linie Residenten zu Paris, wie auch Ihre Pferde/ Kutschen und andere Sachen / gefunden. Diese Stadt ist/nach Paris, in Frankreich der grösten eine/und die HauptStadt der Provinz Poictou. Daß Sie alt sey/ bezeuget das verfallene Gemäuer von einem Amphitheatro, und die Statua Equestris Kayser Constantini Magni, so vor der HauptKirche stehet. Es ist allhier ein Bistum/ Hohe Schul/ und sonst viel Schwürdiges. Sie hat S. Hilarium, ihren 10 Bischof/ zum Patron/dessen

Abt S. Hilarii, darf bey der Königinn in Frankreich schlaffen.

Kirche vorzeiten eine Abtey/ ietzt ein DomStift/und der König selber deren Haupt ist; daher man in Frankreich zu schimpfen pfleget: dem Abt zu S. Hilarii in Poictiers ist erlaubt/mit der Königinn in Frankreich die erste Nacht beyzuligen. Den 15 A. 25 N. diß/ an welchem H. Secretarius Müller von dannen auf Saumur zurücke wieder abgereiset/ wurde der Hochfürstliche Prinz/

von

IV Cap. FortReise nach der Spanischen Frontiere. 71

von dreyen Predigern der Reformirten Gemeine daselbst/ mit ei- ANNO 1666.
ner seinen Oration beneventiret. Um Mittag/kamen wiederum
drey Eltiste von besagter Gemeine/ Ihme aufzuwarten: da Sie
dann/ von Mr. Cotibus ihres gewesenen Predigers Abfall/ welcher Reformirter
am nächstverwichenen CharFreytag öffentlich zum RömischCa- Prediger wird
tholischen Glauben getretten war/und von dessen Ursachen/geredet. Päbstisch.
Den 16 A.26 N. diß/um 1 Uhr Nachmittag/ reisete der Hochfürstliche Prinz wieder ab/und gienge mit seiner Kutsche 4 Meilen/
bis Lusignan, einem grossen Marktflecken/ dessen Schloß/ nun Lusignan.
längst in sich selber begraben/ von der Fabel des HalbFischweibs
Melusinæ berühmt ist; und hatte dazumal hier/ Mr. le Comte
Memirau, das Gouvernement. Von hier reiseten Sie/ folgenden Vormittags bis in das Dorf Gene 4 Meilen/und Nachmit- D. Gene.
tag kamen Sie 3 Meilen auf S. Leger de Mele, so gleichfalls ein D.S. Leger de
Dorf ist. Mele.

Nachdem Sie den 18 A. 28 N. diß/ über 4 Meilen / im 4 FortReis
Dorf Ville Dieudonnée gemittaget/und also die Provinz Xan- nach der
toinge erreichet/kamen Sie Abends nach S. Jean d' Angely , 4 Spanischen
Meilen: ist eine Stadt/ so vordessen von consideration gewesen/ Frontiere.
aber/ in den lezten Kriegen mit den Hugonoten / desgarnirt wor- 18 Apr.
den. Auf der FortReise/ 1 Meile von hinnen/ nahme Mr. Hal- gely.
lot, der den Hochfürstlichen Prinzen bis hieher begleitet/ seinen Ab-
schied/nach Angiers den Rückweg zu nehmen. Sie kamen diesen
Vormittag den 19 A. 29 N. diß/bis Saintes, 5 Meilen : ist die Saintes.
HauptStadt besagter Provinz/am Fluß Charente, mit einem
Bistum/ zwar groß/und alt-Römisch/ aber schlecht von Gebäuden.
Die Reise Nachmittag/ gienge über 5 Meilen auf Pont, eine nit- Pont.
kleine Stadt/ dem Mareschal d' Albret zuständig/welcher eben selbigen Tags zum Königlichen Hof verreiset war. Von hinnen reiseten Sie/folgenden Vormittags auf petit Niort, 4 Meilen / und Petit Niort.
kamen über 3 Meilen Abends nach dem Dorf S. Aubin , daselbst D. S. Aubin.
Sie übernachtet. Den 1 May St. N. giengen Sie auf Blaye, Blaye.
4 Meis-

72 Fort Reise nach der Spanischen Frontiere. IV Cap.

ANNO 1660. 4 Meilen/daselbst Sie beym Güldnen Löwen (au Lion d'or,) gespeiset; und an spatem Abend/mit der marée oder Flut/nach Bour-
Bourdeaux. deaux, 5 Meilen. Sie blieben Nacht-über/ im Wirtshaus á la
ville de Bourg: nahmen aber folgenden Morgens / weil besagte
Herberge sehr schlecht und die Leute gar unbillig waren/ die Pension bey Mr. Jean d'Amour; allwo der Hochfürstl. Prinz / neben
andern vornehmen Cavallieren/ einen Parlements-Herrn und den
Intendenten de la maison de Mr. le Prince de Condé, ange-
troffen/ und mit ihnen Bekandschaft machte. Es kame auch/den
4 diß/ Mr. le Baron de Reus, mit seinem Hofmeister Mr. Esche-
wecker/daselbst an/welcher gleichfalls in selbige Pension sich begeben. Inzwischen der Hochfürstl. Prinz / mit conversation und
Ballschlagen/ allhier die Zeit passirte: ware Mr. Seubert, den 2
diß/ von hinnen nach Bayonne vorangegangen/um vor Ihn logement zu suchen.

Den 5 diß brachen Sie/ bey starkem Regen/von Bourdeaux
auf/ nahmen ihren Weg durch die petites Landes, kamen vermit-
Castre. tags 4 Meilen in den Flecken Castre unfern Cadillac. Den 6
D. Pont Bolac. diß/ fütterten Sie im Dorf Pont Bolac über 5 Meilen / reiseten
D.Capcieux. fürter noch 3 Meilen/ und blieben über Nacht im Dorf Capti-
Rochefort. eux. Folgenden Tags/ fütterten Sie im Städtlein Rochefort,
M. de Marsan. über 4 Meilen/ und erlangten Abends die Stadt Mont de Mar-
san, waren 2 Meilen. Den 3 diß/ nahmen Sie den Weg/ über
Bartas. Bartas ein Städtlein/ 4 Meilen/ reiseten noch 3 Meilen fürter/
Dax. und kamen nach Dax: ist eine nit-kleine Stadt am Fluß Doure,
in einer schönen Lustgegend gelegen / hat unterschiedliche warme
Bäder/ auch einen Bischof/ Seneschal und Gouverneur. Der
Hochfürstliche Prinz/ muste sich allhier zween Tage aufhalten/ und
auf Nachricht von Mr. Seuberts expedition warten: welcher/
den 1 A. 11 N. May bey frühem Morgen/mit erwünschter Resolution zurücke gelanget. Diesem nach begaben Sie sich alsobald

IV Cap. Ab- und Zu Reise / an beyden Höfen. 73

bald auf den Weg/ und reiseten 9. Meilen bis nach Bayonne, alda **ANNO 1660.**
Sie mit dem Abend wohl angelanget. **Bayonne.**
 1 May.

Der Königliche Französische Hof/ ware selbigen Tags von **Ab- und Zu-**
Thoulouse daselbsthin auch angelanget / aber von dannen nach **Reise/an bey-**
S. Jean de Luz fortgegangen. Der Hochfürstliche Prinz liesse/ **der Könige**
folgenden Morgens den 2 A. / 12 N. diß/ Sr. Fürstl. Gd. dem **Höfen.**
Herrn Mareschal de Grammont seine Ankunft notificiren: wel- **Botschaft vom**
cher sobald/ durch einen seiner Cavalliere Mr. de Sponheim, einen **H. Mareschal**
Teutschen von Adel/ Ihme gratuliren/ und sich entschuldigen lies- **Duc de Gram-**
se/ wie daß er Ihn nicht alsofort ansprechen könde / weil er durch **mont.**
den Herrn Cardinal zu Ihr. May. eiligst erfordert wäre; versi-
cherte darneben/ wie Er/ Ihme bey Hof zu dienen/ kein Vermögen
sparen wolte. Den 3 A. 13 N. diß/ giengen Sie/ nach S. Jean **S. Jean de Luz.**
de Luz, 4 Meilen: ist die lezte Französische Stadt in Frankreich
gegen Hispanien/ am grossen Oceano gelegen. Von hier reiseten Sie noch 3 Meilen färter/ und kamen gegen Abend nach
Andaye, einem grossen Flecken in Biscaja, eine gute viertel Stund **Andaye.**
von Fontarabie, am Fluß Bidasloa oder Vidoslone ligend/welcher
beyde Königreiche scheidet: an welchem Ort A. 1615/ beyde Königliche Princessinnen nachmals Königinnen in Hispanien und
Frankreich / gegeneinander ausgewechselt worden. Sie fanden
daselbst/die Herren Ambassadeurs von Schweden/ Venedig und
Genua/ samt dem Päpstlichen Nuncio. Dem Hochfürstlichen
Prinzen waren von Hof einige Logis assignirt, und hatte Er in
Person/ bey dem Jurat oder Bürgermeister Mr. de Calbaret, das
Seinige bekommen.

Sie hatten daselbst auch/ bey ihrer Ankunft/ den Herrn Chri- **H. Baron von**
stoph Casparn Baron von Blumenthal gefunden/ welcher von **Blumenthal/**
Sr. Churfürstl. Durchl. zu Brandenburg an beyde Königl. Ma- **Chur Brandb.**
jestäten in Frankreich und Hispanien abgesendet worden / und weil **Abgesandter**
er allbereit am Französischen Hof seine Abfärtigung erhalten/ **zum Königl. Hi-**
von Fontarabie, woselbst er Tags vorher bey Don Louis de Haro **span. Hof.**
K   audienz .

74 Ab-und Zureiße an beyden Höfen. IV Cap.

ANNO 1660. audienz gehabt/Andaye zu besehen/herüber gekommen war. Dieser/sobald er des Hochfürstlichen Prinzen Ankunft vernommen/kame deroselben zu gratuliren/und bate/nach Verlauf einer Stunde/um dimission, weil er selbigen Abends auf Fontarabie zurücke gehen muste. Den 4 A. 14 N. diß/kame er mit frühem Morgen wieder/dem Hochfürstlichen Prinzen aufzuwarten. Sie giengen miteinander zu Wasser/und kamen 1 Meile bis Iron eine Stadt am Fluß Bidassoa, so in Hispanien die erste und äuserste ist.

Spanische Pferde. Allhier sahen Sie bey Vierzig Stuck der allerschönsten Spanischen Pferde/welche der König dahin bringen lassen/den König in Frankreich / Mr. le Duc d'Orleans und den H. Cardinal damit zu beschenken. Sie traffen daselbst an / den

Herr Gr. Lesle. Kayserlichen Officier Herrn Gr. Lesle, welcher aus Hispanien zurücke kame: durch dessen Hülfe/der Hochfürstliche Prinz/ vor Sich und die Seinen/etliche Pferde und Maul Esel erlangte / um über Land nach Andaye wiederzukehren.

Die Conferenz-Insel. Unterwegs besahen Sie/ die auf besagtem Fluß eine gute halbe Stunde von Andaye ligende Conferenz-Insel: von deren man sagte/daß es eben der Ort sey / welcher im vorigen Seculo zum Duell zwischen Kays. Carolo V und K. Francisco I bestimmt gewesen. Der Fluß ware beyderseits mit einer bedeckten Gallerie überbrucket/durch welche die Könige hineintretten solten. An diese Bräcken/ war ein ziemlich großer Saal/vor die LeibGuardi und Trabanten/und hiernächst 3 Antichambres vor die Officiers de la Cour, erbauet. Aus diesen kame man in den Conferenz-Saal/welcher 48 Schuh lang/24 breit und 20 hoch / in Mitte des Getäfels eine Linie hatte/das Spanische Gebiete vom Französischen zu unterscheiden. Unter derselben stunde ein kleiner viereckigter Tisch/und beyderseits/ vor die Könige / ein grosser Stul/samt einem Cabinet, um darinn sich zu divertiren/ wann etwan einer eher/als der andere/ankäme. Alle Gemächer/waren mit den allerschönsten und köstlichsten Tapezereyen verzieret. Im übri-

gen:

IV Cap.   Ab- und Zu-Reise an beyden Höfen.   75

gen ware dieser Saal/ zu beyden Seiten/ in eine gantz-vollkommene   ANNO 1660.
Gleichheit eingerichtet.

Nachmittag fuhren Sie zu Wasser fürter/nach Fuentarabie,   Fuentarabie.
einer vornehmen Spanischen Vestung/ am Meer gelegen: welche
A. 1638 der Printz von Condé hart belägert/ aber durch den Ad-
mirante von Castilien mit grossem Verlust abgetrieben worden.
Am Strand sahen Sie die beyde Königliche Fregatten/ auf wel-   Königliche
chen der König in Hispanien mit der Infantinn zur entreveüe   Spanische
fahren solte.   Selbige waren von innen und aussen starck vergul-   Zwey Leib-
det/ und künstlich vermahlet/ auch mit Gülden-und Silbern-Stück   Schiffe.
behänget: sollen über 30000 Ducaten gekostet haben/ und liessen
sich wohl sehen.   Ein Spanischer Capitän von der Guarnison,
der mit H. Baron von Blumenthal bekandt war/ kame heraus vor
die Vestung/ beyeventirte den Hochfürstlichen Prinzen / führte
Jhn mit den Seinen hinein / und zeigte Jhm das Königliche
Schloß/ samt allen Gemächern/ so vor den König/ die Infantin und
Don Louis de Haro zugerichtet worden.   Von diesem Capitän
wurden Sie folgends/ in seinem Haus / mit Confect und rohtem
Spanischen Wein tractirt/ auch endlich/ neben dem Herrn Baron,
wiederum bis an den Strand begleitet.

Als Sie zu Andaye wieder angelanget/ kam des H. Hertz. Chri-   H. Hertzog von
stians zu Holstein-Nordburg Fürstl. Gd. mit seinem Hofmeister   Holstein-Nord-
Mr. Holstein und dreyen Holländern / den Hochfürstl. Prinzen zu   burg.
ersuchen. Den 5 A. 15 N. diß gegen Mittag / erschienen zween
Französische Officiers, Jhme aufzuwarten: welche neben dem
Herrn Baron zur Tafel behalten wurden. Sie wolten Nachmittags auch hochgedachte S. Fürstl. Gd. von Holstein ersuchen: welche aber/ weil Sie gantz incognito reiseten/ und folgbar von denen
Solennien nichtes ansehen konden/ schon wieder nach Saumur zurücke abgereiset / und nicht mehr anzutreffen waren. Den 6 A.
16 N. diß gegen Mittag/ kam der Herr Baron, dem Hochfürstl.
Prinzen aufzuwarten/ und fuhren Sie miteinander/ der Conferen-

K 2   ce zwi-

76 Ab- und Zu Reise an beyden Höfen. IV Cap.

ANNO 1660. ce zwischen dem Herrn Cardinal und Don Louis de Haro beyzuwohnen: allwo/ unter andern vornehmen Cavallieren / Mr. de
Mr. von Bud- Boudwels General-Major in Diensten des Königs in Frankreich/
wels. von extraction aus Pommern/ dem Hochfürstl. Prinzen aufwar-
tete/ und Ihn mit allerhand Discoursen entretenirte. Sie sahen/
H. Cardinal im herausgehen/ S. Eminenz den Herrn Cardinal / bey einer
Mazarini. grossen Anzahl Französisch- und Spanischer Cavalliers: wurden
aber darzwischen / durch einiges Geschwür / etwas incommodiret.

Folgenden Morgens um 7 Uhr / reiseten Sie 2 Meilen/
Paſſagio. nach Paſſagio einer Span. Stadt am Meer gelegen: allwo Sa Ma-
Kön. Span. jestè Catholique das Schiff la Capitana bauen liessen / und vor
Schiff la Capi- zween Tagen den Bau besehen hatten. Dieses Schiff war 72
tana. Schritte lang/ hatte 78 Stuffen in die Höhe / und führete 112
Stück Geschütze: man sagte/ es wäre nie kein grösseres Schiff in
die See gekommen. Als Sie dieses Schiff besehen/ giengen Sie
zu Wasser 1 Meile/ und dann ferner zu Land 1 Meile/ nach S. Se-
S. Sebastian. bastian, in gemein Donastien genannt/ einer vornehmen Spani-
schen Meer- und Handel-Stadt in Guipuscoa, am Einschuß des
Flusses Gurumea gelegen / mit einem berühmten Meerhafen.
Die Inwohnere rühmen sich eines Privilegii, daß der König un-
bedeckten Haupts mit ihnen reden müsse. Die Ankunft geschahe
gegen Mittag/ und wurden Sie vom Herrn Baron, der am selbigen
Tag beym König in Hispanien hatte audienz gehabt / vor dem
Der Hochfürstl. Thor empfangen. Dieser führte den Hochfürstl. Prinzen / so-
Prinz/ siehet den bald Er vom Pferd abgestiegen/ nach Hof/ da Sie den König Tafel
König in Hisp. halten sahen. Weil Sie daselbst über Nacht bleiben musten/ als
und die Infan- ritten Sie an die See/ eine Fischerey/ deren der König mit der
tin. 7 A. 17 N. Infantin beywohnete / anzusehen. Den 8 A. 18 N. diß/
May. um 8 Uhr Morgens/ brachen Sie von S. Sebastian wieder auf/
und giengen 3 Meilen über Renteria, eine feine mit Quatersteu-
Renteria. nen gepflasterte Spanische Stadt / auf Fontarabie gleichfalls
Fontarabie. 3 Meil-

IV Cap. Audienz bey Königl. May. in Frankreich.

3 Meilen: von dar Sie/ Mittags üm 3 Uhr/ zu Andaye glücklich wieder angelanget.

ANNO 1660.

Folgenden Tags/ gieng der H. Hofmeister nach S. Jean de Luz voraus/ üm zu erfahren/ wann der Hochfürstl. Prinz Königl. May. in Frankreich ansprechen könde: da er dann/ vom H. Mareschal de Grammont bis gegen Abend aufgehalten worden. Am dritten Tag den 12 A. 22 N. diß/ fuhre der Hochfürstl. Prinz dahin/ und wurde von ietztgedachtem Herrn Mareschal zu Mittag tractirt: da Ihme dann/ vor anderen Französischen Fürsten/ sonderbare Ehre widerfahren. In der Wiederkehr/ fanden Sie den Herrn Baron von Blumenthal zu Andaye/ welcher aus Hispanien zurücke reisend/ berichtete/ wie daß er/ über Verhoffen/ beym Königl. Spanischen Hof glückliche Abfärtigung erhalten. Den 13 A. 23 N. diß färtigte der Hochfürstl. Prinz ein Schreiben an S. Churfürstl. Durchleuchtigkeit zu Brandenburg/ und passirte den übrigen Tag mit ofterwehntem Herrn Baron: welcher folgenden Morgens üm dimission bate/ und nach Teutschland wieder abreisete/ da der Hochfürstl. Prinz ihn bis nach Bayonne führen lassen. Nachmittag kame Herr Graf Lesle/ Ihn zu ersuchen/ und bald darauf Mr. von Sponheim: welcher Ihme/ im Namen seines Herrn Duc de Grammont, complimentirte/ und darneben berichtete/ wie daß Er/ da es Ihm beliebte/ Königl. Maj. würde ansprechen können. Noch selbigen Tags kame Mr. de Giran, Königl. Introducteur des Ambassadeurs, Ihm aufzuwarten. Den 16 A. 26 N. diß/ wurde das Fronleichnams Fest hochfeyerlich begangen/ deme der Nuncius Apostolicus, samt anderen Anwesenden der Päbstlichen Religion zugethanen Gesandten/ beywohnete; worauf/ zu Fontarabie, alles Geschütze dreymal gelöset worden: und hat/ der Hochfürstl. Prinz/ die ganze Procession mit angesehen.

Folgenden Morgens den 17 A. 27 N. diß/ machte Er sich gar früh auf/ und fuhre nach S. Jean de Luz: da Er/ durch Mr.

6. Audienz bey Königl. Mey. in Frankreich.
S. Jean de Luz.
H. Mareschal de Grammont, tractirt den Prinzen.

H. Barons von Blumenthal RuckReise nach Teutschland.

78　Audienz bey Königl. May. in Frankreich.　IV Cap.

ANNO 1660.
Die Audienz.

le Mareschal de Grammont/ zum König und dessen Fr. Mutter geführet wurde. Er gratulirte Sr. Königl. May. wegen des mit der Cron Hispanien getroffenen Friedens / und der bevorstehenden Mariage, in Gegenwart einer grossen Anzahl Fürstlicher und anderer hohen Personen: und erwiese hierbey eine solche amiableté,

Des Königs Vergnügung/ ob des Hochf. Prinzens Person.17 J.27 N. May.

daß der König daraus ein sonderbares Vergnügen schöpfte / und die/ so bey Hof waren/ bekennten / S May. hätten noch nie mit einigem frembden Fürsten oder Ambassadeur so viel/ als mit dem Hochfürstl. Prinzen geredet. Der König wuste/ daß er mit diesem Fürsten im vierten Grad gesipt war / sahe vor sich dessen blühende Jugend in der fürtrefflichsten plaisance, (dessen Alter Er nur mit sechs Jahren übertraffe/) und befand seine instehende Freude sehr vermehret/ indem er dieselbe / durch so einen Fürsten von Durchleuchtigstem Teutschen Geblüte / beglückwünschen körte. Der Hochfürstl. Prinz fühlte auch seinerseits nicht mindere Vergnügung/ daß das Glück seine LänderReise mit so huldreicher Ansprache dieses hohen Potentaten beehrte: dannenhero auch in Ihm das hohe Gemüte sich um so viel feuriger regte/ und Ihn dem König in einer mine vorstellte/ aus welcher seine Ankunft aus einem Churfürstlichem Haus erscheinen konde. Er wurde / zu

H. Marschall de Graummont tractiret Ihn.
Er besucht den H. Grafen de Giche,
Den H Groß-Marschall von Touraine;
Des H. Herzogs von Orleans.

Mittag/ vom Herrn Mareschal de Grammont, auf das stattlichste tractiret. Den 18 A. 28 N. diß in früher MorgenZeit/ visitirte Er Mr. le Comte de Giche, Colonel de Garde du Roy, (Obristen der Königlichen Leib-Guardi,) iezt besagten Herrn Marschalls Eltisten Sohn/ und nachmals Mr. le Grand Marechal de Touraine, welcher sonderbare grosse affection erzeigte. Nach diesem wurde Er/ durch Mr. de Giran, zu des Königs Brudern Mr. le Duc d'Orleans geführet: welcher Ihme mit vieler Höflichkeit begegnete/ und Ihn höchlich rühmte / daß unter allen ausländischen Fürsten Er allein ankommen wäre / diese Solennien mit anzusehen.

Sobald

V. Cap. Besprechung mit dem Kön. Hispan. Hof. 79

Sobald der Hochfürstliche Prinz nach Andaye zurücke ge- ANNO 1660.
langet/ fuhre Er nach Fontarabie, sich daselbst ein wenig zu diverti- Fontarabie.
ren. Nachdem inzwischen den 20 A. 30 N. May / der Herr
Cardinal und Don Louis de Haro die lezte conferenz gehalten/ 7. Seine Be-
und alle Differentien schlüßlich beygeleget: ersuchte der Hoch- sprechung /
fürstl. Prinz / den 2 Junii St. N. üm 11 Uhr gegen Mittag / iezt- samt dem
besagten Don Louis de Haro, daselbst zu Fontarabie: der Ihm Kön. Hispa-
alle Ehre erzeigte/ und beym Abschied versprache/ Befehl zu thun/ Visite bey Don
daß Er allenthalben/ wo etwas Singulieres zu sehen vorfiele / solte Louis de Haro.
eingelassen werden. Weil dieser Spanischer Grande, wiewol Er
auch anderer Sprachen mächtig war/ gleichwol allein die Spanische zu reden pflegte: als wolte der Hochfürstl. Prinz / auch nit
anderst/ als Teutsch/ mit ihm reden. Sie beyde sassen auf erhabenen Stülen gegeneinander über/ und zwischen Jhnen lage der Geheime Secretarius Don Christoforo, ein Teutscher aus der Steyr-
marck bürtig/ auf den Knichen/ als Dolmetscher. Als der Hochfürstl. Prinz Abschied nehmen wolte/ liesse Don Louis dessen Bediente den Hof-Meister und Inspectoren ins Gemach fordern/ die
er sämtlich mit einer Spanischen reverenz empfienge. Hierauf
wurden Sie/ auf des Gouverneurs zu Fontarabie Mr. le Baron de
Batteville bedecktem Schiff/ nach Andaye zurücke geführet.

Nach gehaltener Malzeit üm 3 Uhr/ kame vorbesagter Secretarius, und notificirte/ wie daß noch selbigen Tags Jhr. Cathoo-
lische May. zu Fontarabie ankommen würde/ und daß / auf Don
Louis de Haro Befehl/ vor den Hochfürstl. Prinzen ein Logement bestellt wäre/ aus welchem Sie die Entree des Königs bequemlich anschauen könden. Demnach begabe Er sich alsobald/
mit allen bey sich habenden/ wieder nach Fontarabie: da Sie / von Einzug des Kö-
dem Secretario, ins Logement eingebegleitet wurden. Beym Ein- nigs in Hisp. zu
zug/ stunde am Thor die Königliche Guarde von 800 Mann; und Fontarabie.
vom Thor an bis zum Schloß/ waren die Gassen beyderseits mit
Soldaten von der Garnison besetzet. Sonsten geschahe der Einzug

80 Verspr. der Infantin an den König in Frankr. IV Cap.

ANNO 1660.

zug mit schlechter Ordnung/ und sahe man zwar viel Carossen von grossen Herren/ aber seltsam durch einander / daherfahren. Der König kame zwischen 5 und 6 Uhr/ mit der Infantin in einer Kutsche sitzend/ die mit 6 MaulEseln bespannt ware. Voran ritten 7 Teutsche Trompeter / und hinter der Kutsche 3 oder 4 Diener. Unter währendem Einzug/ wurden alle Stucke der Vestung sechsmal gelöset: worauf auch die Garde, und letzlich die Garnison, etliche Salven gegeben. Sobald der König ins Schloß angelanget/ sendete Don Louis de Haro seinen Secretarium, mit etlichen Spaniern und Italiänern / zu dem Hochfürstlichen Prinzen in sein Logement, und liesse Ihn mit allerhand raren Indianischen Confituren/ mit Sorbette und unterschiedlichen delicaten Weinen tractiren: worüber Sie dann sich noch bey einer halben Stunde aufhielten/ und endlich wieder nach Andaye abfuhren.

Don Louis lässt den Hochfürstl. Prinzen tractiren.

Es ware selbigen Abend Mr. l' Evesque de Frejus, ein Italiäner von Geburt/ der bey Sr. Eminenz H. Cardinal Mazarini in grossem Ansehen war/ der bevorstehenden Vermählungs-Handlung in Fontarabie wegen des Königs in Frankreich/ als Zeuge/ beyzuwohnen / daselbst angelanget. Es passirte auch folgenden Tags eine grosse Menge Volks/ wiewol bey starkem Regen/ durch Andaye, so gleichfalls dieser Solennitet zureisete. Der H. Baron de Batteville schickte/ gegen 8 Uhr / sein Schiff / welches mit grünem Daffet ganz verhängt war / den Hochfürstlichen Prinzen abzuholen: der dann ungesäumt einsasse/ und hinüber fuhre. Er muste aber / gleichwie auch der Bischof von Frejus, wegen der sehr grossen Volkmänge/ unterm Thor sich etwas aufhalten. Doch wurde Er/ mit denen bey sich habenden/ auf Befehl des Gouverneurs, bald eingelassen/ auch/ durch einen CammerPage des Königs und etliche Trabanten in die Kirche geführt / und in die bequemste Stelle/ neben den Königlichen Thron/ eingewiesen/ wo Sie alle Ceremonien in der nähe ansehen konten. Also zeigten/

8 Verspre- chung der In- fantin an K. Ludwigen XIV in Frank- reich. 3 Jun. St. N.

Spanischer Hof/ ehret den Hochsf. Prinzen.

IV Cap. Verspr. der Infantin an dem Kön. in Frankr. 81

ten/gleichwie zuvor die Franzosen/anietzo auch die Spanier / mit ANNO 1660.
sonderbarer Höflichkeit/ was hohe consideration der Hochfürstl.
Prinz bey ihnen erworben hätte. Es verzoge sich bey zwey
Stunden/ehe der König in die Kirche kam: um Ursache/wie etliche
Grandes d'Espagne berichteten/ weil die Päbstliche Dispensation
verlegt und lang nit wieder zu finden gewesen. Inzwischen hatte
der Hochfürstliche Prinz occasion, mit Mr. le Comte de Brienne H. Graf de
Bekandtschafft zu machen. Brienne.

  Der König und die Infantin wurden/an der Kirchthür/ von Die Verspre-
der ganzen Clerisey empfangen/und unter einer Musik / nachdem chungs-Cere-
ihnen auch der ErzBischof von Pampelona das Creutz zu küssen monien.
præsentiret/ zum Thron begleitet: über welcher ein Baldequin
in Form eines Bett-Himmels mit güldenen Blum-gewürkten
Cartinen/ausgebreitet ware. Die Infantin / setzte sich zur linken
Hand des Königs. Es befanden sich bey dieser Handlung / zwölf
vornehme Französische Herren und Dames: auser welchen / kein
Franzos hineingelassen worden. Als der ErzBischof die Messe
anfieng/ kniehete der König samt der Infantin nieder / und wurde
über Sie das Te Deum laudamus gesungen. Nach gehaltener
Messe/ stunden Sie wieder auf/ da der König auch den Hut auf-
setzte. Hierauf tratten/ der Groß Patriarch von Indien/ein sehr
alter ansehnlicher Herr/ der ErzBischof/ der Bischof von Frejus,
und Don Louis de Haro, vor den Thron. Dieser überreichte
dem ErzBischof die Procuration, welcher solche / wie auch des Die Infantin re-
Pabsts Dispensation und der Infantin Renunciation über die nunciiret allen
Succession und Prætension auf ihres H. Vatters Königreiche ihren Ansprü-
und Lande/ ablase/ und ihr folgends den Eyd/ womit Sie offent- chen zu Hispa-
lich renunciiret/abfragte. Hiernächst wurde Sie ferner / von nien.
dem ErzBischof/ dreymal gefraget: Ob Sie dem König in
Frankreich zu ihrem Ehgemahl haben wolte? Worauf Sie jedes-
mal zu ihrem H. Vattern sich gewendet/ und damit stillschweigend
seinen Consens begehret/ auch/ als er seine Bewilligung ihr zu ver-
        L   stehen

82 Verſpr. der Infantin an den Kön. in Frankr. IV Cap.

ANNO 1660 ſtehen gegeben/ zu dreyen malen mit Ja geantwortet. Alſo wurde Sie an Don Louis de Haro, im Namen des Königs in Frankreich getrauet: da dann/ der König ihr H. Vater / ihr einen

Ob die nun verlobteKönigin/ vor ihrem Herrn Vatter niederg eknieet? Ring an den Finger geſtecket. Es wird geſchrieben/ die Infantin ſey ihm hierauf zu Fuß gefallen/ und er habe Sie alſobald bey der Hand genommen/ wieder aufgezogen und umfangen: da dann beyde des Weinens ſich kaum enthalten können. Aber ſolches hat unter des Hochfürſtlichen Prinzens Suite niemand geſehen/ wiewol Sie allernächſt darbey waren: ſondern die Infantin machte allein dem König eine tiefe Reverenz, der Sie hierauf aus der Kirche führte/ und ihr die Rechte Hand gabe/ welches Sie zwar nit annehmen wolte/ ſondern etwas hinter ihm hergienge. Gleichwol muſte Sie/ als Sie auf die Gutſche ſaſſen/ den OberPlatz einnehmen: da Sie dann in das Schloß fuhren/ und iedes in ſeinem Gemach allein das Mittagmahl hielte. Es hatte/ Tags vorher/ Mr. de Novailles, von einer anſehnlichen Franzöſiſchen Nobleſſe begleitet/erſtlich dem König/ darnach der Infantin / die Briefe/ ſo ſein König ihnen ſelber geſchrieben/ eingehändigt: welcher hierauf alſobald wieder abgereiſet. Dieſe Briefe wurden dieſen Tag/ nach vollbrachten VermählungsCeremonien, beantwortet: und ware diß das erſte Schreiben/ſo die Infantin/ nunmehr vermählte Königinn / an den König in Frankreich / abgegeben.

5. Fernere Ab-und Zus Reiſe. Biſcayſcher BauerDanz.

Als der Hochfürſtliche Prinz aus der Kirchen gegangen/ fande Er vor dem Schloß etliche Biſcayſche Bauren/ die auf Baſciſch gar artig danzten: welcher Kurzweil Er ein wenig zugeſehen. Folgends begaben Sie ſich/ zwiſchen 2 und 3 Uhr/ wieder nach Andaye, kehrten von dar/nach vollbrachter Malzeit/wieder

Biſcayer/ ſind zum Danzen geneigt. zurücke/und nahmen die Einkehr in der Apothecke/ welche hart am Schloß war. Es paſſirte aber nichts Schwürdiges/ auſer daß abermals etliche kleine Kinder auf Baſciſch danzeten: wie dann die Leute in Biſcaya, gleichſam von Natur zum Danzen dispoſit

und

IV Cap.   Fernere Ab- und Zu Reisen.   83

und geneigt sind/ und man auf dieser Reise solches auch an den ANNO 1660.
kleinsten Kindern ersehen. Es wurde daselbst auch die Königliche
Garde zu Fuß/(so Capoten von gelbem Tuch / mit des Königs
Wappen und dem Burgundischen Creutz/ anhatten/) durch ihren
Colonel Sennor Duca de Veraquas, welcher mit den gemeinen
Soldaten gleiche Livrée truge/ nur daß seine Casaque mit rohtem
Sammet gefüttert war/ vor dem Schloß exerciret. Der König war entschlossen/ noch selbigen Tag eine Procession zu halten/
weswegen sich in der Kirche allbereit eine ansehnliche Volksmänge
versamlet hatte: es wurde aber solche/ wegen einfallenden Regen-
wetters/ und der Abend-späte eingestellet. Dannenhero der Hochfürstliche Prinz/ als Er solches vernommen/ sich wieder zurücke
nach Andaye begeben. Frühe Morgens den 4 diß/ ersuchte Er Mr. de Lyonne,
Mr. de Lyonne Königl. Franz. Geheimen Raht und Staats- Conseiller pri-
Ministern/ welcher zu Andaye logirte / üm denen Tractaten mit vé des Königs
Hispanien desto näher zu seyn/ und wurde von ihme mit ersinnlich- in Frankreich.
ster Höflichkeit empfangen. Er ware auch kaum in sein Quartier
wiedergekehret/ sobald kame dieser Cavallier, Ihn gleichfalls zu
ersuchen: von deme Er/ bey einer Stunde und darüber/ mit allerhand Staats-Discoursen entretenirt wurde. Inzwischen ward
berichtet/ wie daß Mr. le Duc de Crequi, mit einer grossen Suite
Fürst-und Gräflicher Personen/ zu Andaye angekommen: üm deß
willen Mr. de Lyonne Abschied nahme/ nachdem er zuvor vermel-
det/ wie daß besagter Duc de Crequi darüm angelanget/ üm die
Königliche Presenten an die Infantin auszuantworten/ worunter Königl. Fran-
ein paar Ohrengehänge von 4 Diamanten / in Preiß von tösische Presen-
200000 Reichstalern/ sich befänden. Es kamen bald Königli- ten,
che Spanische Schiffe/ di: den Herzog und seine ansehnliche Suite
nach Fontarabie abholten.

Diesen Nachmittag/ geschahe die erste entreveüe zwischen 10. Zusamen-
dem König in Hispanien/ der Infantin/ und der Reine Mere von kunft beyder
Frankreich. Die Königinn von Frankreich/ kame mit ihrer Suite Könige.
über 4 Jun. St. N,

L 2

ANNO 1660. über Land in die Conferenz-Insel/ und hatte bey sich Son Altesse Royale des Königs Brudern/ die Madamoiselle d'Orleans, und andere Fürstliche Personen. Eine halbe Stunde hernach/ ungefähr um 3 Uhr/ kam der König von Hispanien zu Waſſer angefahren. Es fuhren voraus/ etliche vornehme Herren / in schönbezierten Schiffen. Darauf folgeten die beyde ganz-verguldte Schiffe/deren iedes hatte 9 Ruder Knechte/ in rothem Daffet gekleidet/ und waren auch die Ruder und Seile vergüldet. Jedes wurde von 3 anderen Schiffen gezogen/ und saſſen/ in dem vordern/ Don Louis de Haro, auch andere Grandes d'Espagne; worauf der König mit der Infantin in dem Seinem folgete / und saſſen in den dreyen Schiffen/von welchen es gezogen / die Trompetere/ welche nit aufhörten zu blasen/ bis der König in das Conferenz-Haus eingetretten war. Auf selbiger Seite / stunde die ganze Spanische Garde zu Roß und Fuß bey 800 Mann: gleichwie man auch anderseits/ die Königinn von Frankreich/ von einer starken Garde begleitet sahe. Nach Verlauf einer halben Stunde/ kam der König von Frankreich mit den vornehmsten Herren seines Hofs/waren bey anderthalb hundert Pferde / incognito dahin/ und hatte/ um desto unbekandter zu seyn/ seinen Orden von sich geleget. Er thäte anfangs eine cavalcade neben dem Waſſer hin/ und gienge/ im Zurückkehren/ mit etlichen in den Conferenz-Saal/ allwo er incognito die Infantin beschauet/ und hierbey sein sonderbares contentement verspüren laſſen. Diese entreveüe, währete bey anderthalb Stunden: worauf/der König in Hispanien/ sich wieder zu Schiff begabe. Der König in Frankreich ritte/ mit seiner cavallerie, nach einem ángen Ort des Fluſſes/ um die Infantin noch einmal zu sehen / und hielte mit entblöstem Haupt unter andern Cavallieren. Hierzwischen gienge der Hochfürſtliche Prinz mit seinem Hof-Meiſter und Inspektorn/ welche allſtets um und bey Ihn geweſen / gleichfalls incognito zu Schiff / und legte sich mitten auf den Fluß Bi-

Anzug des Königs in Hispanien.

Der König in Frankreich / wohnet incognito dieser Besprechung bey.

daſſoa,

IV Cap.　　Zusammenkunft beyder Könige.　　85

daſſoa, ûm die Solenniteten deſto bäſſer in Augenſchein zu nehmen. ANNO 1660.

Nachdem der folgende Tag ohne ſonderſachen paſſiret/ und der H Mareſchal de Grammont, früh Morgens den 6 diß/ Bericht eingeſendet/ wie daß bey heutiger Entreueüe, da von beyden Königen die abgeredte Friedens-Articuln Eydlich beſtättigt werden ſolten / auſer denen Officiers de la Couronne niemand eingelaſſen würde: gienge der Hochfürſtl. Prinz abermals incognito zu Waſſer dahin/ die Entreen anzuſehen. Der König in Frankreich/ kame zu Land in einer Caroſſe; der König in Hiſpanien aber/ wie vordern Tags/ zu Waſſer/ und mit gleicher Solennitet/ angezogen. Er truge ein ſchwarzes Kleid an/ am Hals das Güldne Vellus/ und an dem aufgeſchlagenen Hut ein Kleinod mit einem überaus-groſſen Diamant. Die Infantin ware in ein/ mit den köſtlichſten Diamanten beſetztes/ Silbern Stück gekleidet. Don Louis de Haro, erſchiene in einem Kleid mit Silber verbortiret/ truge am Hals eine Diamantine Kette / und auf der Bruſt den Orden von Alcantara an einer Güldnen Kette voll groſſer Diamanten. Mit dergleichen Ketten und Hut Schnüren / waren auch die andere Spaniſche Grandes koſtbar gezieret. Der König in Frankreich lieſſe/ mit ſeiner Suite, ſich nit minder prächtig ſehen. So gar die Königliche Pages trugen rohte Procatelen/ und darüber Mäntel von blau-ſilbernen Lacken. Die Garde, von 800 Mann zu Roß und Fuß / die am Fluß in trefflicher Ordnung hielte/ vor welcher auch der König in Hiſpanien vorüber paſſiren muſte/ ware ſämtlich in Calaquen von blauen Tuch gekleidet/ welche mit Silber ſtark bortiret/ auch an den Enden mit ſeidenen Flammen und einem ſchönen Creutz/ worüber ein Kron ſtunde/ gezieret geweſen. Die entreveüe währte bey einer groſſen Stunde/ und wurde/ nachdem der Friede von beyden Königen im Conferenz-Saal beſchworen worden / erſtlich auf Franzöſiſcher ſeite mit einer Salve dreymal bejubelt: welchen die Spa-

Entreen beyder Könige.

Pracht der Spanier

und Franzoſen.

L 3　　　　　　　　nier

86 Audienz bey Kön. May. in Hispanien. IV Cap.

ANNO 1660. nier/wiewol mit schlechter Grace, geantwortet/ und schiene die Spanische Guardia wenig exercirt zu seyn. Der Hochfürstliche Prinz liesse endlich sich zu Land setzen/ und sahe/ von einem erhabenen Ort/den Abzug des Königs in Frankreich: worauf Er sich wieder zu Schiff/und nach Andaye begeben.

11. Audienz bey Königl. May. in Hispanien 7 Julii St. N. und der Infantin/ Königinn in Frankreich.

Folgenden Morgens/den 7 diß/ früh um 9 Uhr/ fuhre Er nach Fontarabie, und machte daselbst/ um 11 Uhr/ dem König in Hispanien Reverenz, Sr. May. wegen des Friedens und der Mariage gratulirend. Er redete Französisch/ weil der König diese Sprache verstehet: welcher aber auf Spanisch mit etlichen Worten antwortete/die Er nicht verstanden. Die Infantin/ ware noch nit angekleidet: weswegen der Hochfürstl. Prinz/ bey einer guten Stunde/sich länger aufhalten muste. Sobald Sie angezogen/ wurde Er/neben denen Jhme Aufwartenden/hineingeführet. Er gratulirte Jhr gleichfalls/wegen der Mariage, und redete Sie Französich an: in Meinung/daß Sie diese Sprache nunmehr wohl verstehen würde. Sie fragte in ihrer Sprache/ ob Er nit Spanisch verstände? Und als solches mit Nein beantwortet worden/ machte Jhr. May. eine Reverenz: und hiemit war die Visite geendet. Sie wurden nachmals berichtet/wie daß die Infantin bis dahin nicht ein Wort Französisch gelernet hätte. Es wurde sowohl bey dem König/als der Infantin/der HofMeister Vork/ und Inspector Lilien/ mit in das Königl. Gemach geführet.

12. Hohes Ehr-Glück des Prinzens/auf dieser seiner Länder Reise.

Diß ist wohl eine sonderbare und vielleicht unerhörte Ehre/ daß ein Hochfürstlicher Junger Prinz/auf seiner LänderReise/das Glück gehabt/nicht allein einen neu-erwehlten Römischen Kayser/ und zwar eben bey seiner Krönung/sondern auch die zween mächtigste Könige der Christenheit/und eine Königinn/ ihrer beyder respective Tochter und Gemahlinn/ und zwar diese dreye an einem solchen Ort/allwo deren langwüriger Krieg durch sothane Vermählung/ mit Befrolockung des ganzen Europa, Friedlich beygeleget worden/und folgbar diese 4 Höchste Personen in dem Punct ihrer

höchsten

IV Cap.   Hohes Ehr-Glück dieser Länder Reise.   87

höchsten Vergnügung/ zu sehen und anzusprechen. Der Hoch- ANNO 1660
fürstl.Prinz hätte noch den vierten mächtigsten Monarchen dreyer
Königreiche/ H. Carolum II in Groß Britannien/ welcher eben in
diesem Monat/nach zehenjährigem Exilio, zur Krone wieder gelan-
get/in gleicher Vergnügung sehen und ansprechen können: welches
aber/wegen damals in Engelland noch schwebender Unruhe/ wohl-
bedächtig unterlassen worden.

 Es wurde Ihme iedoch diese Versagung/von dem Glück/an-
derweit mit einer hohen Wunsch-Gewährung ersetzet: indem Sie/
eben diesen Abend/der Königl. Suedische Ambassadeur Monsieur
de Biörenklaw, durch Botschaft berichtete/wie daß in Teutschland
der so hochverlangte Friede/zwischen Ihr. Kays. May. Sr. Churf.
Durchl. zu Brandenburg und der Cron Sueden/ durch Göttliche Zeitung vom
Verleihung/ geschlossen worden. Wie Sie dann über dieser Zei- Teutschen Frie-
tung sich so hoch erfreuet/daß Sie/ zu immerwährendem Andenken Sueden.
dieses glückseligsten Tages und Ihrer Reise nach Hispanien/ den
Orden de la Concorde, von welchem in folgendem V Cap. mit
umständen soll geredet werden/zu stifften/ sich resolviret. Es ware auch/
dieses Jahr/ wohl ein rechtes Glück-Friedens-und Freuden-Jahr:als
in welchem die ganze Christenheit Ursach bekommen / GOtt vor
sonderbare Gnad-Wolthaten Preiß und Dank zu sagen. Gleichwie
man aber im Früling/aus den Knöpfen / von künftiger Zierde des
Rosenstocks zu vorurtheilen pfleget: also lässt sich aus erzehlten hohen Reisbegegnisen errahten und mutmassen/daß dieser Hochfürstl.
Prinz/ Den das Glück in seiner Jugend also lieblich angelachet/
Sich zu hohen Sachen destinirt und gebohren zeigen werde.

 Es wurde aber dieser Tag noch mit einer hohen Solennität/ 15. Ablegung
nämlich mit der Ablegung beyder Könige und Auslieferung der beyder Kö-
Infantin/ geendet: welche Handlung mit anzusehen/der Hochfürstl. nige
Prinz nachmittag auf seiner Kutsche nach der Conferenz-Insel
gefahren/und daselbst eine Viertel-Stund eher als der König angelanget. Der Hr. Mareschal de Grammont, wartete seiner an
der

der Thür/ und brachte Ihn/ neben den HofMeister und Inspectorn/ in die Antechambre des Königs/ woselbst der Herr Cardinal/ neben denen Ducs, Pairs und Mareschaux de France sich befanden. Und allhier/ konde Er beyde Königliche Höfe zugleich und beysammen anschauen. Als die Infantin von Fontarabie abfuhre/ wurde aus allen Stucken dreymal Salve gegeben. Diese entreveüe, währte bey 2 Stunden: worauf endlich die Infantin von ihrem Herrn Vatter Abschied genommen/ und mit der Reyne mere, nach S. Jean de Luz abgefahren. Sie ware noch ganz Spanisch gekleidet/ und machte im herausgehen eine fröliche gute Mine, wiewol ihre Damoiselles, so mit ihr nach Frankreich giengen/ viel Zähren vergossen. Der Hochfürstliche Prinz/ begabe sich hierauf wieder in sein Quartier: alda Ihme/ vorbesagte fröliche Zeitung von dem Nordischen FriedensSchluß/ vorgebracht worden.

Nachdem/ der König in Hispanien/ folgenden Morgens früh um 7 Uhr/ unter Lösung der Stücke/ von Fontarabie nach Madrid wieder abgereiset/ fuhre der Hochfürstl. Prinz/ den 9 diß früh um 6 Uhr/ nach S. Jean de Luz, die Solenniteten der Königlichen Copulation, welcher Actus durch den Bischof von Bayonne verrichtet worden/ anzuschauen. Er wurde/ samt den Seinigen/ von den Introducteur des Ambassadeurs, in die Kirche an ein bequemes Ort geführet/ da Sie alles zu Genügen gesehen. Es ward hierauf/ eine ganze Stunde lang/ Salve geschossen: und auf den Abend/ liesse der Herr Cardinal viel Geld auswerfen. Nach Endung dieses lezten FreudFestes/ begabe sich der Hochfürstliche Prinz/ also wie Er angekleidet war/ mit den Seinen/ auf die RuckReise/ und kame 5 Meilen bis nach Bayonne: als resolvirt/ solche seine RuckReise/ noch vor gänzlichem Aufbruch des Hofs/ zu verrichten.

ANNO 1660.

Das V Capitel.

RuckReise durch Frankreich.

(1) RuckReise nach Bourdeaux. (2) Der Hochfürstl. Prinz stifftet den Orden de la Concorde. (3) Fort-Reise nach Tours, und (4) Ankunft daselbst. (5) Fort-Reise nach Paris. (6) Anwesen daselbst/ und (7) Beschauung der umliegenden Plätze. (8) Reise durch Burgund/ und (9) Ankunft zu Geneve.

Nachdem also der Hochfürstliche Prinz/ an den Spanischen Frontieren / den Monat May wohl und rühmlich passiret/ und den 30 diß St. Vet. nach Bayonne, besagter massen/ zurücke gelanget: wurde Er resolvirt/ weil Er vernommen/ daß der Französische Hof durch die petites Landes den Weg nehmen würde/ seine RuckReise durch die Grandes Landes anzustellen. Sie haben zwar/ auf dieser Reise/ in 4 Tagen keine Stadt oder rechtes Dorf angetroffen: sind aber doch / in denen Mittag-und Nachtlagern/ wider Verhoffen/ wohl accommodirt worden. Also giengen Sie/ den 31 May / von Bayonne bis nach S. Vicent, 4 Meilen; den 1 Junii Mittags/ bis Castelz 6 Meilen/ und Abends bis l'Esperon 2 Meilen; den 2 diß zu Mittag nach la Boubere 7 Meilen/ und Abends nach Lyposté, 4 Meilen; Den 3 diß/ um Mittag bis Barque 7 Meilen / und Abends nach Lestodes 3 Meilen. Von hinnen kamen Sie/ folgenden Tags/ über 3 Meilen/ nach Bourdeaux: alda Sie / um die Pferde ausruhen zu lassen/ sich zween Tage lang aufgehalten. Den 15 diß/ Nachmittag/ besahen Sie das Schiff / welches den

1. RuckReise nach Bourdeaux.

S. Vincent, Castelz. l'Esperon. la Boubere, Lyposté. Barque. Lestodes.

Bourdeaux. 4 Jun. St. Vet.

König

ANNO 1660.
Königl. Französisches Schiff.

König und die Königinn nach Blaye führen solte. Sie fanden auf selbigem nichts sonderbares/ auser daß es mit allerhand feinen Emblematibus gezieret war: deren eines/ über der Thür oder dem Eingang/ durch einen Engel zwo Cronen zusammen bande/ mit dieser Obschrift:

Sic geminas concordia nectè Coronas.

2. Se: Hochf. Prinz/ stiftet den Orden de la Concorde.
§ A. 15 N. Jun.

Weil der Hochfürstliche Prinz/ seiner gefaßten Resolution, einen Orden zu stiften/ sich dißorts erinnerte/ und zugleich erwähnet wurde/ wie daß auch Edvardus III König in Engelland den Orden de la Jartiere zu Bourdeaux gestiftet/ hat Er/ dem Seinigen de la Concorde, gleichfalls daselbst den Anfang geben wollen/ und solchen alsobald selber angenommen/ auch denen hierüber verfaßten Satzungen gemäß zu leben/ sich freywillig erbotten. Er hat denselben vor dißmal dem Herrn Hofmeister Borken und Herrn Inspectorn Lilien / nachmals zu Paris Herrn Hertz-Christian zu Holstein/ Mr. de Leineck, auch Herrn Luitke , als Secretario des Ordens/ und anderswo anderen/ mitgetheilet. Das Ordens Zeichen/ ist ein Kranz von Diamanten | in Gold gefaßt | mit einer Güldnen Platten in der Mitte/ darauf eingeschmelzt zu sehen zween Oelzweige/ welche/ beyderseits durch eine Güldne Kron gestecket/ oben bey einem Fürsten-Hut in die Form eines Kranzes sich schliessen. Zwischen beyden Kronen/ stehet das Wort

Concordant!

auf der andern Seite aber/ der Name des Durchleuchtigsten Stifters unter einem Fürsten-Hut/ und darüber das Jahr und der Tag dieser Stiftung/ auf solche Weise:

d. 15 Jun. 1660.

C E M Z B,

Dieser

V Cap.   FortReise nach Tours.   91

Dieser Orden wird/ um den linken Arm/ an einem blauen Band ANNO 1660.
getragen: und ist nicht allein/ ob-erwähnter denkwürdigen Königlichen Friedens-und LiebVereinigungen/ein schönes Gedächtnis;
sondern auch ein Sinnbild der Diamant-Fästen und unendlich-zu-
sammenhangenden Herzen-Eintracht/welche neben anderen wür-
digsten Gliederen/ auch die Treugehorsamste Untern/ zu ihrem ge-
ehrtisten und gnädigsten Ober-Haupt/in Ein Band der Gleichge-
sonnenheit/sammlet und verknüpfet.

   Am folgenden Tag den 6 diß/fuhren Sie auf der Garonne, 3. FortReisen
nach der MittagMalzeit/mit der marée aus: musten aber / weil nach Tours.
der Wind sehr stürmte/ 4 Meilen unter Bourdeaux, bey Macau 6. Jun. St. Vet.
einem Dorf avssteigen; daselbst Sie/nach Mitternacht/ wieder D. Macau.
zu Schiff giengen/und mit gutem Wind bey früher Tagszeit zu
Blaye angelanget. Von hier reiseten Sie fürter über Land/ und Blaye.
kamen diesen Tag 4 Meilen/bis in das Dorf S.Aubin; ferner D. S. Aubin.
den 8 diß/nach dem Städtlein Pont 6 Meilen/ und Abends noch Pont.
3 Meilen nach Port chauveau, einem kleinen/aber sehr lustig gele- D. Port chau-
genen Dorf/ daselbst Sie übernachtet. Den 9 diß gienge die veau.
Reise fürter/bey beschwerlicher Sommer-Hitze/ nach dem Dorf
Varraise 5 Meilen/ und noch 5 Meilen in das Dorf Briou, da D. Varraise,
Sie nachtlagerten. Den 10 diß / brachten Sie zurück das D. Briou.
Dorf Gene 5 Meilen; worauf Sie Abends/ nach 4 Meilen/ die D. Gene.
Stadt Lusignan erreichet. Lusignan.

   Nachdem Sie daselbst die Nacht pasliret/ setzten Sie folgenden Tags ihre Reise fort auf Poictiers 4 Meilen / und nach der Poictiers.
Malzeit auf Chastelleraut 6 Meilen: allwo Sie / wegen allzu Chastelleraut.
grosser Hitze/und weil die Pferde sehr abgemüdet waren / 5 Tage
lang verbleiben musten. Diese HauptStadt des von ihr benann-
ten Herzogtums/ ligt in einer anmutigen Gegend an dem Fluß
Vienne, darüber allhier eine Steinerne schöne Brücke mit 9
Schwibbogen gehet: ist wohl erbauet/ auch vor dem letzten Krieg Ungestümme
befestigt gewesen. Sie hat viel Uhrmacher und Messerschmiede/ Messerschmiede.
               M 2   welche

92   Ankunft zu Tours.   V Cap.

ANNO 1660.
welche die Reisenden mit grosser importunitet nötigen/ ihre Messer zu kaufen: wie solches auch dem Hochfürstlichen Prinzen und den Seinen widerfahren/ also daß Sie dieser ungestümen Leute sich kaum erwehren können. Den 16 diß/brachen Sie mit frühem Tag wieder auf/ giengen in der Kühle 5 Meilen bis nach

Bracho.
Montbazon.
Bracho einem Städtlein/ und gegen Abend 4 Meilen bis Montbazon, daselbst Sie das Nachtlager nahmen. Dieses Städtlein samt seiner Zugehör/ wurde von dem letztverstorbenen König zur Duché und Pairrie erhoben/ in faveur des Duc de Montbazon, welcher/ zur Zeit des Cardinals Richelieu, bey 30 Jahre lang Gouverneur zu Paris gewesen/ auch zu Montbazon allhier begraben liget.

4. Ankunft zu Tours. 17. Jun.
Endlich den 17 diß/nahmen Sie den Weg auf die Stadt Tours 3 Meilen/ alda Sie dann gar zeitlich angelanget. Diese HauptStadt des Lands Touraine, zu Latein Cæsarodunum Turonum genennt/ ist eine der ältsten in Frankreich/ von den alten Gallis erbauet. Sie ligt an der Loire, in einer überaus lustigen

Ist der Garten von Frankreich.
und fruchtbaren Gegend: wie sie dann deswegen le gardin de France, der Garten in Frankreich/ genennt wird. Sie hat ein ErzBistum/ und ist der berühmte Heiling Martinus der dritte Bischof daselbst gewesen. Sie ist/ wegen des Seidenhandels und anderer Kaufmanschaft/ in grossem Ruff. Die Steinerne Brü-

Brück.
cke/ so allhier die beyden Ufere der Loire mit 18 Schwibbogen zusammenhänget/ wird vor die längste in Frankreich gehalten. Die Reformirten in Frankreich/ haben in dieser Stadt/ den Na-

Name der Hugonoten.
men Hugonoten/ von einem bösen Geist und Gespänst bekommen/ welches vordessen bey Nacht auf den Gassen herümgetobet/ und von den Inwohnern: der König Hugo, folgbar/ besagte Reformirte/ weil Sie ihren Gottesdienst bey Nacht hielten/ von den Röm. Catholischen/ dieses Poltergeists NachtSchülere/ Nachkommen und Hugonoten/ genennet worden. Der Hochfürstliche Prinz

Pallemaille.
besahe neben den Seinen/ unter andern/ die Pallemaille vor der Stadt/

V Cap.　　　ForeReise nach Paris.　　　93

Stadt/welche über 1000 Schritte lang/ und beyderseits mit BaumReihen gezieret ist. Man hält solche für die schönste und längste in gantz Frankreich/wiewol/die zu Angiers, dieser nit viel nachgiebet.

ANNO 1660.

Nachdem der Hochfürstliche Prinz allhier Malzeit gehalten/ nahme Er färter den Weg nach Amboise 7 Meilen/ einer zwar nit grossen/ aber schönen Stadt/ an besagtem Fluß gelegen/ mit einer Steinernen Brücke von 14 Schwibbögen. Sobald Sie angelanget/ giengen Sie/ das hohe BergSchloß zu besehen. Allhier zeigte Jhnen ein Soldat/in einer alten Capelle/ein Hirschgeweih/von 22 Enden und 18 Schuhe lang/an einer Kette hangend/ so 6 Centner wäget/ und eines Hirschen gewesen/ welchen K. Ludwig XII im Ardenner-Wald des Lützelburger-Lands soll gefangen haben. Sie beschaueten auch/ die Wendelstiegen der grossen Thürne/die Gemächer/darinn viel Königliche Kinder erzogen worden/das Heil. Grab unter der Capelle/und das schlechte Zimmer neben dem Ballhaus/ darinn A. 1498 den 8 April K. Carolus VIII auf der Erde gähes Tods gestorben. Den 18 diß/ waren Sie gar früh auf/und giengen auf Blois 9 Meilen: allwo Sie/ die vordessen zu Saumur hinterlassene Reisegefärtschaft/ in gewünschtem Wolstand wieder angetroffen. Diese schöne Stadt/ vorzeiten eine Graffschaft/ ligt in der Landschaft Beausse, an der Loire, (darüber hier auch eine Steinerne grosse Brücke gehet/) in einer anmutigen fruchtbaren Gegend/und soll Sie in gantz Frankreich den gesundsten Luft haben. Weil daselbst auch wohl zu zehren ist/ die Sprache gut geredet wird/ und die Inwohnere gegen die Fremden gar höflich und freundseelig sich erweisen: als pflegen allhier/ die Teutschen/ sich gern aufzuhalten. Man gräbt hierum eine terram sigillatam, und kan auf eine Meilwegs unter Bäumen spaziren/ findet auch hin und wieder schöne Brunnquellen: dannenhero auch vorzeiten um die Stadt herrliche Aquæductus sich befunden/wovon noch viel alte Gewölbe zu sehen sind.

5. ForeReise nach Paris.
17 Junii.
Amboise.

Grosses Hirschgeweih.

Blois.

M 3　　　　　　Des

ANNO 1660. Der Hochfürstliche Prinz besahe/ nach der MittagsMalzeit/ das Königliche Schloß/ als das Schwürdigste/ und liesse Ihm die Oerter zeigen/ wo auf Befehl K. Heinrichs III A. 1588 die beyden Herzogen von Guise nidergemachet und der eine zu Pulver verbrennt worden/ auch wo die alte Königinn Catharina de Medices 12 Tage hernach vor Unmut/ und den 2 Febr. dieses 1660 Jahrs der Herzog von Orleans/ gestorben.

Chambort, Kön. Schloß.

Als Sie auch den Garten/ die Gallerie und ReitSchul beschauet/ giengen Sie gegen Abend noch 4 Meilen auf Chambort, und besahen folgenden Morgens das Schloß/ so von K. Francisco I mit grossem Kosten herrlich an= aber nicht ausgebauet worden; ietztregirender König/ wie man berichtete/ soll entschlossen seyn/ den Bau zur perfection zu fördern. Es ligt auf Pfützen/ und hat mehr unter/ als ob der Erden/ zu bauen gekostet. Die

Wendel-Stiege.

Schneck Stiege hält 274 Staffeln/ und können ihrer viele darauf gehen/ die zwar einander reden hören aber nicht sehen können.

D. S. Laurent. Orleans. 19 Jun.

Von hier giengen Sie nach S. Laurent einem Dorf 4 Meilen/ und kamen Abends nach Orleans 8 Meilen/ unter grossem Donner und Blitzen/ welches bey zwo Stunden gewähret. Diese HauptStadt des Herzogtums dieses Namens/ von welchem sich in Frankreich der Königliche Secundogenitus zu schreiben pfleget/ zu Latein Aurelia, ist uralt/ und ware/ zu Zeiten der ersten Könige in Frankreich/ ein absonderlichs Königreich. Sie ist groß/ schön und wohl gelegen/ und wird/ mit einer steinernen Brücke über die Loire von 16 Schwibbogen/ an die Vorstädte gehänget.

La pucelle d' Orleans.

Vornen an dieser Brücke/ stehet die EhrenSeule Johannæ der Erlöserin K. Caroli VII, in gemein la pucelle d' Orleans genannt: war eines Bauern Jacques d' Arc Tochter/ welche A. 1428 die Engelländer/ so fast ganz Frankreich erobert hatten/ von Orleans, das sie belägerten/ hinweggeschlagen/ und den König/ als eine Französische Debora, wider Sie geschützet; wiewol Sie hernach gefangen und zu Roga verbrennt worden. Es ist allhier

V Cap.   Fort Reise nach Paris.

allhier ein Bistum/ und eine berühmte Universitet/ der Luft gesund/ ANNO 1660.
die Sprache zierlich/ und die conversation mit den Inwohnern
annehmlich: dannenhero immer viel Fremde sich daselbst aufhalten. Die Teutsche Nation, hat in dieser Stadt grosse Freyheiten/ auch ihre eigene Bibliothek, ihren Procureur, Conseiller und
andere Officianten. Die HauptKirche zum H. Creutz/ ward A.
1567 von den Hugonoten zerstöret/ und wird noch immer daran
wieder gebauet. Nachdem Sie/ folgenden Morgens den 20 Junii/ diese Kirche besehen/ kame Nachmittag der Procureur Mr. de
Bourgsdorf mit der Teutschen Nation, gratulirte dem Hochfürstl.
Prinzen wegen glücklicher Ankunft/ und offerirte ihre Matricul:
da dann der Hochfürstliche Prinz derer etliche bey der Tafel behalten/ und nach der AbendMahlzeit sich mit Spaziren-gehen belustiget.
Den 21 diß/ Nachmittag/ giengen Sie nach Artenay einem Artenay.
Städlein/ 4 Meilen. Folgenden Tags/ erlangten Sie um Mittag Angerville 5 Meilen/ und blieben über Nacht/ dahin Sie auch Angerville.
5 Meilen zu reisen hatten/ zu Estampes, so die Haupt Stadt ist des Estampes.
hiervon benamten Herzogtums. Von hier kamen Sie/ den 23
diß/ in das Städlein Linas, 6 Meilen/ reiseten Nachmittag noch Linas.
6 Meilen: da Sie dann endlich/ Abends um 6 Uhr/ in Paris glücklich angelanget.   Ankunft zu Paris. 23 Jun.

Diese uralte Stadt/ zu beyden Seiten des Flusses Seyne und Anwesen zu
zum theil mitten darinnen/ in der Provinz la France, gelegen/ in Latein Lutetia genennt/ ist nicht allein die HauptStadt in ganz
Frankreich und von vielen hundert Jahren her die SitzStadt der
Könige/ sondern Sie kan auch billig heissen die Königinn der Städte. Ihre Beschreibung/ erfordert ein eignes grosses Buch/ und
lässt sich diforts nicht in wenig Blätter fassen. Ja Sie ist keine Paris, eine kleine Welt.
Stadt/ sondern vielmehr/ wegen ihrer Grösse und Inwohner-Menge/ eine kleine Welt zu nennen: und solches wird/ durch das Gespräche zweyer hohen Potentaten/ bestättigt. Als Kays. Carolus V,
auf seiner Reise durch Frankreich/ K. Franciscum I fragte: welche

96 Anwesen zu Paris. V Cap.

ANNO 1660. che Stadt seines Reichs er den andern vorziehe? Und der König die Stadt Orleans benennte/ der Kayser aber ferner fragte: was dann Paris wäre? Gabe der König zur Antwort: Paris, ist eine Wele. Dieses Urteil liesse auch der Kayser ihm nicht misfallen/ und sagte/ als er in Teutschland kame: Er habe/ in Frankreich/ fünf schwürdige Sachen/ als ein Haus/ ein Dorf/ einen Garten/ eine Stadt und eine Welt gesehen; und solches erklärte er/ mit benennung der Oerter Rochefaucaut, Poictiers, Tours, Orleans und Paris.

Ihre Grösse. Man zehlet allhier in dreyen mit der Ringmauer bezirkten Städten/ welche la Cité auf der Insel/ la Ville und l'Université, und in 11 VorStädten/ unter denen S. Germain die vornemste ist/ bey 500 Gassen/ in diesen bey 20000 Häuser/ und

und Voltmänge. darinnen bey 600000 Menschen: welches die Anzahl ist der Mannschaft des ganzen Volks Israel/ so aus Egypten und in das Gelobte Land eingezogen.

Brücken. Unter 7 Brücken/ so die drey Städte zusammen hängen/ ist die de Nostre Dame die gröste/ beyderseits mit den Bildnisen aller Könige in Frankreich gezieret.

HauptKirche. Der Hochfürstliche Prinz/ besahe gleich Anfangs die Hauptkirche de Nostre Dame, das Königliche Palais l'Ouvre genannt/

Der Königl. Palast l'Ouvre. (welches/ im anfang des 1661 Jahrs/ zu halbem Theil sich in die Asche gesetzet/) und andere berühmte Oerter. Besagte Kirche/ so zum Bistum gehöret/ hat inwendig 120 Pfeiler/ ümher 45 Capellen/ und 4 Thürne/ deren zween 450 Stuffen hoch sind/ und hanget in dem einen/ so eine grosse Glocke/ daß 20 Männer daran ziehen müssen/ und man Sie/ bey klarem Wetter/ auf 7 Französische Meilen höret.

Laniena Parisiensis. In dem Theil der Stadt la Ville in der Gasse S. Denis, bey dem grösten Kirchhof oder Gottesacker/ le Cemetiere des Innocens genannt/ stehet eine Pyramide, zum Gedächtnis/ daß daselbst A. 1572 am Tag Bartholomæi, an welchem die Laniena mit den Hugenoten vorgegangen/ ein sonst ganz dürrer

Dornstrauch wird in einem Augenblick grünend. grosser Dornstrauch/ in einem Augenblick zu grünen und blühen angefangen: welches Wunder/ nicht allein von den Inwohnern/

sondern

V Cap.   Anwesen zu Paris.   97

sondern auch von K. Carolo IX selber/ angeschauet und betrachtet ANNO 1660.
worden. Auf der andern Seite hinter dem Kirchhof/ zeiget man
auch den Ort/ alda K. Heinricus IV vom Ravaillac auf seiner
Carrette erstochen worden.

 Hierauf/ damit hochgedachter Prinz seine Zeit allhier wohl *Des Prinzens*
anlegen möchte/ hat Er seine Studia, insonderheit de Regni Fran- *Studia.*
co-Gallici Statu Eccleſiastico & Politico, vor die Hand genom-
men/ auch in Französischer Sprache/ wie nit weniger im Reiten
und andern löblichen Exercitien/ mit allem Fleisse sich zu üben angefangen. Nachdem Er/ am 26 Augusti, den sehr prächtigen *Einzug des Kö-*
und ansehnlichen Einzug des Königs und der neuen Königinn in *nigs mit der*
Frankreich angesehen/ besuchte Er folgenden Freytags den Herrn *neuen Königin.*
Cardinal Mazarini: der Ihn unbeschreiblich-höflich tractirt, mit *Visite bey Herrn*
grosser contestation, wie er Lebenslang/ des Durchleuchtigsten *Cardinal Ma-*
Chur- und Fürstlichen Hauses Brandenburg Diener zu seyn/ sich *zarini.*
befleissigen wolte. Nachkommenden Montag/ befande sich der
Hochfürstliche Prinz/ in Begleitung des Prinzens von Tarante, *und bey dem*
bey dem Prinzen von Condé: welche Visite, mit allerhand son- *Prinzen von*
derbaren complementen abgelegt worden. Sonsten ist Er / Zeit *Condé.*
seines Anwesens zu Paris, von dem Marschalk de Touraine zum *von dem Mare-*
öftern besuchet/ und mit allerhand Staats-Discursen entreteni- *chal de Tou-*
ret worden. Allhier zu Paris hat/ bey dem Hochfürstl. Prinzen/ *raine.*
durch fleissige Aufwartung / Herr Albrecht Friderich von *H. Albrecht Fri-*
Hünicken/ Dohm-Herr zu Brandenburg/ der Zeit Hochfürstl. *derich von Hü-*
Brandenb. Geheimer und HofRaht / auch Hauptmann zu *nicken.*
Bayreuth/ welcher dazumal aus Italien zurück gekommen war/ sich
angenehm und beliebt gemacht.

 Es ware inzwischen/ von Sr. Churfürstl. Durchl. zu Bran-
denburg/ die gnädigste resolution eingelanget/ daß der Hochfürstli.
Prinz/ in vorstehendem Winter/ die Reise nach Italien verrichten
solte. Er hat aber die um Paris ligende vornehmste Plätze/ vorher *7 Beschau-*
besichtigen wollen/ und dannenhero erstlich nach S. Denys eine *ung der Plä-*
       N   Spazir- *ze ûm Paris.*
               S. Denys.

Spazir Reise angestellet. Diese Stadt/ ligt 2 Meilen von Paris, und hat den Namen von Dionysio Areopagitâ, welchen die Franzosen vor ihren Apostel/ Patron und der Cron Protectorn halten/ der auch an diesem Ort von denen noch-Heidnischen Gallis martert worden/ und daselbst begraben liget. K. Dagobertus hat/ ihm zu Ehren/ eine herrliche Kirche daselbst erbauet/ und eine Abtey dahin gestifftet/ dessen Abt dem Bischof zu Paris nicht unterworfen/ sondern hoch priviligirt und Herr des Orts ist/ auch in 400000 Franken Einkommens hat. Die Kirche ruhet auf 60 Seulen/ und werden die Könige in Frankreich darinn besencket/ deren/ sowol auch ihrer Gemahlinnen/ Kinder und hohen Ministern / herrliche Monumenta in grosser Anzahl vor Augen stehen. In einem gewölbten Gemach an dieser Kirche / wird auch der Königliche Schatz aufbehalten: worunter/ neben vielen Reliquien und Rariteten/ der Königliche Krönungs Habit/ auch unterschiedliche köstliche Kronen und Zepter zu finden sind/ wie in einem hiervon gedruckten Büchlein zu lesen ist.

Ferner den 12 Septembr. besichtigten Sie / die Schlösser Meudon und S. Germain, deren dieses/ gleichwie auch das Dritte bey dem Städtlein Ruel, allwo Sie dißmal übernachtet / mit schönen Gärten/ künstlichen Grotten und Wasserwerk/ gezieret ist. Den 13 diß/ nahmen Sie ihren Weg fürter/ nach S. Clou, woselbst K. Heinricus III den 3 Aug. A. 1589 von dem Mönchen Jacques Clement erstochen worden; und zwar eben in dem Zimmer/ in welchem er vor 17 Jahren/ mit seiner Mutter und dem Bruder K. Carolo IX, das Pariser-Blutbad über die Hugonoten abgeredet. Es gibt/ auch hier/ schöne Gärten / Grotten und Wasserkünste. Nachdem Sie zu Essonne über Nacht verblieben/ kamen Sie am folgenden 14 diß/ nach Melun, welche Stadt/ wegen ihrer Situation, das kleine Paris genennt wird/ vorzeiten eine Grafschaft gewesen/ anitzo aber in Gastinois der Land-Gerichts-Ort ist. Uber dem Stadt-Thor/ ist diese Schrifft zu lesen: Concors

V Cap. Reise durch Burgund.

cors inæqualitas facit melos unum; zu deren sich/ als ein Sinnbild/die RohrPfeiffe Pans oder ein OrgelPfeifenwerk/ wohl schicken würde. Nachmittag haben Sie den LustPlatz Veaux, welchen Mr. Fouquet dazumal mit unsäglichen Kosten erbauen liesse/ besichtiget. Den 15 diß/giengen Sie fürter nach Fontainebleau, dem berühmten Königlichen LustStädtlein/ wohin gleichsam alle Lust-arten sich versammlet haben. Es hat den Namen Fontaine bell'eau, etwan Schönborn auf Teutsch/ von den vielen klaren und schönen Brunnen/die daselbst aufquellen/ und der Königinn Claudiæ K. Francisci I Gemahlinn einsmals auf der Jagt Ursach gegeben/ den König zu erbitten/daß er ein Schloß dahin bauen lassen/welches hernach sich in eine Stadt erweitert. Das Gebäu/ hat bey 900 Zimmer/viel Säle und Galerien/ und neben sich schöne Gärten mit ihren SpazirLauben und Wasserwerk/ ein Vogelhaus von 270 Schritten mit seinen Bäumen und Bächlein/und endlich alles/was zu einem Irdischen Paradeis gehöret: ist auch von Paris nur etwan 3 Teutsche Meilen entlegen.

Von hinnen begaben Sie sich fürters auf die vorhabende Reise/ kamen selbigen Abend noch in den Markt Brye, und den 16 diß nach Bavillon einem Dorf/dessen Inwohnere ihre Häuser mit Kreide bauen. Folgenden Tags kamen Sie nach Troyes, allwo Sie zu Mittag gefüttert: ist ein Bistum und die HauptStadt der Grafschaft Champaigne, ligt an der Seyne auf fruchtbarem Boden/und treibet grosse Handtirung. Zu Fuchet, so ein Marktflecken ist/wurde das Nachtlager genommen/ und den 18/ über Mussy, Chastillon sur Seyne, die erste Stadt im Herzogtum Burgund/erreichet. Den 19 diß/brachten Sie Val de Suson zurücke: worauf Sie folgenden Tags/ zu Dyon glücklich angelanget. Diß ist die HauptStadt des Herzogtums Burgund soll gar alt seyn/ und (à Divis) von den Göttern den Namen Divio in Latein haben. Sie ruheten/folgenden Tags/ allhier aus/ und besahen

ANNO 1660.
Veaux.
Fontaineblau.

Reise durch Burgund.
16 Sept.
D. Bavillon.
Troyes.

Fuchet.
Mussy.
Chastillon.
Val de Suson.
Dyon.
20 Sept.

Reise durch Burgund. V Cap.

ANNO 1660.

hen/ die Kirchen/ deren man 16 zehlet / auch andere schwürdige Sachen. Der König in Frankreich/ hat daselbst ein Palais, welches sein Seneschal oder Statthalter bewohnet/ auch ein Parlement und eine RentCammer. Der Ort ligt in einer lustigen Ebene/ doch nit ohne Hügel/ auf welchen der bäste Wein wächset: ist auch mit Mauren / Thürnen und Bollwerken wohl befästiget.

Ausonne. Dole.

Von hier nahmen Sie/ den 22 diß/ ihren Weg/ über Ausonne, ein Städtlein an der Arar, nach Dole, der HauptStadt in der Grafschaft Burgund/ am Fluß Doub, 9 Meilen von Dyon gelegen. Dieser Ort ist fäst, hat ein Parlament und eine Universitet/ und gehörte damals noch dem König in Hispanien: deme Sie/ in ietzigem 1668 Jahr/der König in Frankreich / samt der ganzen Grafschaft / so ingemein Franche Comte genannt wird/ abgenommen/ aber wieder abgetretten. Als Sie/ den 23

Arboise. Des Prinzens und der Seinen Verirrung. 23 Sept.

diß/ über Arboise, eine Stadt mit herrlichem Weinwachs umgeben/ gegen dem Castell Chalon reiseten/ kamen Sie gegen Abend von dem Weg ab/ geriehten in die Irre/ und musten mit Leib-und LebensGefahr/ auch mit Erduldung äusersten Ungemachs / unter freyem offenem Himmel übernachten. Endlich gegen Tag / erlangten Sie ein geringes Hirten-Häuslein/ worinn Sie sich elendiglich behelfen musten: und diß um soviel mehr / weil sich der H. Hofmeister am kalten/ und H. Luitke am hitzigen Fieber/ unpaß befanden. Den 24 diß/ nahmen Sie ihren Weg nach Champa-

Champagnole.

gnole: allwo Sie weder Speis noch Trank gefunden / und von dem Pater des Orts / mit Geld und guten Worten kümmerlich/ vor die Patienten/ etwas Fleisch und Eyer erhalten konden. Zu

Morillon.

Morillon, weil auch der Schmalhans Wirt daselbst ware / musten Sie gleichfalls Nachts über sich armselig behelfen.

S. Georg. 9. Ankunft zu Geneve. 25 Sept.

Endlich/ nachdem Sie S. George, den 25 diß zurücke gelegt/ kamen Sie/ folgenden Mittags um 10 Uhr/ glücklich nach Geneve: alda Sie/ von dem Magistrat, abermals gar höflich empfangen

gen worden. Weil der Hochfürstliche Prinz/ wegen noch allzu grosser Hitze/ seinen Weg nach Italien nicht fortsetzen konde/ als ward für gut befunden/ daselbst etwas zu verharren: dannenhero Er mit seinem Comitat, bey Mr. Belisaire einem vornehmen Rathsherrn/ sich in pension begeben/ und nicht allein die Italienische Sprache zu lernen angefangen/ sondern auch seine Studia, sonderlich was Statum Ecclesiæ & Reipublicæ in Helvetia belanget/ neben den Ritterlichen Exercitiis, mit allem Eifer continuiret. Inzwischen ist Er/ Zeit seines Anwesens/ von ein-und anderen vornehmen Herrn/ insonderheit von beyden Jungen H.H. Grafen von Dohna/ (dessen Fr. Baasen/ als des gewesenen H. Gouverneurs zu Orenge Fr. Gemahlinn/ Er den 9 Octobr. zu Capet heimgesuchet/) und von Uhlfeld/ auch von denen sämtlichen Predigern und Professoren/ sonderlich aber von Mr. Leger Predigern und Professorn daselbst/ welcher sich dreyzehen Jahr lang zu Constantinopel bey dem Holländischen Abgesandten/ als Hof-Prediger aufgehalten hatte/ und demnach von dem Zustand der Griechischen Kirchen/ auch des Patriarchen daselbst und der Bischoffe Leben und Wandel viel angenehme und merkwürdige Discursen führete/ besuchet worden.

ANNO 1650.

Des Hochfürstl. Prinz. Studia.

Die H.H. Grafen von Dohna und Uhlfeld.

Das

Das VI Capitel.
Reise nach Rom.

(1) Des Hochfürstlichen Prinzens Reise/ durch Savoye, (2) und Piemont, (3) nach Genua. (4) FortReise nach Pisa,(5)Fiorenza, (6) und Rom. (7) Anwesen daselbst. (8) Passirung der Weihnacht-Ferien/ und (9) Correspondenz mit dem Päpstlichen Hof. (10) Aemsigkeit/ des Prinzens. (11) Beschauung etlicher Solenniteten und (12) Denkwürdiger Sachen. (13) Religions-Conferenz mit den Röm. Catholischen. (14) Ferneres Divertissement zu Rom. (15) Passirung der Fastnacht-Zeit/ und (16)Abschieds-Verlauf.

1. Reise durch Savoye.

Abreise von Geneve. 27 Octobr. Junge H. Graf von Dohna reiset mit. D. Sale neufe. Remilly.

Nachdem vier Wochen verflossen/und das Wetter etwas gelinder/ auch zur Reise nach Italien bequemer worden/hat man zum Aufbruch alle nötige Anstalt gemacht: da dann dem Hochfürstlichen Prinzen/ erstlich der Magistrat zu Geneve, dann das Ministerium, und folgends die Professores aufgewartet/ und Ihme/ zu dieser vorhabenden beschwer-und gefährlichen Reise/ Gottes gnädige Begleitung und alles Glück gewünschet. Der Aufbruch geschahe den 27 Octobr. früh Morgens: da dann in des Hochfürstl. Prinzens Comitat, der Junge Herr Graf von Dohna, und sein Hofmeister Mr. Krunkow ein Pomerischer von Adel/sich begeben. Sie wurden/ von einer grossen Compagnie vornehmer Cavalliers, ein Stuck Wegs begleitet/blieben Mittags im Dorf Sale neufe, und kamen Abends in die Stadt Remilly. Von hier reiseten Sie den 28 diß fürter/ über

über Berg und Thal auf und nieder / wie es in der Musik gehet/ nach Aix, einem Städtlein / des Herzogen von Nemours, daselbst Sie die schöne Warme Bäder besahen. Der Abend lieferte Sie nach Chambery, der Haupt- und Parlement-Stadt des Herzogtums Savoye: da Sie dann / alsobald nach ihrer Ankunft / des Herzogens Residenz-Schloß / und die Franciscaner Kirche in der Stadt / besichtiget. Weil der Herzog nicht zur Stelle war / als setzten Sie folgenden Tags ihre Reise fort / und giengen 2 Meilen nach Montmelian: da Sie / nach eingenommenem Frühstück / die berühmte Vestung ob der Stadt beschauet / folgends noch bis in den Flecken Aiguebelle gelanget / und daselbst übernachtet. Den 30 diß / reiseten Sie Vormittags 4 Meilen / mittagten im Dorf la Chambre, nahmen das Nachtlager zu S. Jean de Morienne, und brachten folgenden Tags / S. Andre und Bramant, zurücke.

Als Sie den 1 Novembr. das hohe Gebirge Mont Senis (ist ein Horn von den Cottischen Alpen/) erreichet/ ließe der Hochfürstliche Prinz / sich und etliche seiner Bedienten / mit grosser Gefahr hinüber tragen / und blieben Sie über Nacht zu Nonvalese: alba Mr. Baron Truchsch von Waldburg in ihren Comitat sich begabe / entschlossen / die Reise nach Italien mit ihnen zu verrichten. Das Land Piemont, hat wohl den Namen mit der That / weil es recht ad pedes montium und zwischen den Bergen liget. Sie nahmen folgenden Tags ihren Weg nach Villiade, von dar Sie den 3 diß gegen Mittag zu Turino gesund und glücklich angelanget. Diese uralte Römer Stadt / von ihnen Augusta Taurinorum genannt / ligt an dem Po oder Pado, wo zu beyden Seiten die Wasser Doria und Stura darein schiessen / und also zwischen dreyen Flüssen: eine Siß Stadt / vorzeiten die Lombardischen Könige / iezt der Herzogen in Savoy und die Haupt Stadt in Piemont. Sie hat ein Erz Bistum / und eine Universitet / auch über 20 Kirchen / und sonst viel schöne Gebäude / welche der Hochfürstliche

Prinz

Reise durch Piemont.   VI Cap.

ANNO 1660
Piemont ist fruchtbar

Prinz Nachmittag besehen. Der Boden ist gar fruchtbar an Wein/ Obst und Getraide/ hier und im ganzen Lande/ wegen der Wässerung so ihme von den Alpen zufliesset/ dannenhero es auch

und Volkreich.

gar Volkreich und wohlbewohnt ist: um deß willen einer nit unrecht gesaget/ Piemont sey eine Stadt/ welche 300 (wälsche) Meilen im Umkreiß habe. Eine Viertel Meil von Turino ligt ein Berg am Po, voll Mayrhöfe/ LandWohnungen und fruchtbar-

Güldner Berg.
Thiergarten.

sten Gärten/ welchen man derentwegen den Güldnen Berg nennet. An dem Schloß/ hänget ein grosser Thiergarten/ von mehr als 5 oder 6 Meilen umzirket/ mit schönen Wäldlein/ Weihern und Brunnen anmutigst gezieret/ auch mit allerley Wild angefüllet.

Erste Druckerey in Italien.

Diese Stadt hat auch den Ruhm/ daß Sie unter allen Städten in Italien die erste Buchdruckerey angerichtet. Der Hochfürstliche Prinz hatte/ folgenden Tags gegen Abend/ wiewol incognito und unter dem Namen des Grafens von Plassenburg/ die Audienz

Audienz bey der alten Herzoginn/

bey Madame Royale der verwittibten Herzoginn von Savoy/ K. Heinrichs IV in Frankreich Fr. Tochter: da Er dann/ samt seiner Suite, den ganzen Savoyschen Hof/ in vielen Cavalliers und Dames bestehend/ angeschauet und von ihnen beschauet worden.

und den Herzogen.

Den 5 diß/ früh Morgens/ wurde von dem Herzogen H. CarlEmanuel der ganzen Suite die Audienz verstattet: da dann der H. Hofmeister Borke das Wort gethan/ und der Hochfürstliche Prinz ganz nit erkannt worden. Dieses Herzogtum Savoye,

Herzogtum Savoye.

vorzeiten das Land der Allobrogum, erstreckt sich zwischen Frankreich und den Alpen vom GenferSee bis an Provence, auch daselbst über das Gebirge durch Piedmont, bis an der Genueser Gebiete/ und hat 2 Millionen Einkommens. Es werden/ nur in Piedmont, auser den HauptStädten/ bey 250 Städte/ ferner 8 Bistümer/ 15 Marggrafschaften/ bey 50 Grafschaften und 20 Grosse Abteyen gezehlet. Der Herzog hat Anspruch zu den Königreichen Cypern und Jerusalem/ ist hochverwandt mit 8 Röm. Kaysern zu gleichen Hälfte in Orient und Occident, auch

sonst

VI Cap.   Reise nach Genua.   105

sonſt mit dem Erz-Hauß Oeſterreich/ (als beyder Kayſere Caro- ANNO 1660.
li V und Maximiliani II ietziger Tri-und AbNepos,) mit den
Königen in Frankreich/ Hiſpanien/ Engelland und Polen/ und
ſtammet von dem alten Chur-Hauſe Sachſen/ weil ſein Stamm-
Vatter Beroaldus Herz. Hugens in Sachſen Sohn geweſen.

  Sie kamen/ noch ſelbigen Abends/ biß nach Burry, und nah- 3. Reiſe nach
men/ am folgenden Morgen den 16 diß/ ihren Weg nach Aſte; Genua.
dahin Sie zeitlich eingelangten/und gegen Abend die Stadt be- Burry.
ſahen/ welche mit herrlichen Paläſten pranget/ auch mit fruchtba- Aſte.
rer Felderey/ ſchönen Hügeln und Luſtwäldern/ ſüßſpielenden klaren Brunnen und Bächen umgeben iſt. Alexandria, dahin Sie Alexandria.
den 7 diß gelangten/ auch die Kirchen und berühmte Veſtung daſelbſt beſahen/ hat den Namen von P. Alexandro III, unter welchem Sie erbauet worden. Sie gehört zum Herzogtum Mey-
land/ ligt beym Zuſammenfluß der Flüſſe Taner und Bormia, hat
ein Biſtum und eine luſtige Gegend. Dieſer Ort ſchickte Sie
den 8 diß/ zur Stadt Nove, den Genueſern zuſtändig/ dahin Sie Nove.
Mittags/ und Abends nach Ottavia, eingelangten. Allhier nah- Ottavia.
men Sie die Poſt/ und ritten folgendem frühem Morgens/ zwar
bey groſſem Sturmwind und unfreundlichem Regenwetter/ auch
auf einem böſen und gefährlichem Weg/ mit nicht geringer Be-
ſchwerung/ etliche Stunden. Sie fanden/ in einer ſchlechten Mit-
tag-Herberge/ nichts überall zum bäſten/ und muſte der Hochfürſt- Schmale Be-
liche Prinz/ ſamt dem ganzen Comitat, mit einem Pfund Rind- wirtung.
fleiſch/ ſo das ganze Tractament ware/ vor diſmal ſich behelfen
und für gut nehmen. Doch folgte/ auf dieſes Schmalmahl/ ein
etwas bäſſeres/ als Sie gegen Abend zu Genua angelangten. Ankunft zu Ge-
  Dieſe uralte Römer-Stadt/ iſt das Haubt von Liburnia, nua. 9 Nov.
ligt am Mittel Meer zwiſchen dem Einſchuß der beyden Flüſſe Bi-
ſogno und Bucefera. Sie umgreifet bey 6 wälſcher Meilen/ hat
ein Lager in Halb-Monds-Geſtalt/ und ein reines Pflaſter/ iſt mit

O   herr-

106   Reise nach Genua.   VI Cap.

ANNO 1660.
Genua, vorzeiten Janua. herrlichen Palästen prächtig gezieret. Vorzeiten hiesse sie Janua, als gleichsam die Meer Pforte nach Italien und Hispanien/ und aus diesen Ländern nach Frankreich und Teutschland. Ist ein freyer
Ist ein freyer Staat. Status Aristo-Democraticus, wird von einem Herzogen und denen ihm zu-erwehlten Acht-Herren / Acht Procuratoren und 5 Syndicis regirt/ welche in gemein la Signoria genennt / aber alle
Dessen Gebiete. zwey Jahre abgewechselt werden. Sie hat unter sich 9 Städte/ darunter Savona und Sarzuna die vornemsten/ auch die beyde Inseln/ Corsica vorzeiten ein Königreich/ und Caprara, und erhebet järlich 500000 Ducaten Einkommens. Auf einem Thurn des
Latern-Thurn. Bergs über dem Port/ allwo vorzeiten ein fästes Schloß gestanden/ hänget eine Latern/ darinn man bey Nacht/ vor die Meerfahrenden/ Liechter anzündet: Sie ist so groß/ daß 40 Mann darinn stehen können. Sie ist berühmt von ihrem Sohn Christophoro Columbo, welcher zu Erfindung des Vierten WeltTheils die Bahn über Meer gewiesen. Sie hat auch ein Erzbistum/ und zehlet 32 Pfarren. Der Hochfürstliche Prinz besahe / den 10 diß/ das Rathaus/ welches von 500 Teutschen Soldaten bewachet wird/ das Zeughaus/ und andere fürtreffliche Gebäude; ferner gegen Abend/ das Kloster der PP. Theatinorum, welches das erste war/ so Er von diesem Orden auf der ganzen Reise angetroffen; wiederüm den 11 diß/ die Kirchen und den herrlichen Palast des Prencipe d'Oria, aus welcher/ gleichwie auch aus des Prinzen von Massa familie, weil Sie des Königs in Hispanien Lehenleute sind / nie keine Person in den Raht pflegt gewehlt zu werden.

4. Fort Reise nach Pisa.
H. Baron von Räcknitz reiset mit.
P. Fino. Gegen Mittag/ begabe sich der Hochfürstl. Prinz mit denen bey sich habenden/ worunter auch H. Baron Christoff von Räcknitz und dessen Hofmeister sich befunden / zu Schiffe: vorhabens und in Meinung/ seine Reise nach Livorno über Meer etwas bequemer anzustellen. Sie kamen selbigen Abend nach Porto Fino, und giengen nach Mitternacht wieder unter Segel: musten aber/ bey anbrechendem

VI Cap.   Jhre Reise nach Pisa.   107

brechendem Tag/ weil das Meer sich schwelte und einen Sturm ANNO 1660.
drohete/ auch der Hochfürstliche Prinz sich sehr übel auf befande/
sich wieder zu Land begaben/ und blieben den 12 diß im Dorf Ma- D. Materana.
terana. Allhier brachten Sie/ mit Mühe und grossem Kosten/ die
zur Reise benötigte Maulthiere zusammen/ und giengen also folgenden Tags über den Apenninum, das hohe durch ganz Italien Gefährliche Reise
sich streckende Gebirge. Diß geschahe/ mit gröster und augen- über den Apen-
scheinlicher Leibs-und Lebensgefahr: dannenhero ein ieder vom ninum.
Comitat, seiner eignen Gefahr vergessend/ nur vor den Hochfürstlichen Prinzen sorgete. Gleichwol wurde/ durch Göttliche
Gnadverleihung/ die vor Augen schwebende grosse Gefahr glücklich überstanden/ auch das Gebirge ohne Nachteil überstiegen/ und
Abends der Flecken Borgetto erreichet. Der 14 diß/ brachte Borgetto.
Sie nach Sazana oder Sarellana, einer MeerStadt Genueser Sarzana.
Gebiets: alda der Wirt/ ein Ausbund von bösen Buben/ ihm eine Boshaftiger
einige Schüssel Salats mit vielen Thalern bezahlen liesse/ und noch Wirt.
darzu viel bedrohliche Worte ausgestossen/ also daß man froh war/
nachdem man seiner ledig worden.

   Mit dem Abend kamen Sie nach Massa, allwo Sie mit an- Massa.
dern Maulthieren sich versehen musten: und ist diese Stadt/ das
Hoflager des Fürsten von Massa, (der damals auf der Jagt abwesend ware/) auch sonst samt dem Schlosse/ sehr wohl situirt und
erbauet/ welche Sie folgenden Morgens besehen/ und darauf also
fort nach Luca verreiset. Diese uralte Römer-Stadt/ ligt am Luca.
Fluß Serchio; ist gleichfalls ein freyer Staat/ und wird von den
Edlen regirt. Sie hat ein Bistum/ auch 110000 Ducaten Ein-
kommens/ und zeiget/ in der HauptKirche zum H. Creutz/ ein
Crucifix, dessen Bilde ein gestickter Schuh einmals ausgezogen
worden/ und/ wie Sie vorgeben/ nicht kan wieder angezogen werden. Dieses/ samt der Kirche/ dem JungfrauenKloster/ dem Palast des Gonfaloniere oder Staats-Obristen/ und was sonst daselb-
sten sehwürdig/ beschauete der Hochfürstliche Prinz selbigen Abend
O 2   und

Fort Reise nach Florenz. VI Cap.

ANNO 1660.
Ankunft zu Pisa.
16 Novembr.

und folgenden Morgens: worauf Er seine Reise nach Pisa fortgestellet. Diese Stadt/ am Fl. Arno nahe bey dessen Meer Einschuß ligend/ ist eine der ältsten in Hetruria, und ware vorzeiten ein freyer Staat/ hatte auch die Insel Sardinia unter ihrer Gebietschaft: ist aber/ von A. 1494/ der Stadt Florenz und ihrem Groß-Herzog unterworfen. Sie hat eine Hoh-Schul / ein Erz-Bistum/ und eine herrliche Dom-Kirche von lauter Marmel/ mit 80 Seulen und mit Ehrnen Thüren/ in welcher Kays. Heinricus VII begraben liget. Sie besahen/ straks nach der Ankunft/ diese Kirche und Begräbnis/ wie auch den nahe darbey stehenden Gebück-

Gebückter Thurn.
Heiliges Land.

ten Thurn/ und den Gottsacker / welchen man das Heilige Land nennet/ mit vorgeben / es sey dessen Erde aus Palæstina dahin gebracht worden.

5. Fort Reise nach Florenz.
Livorno.

Von hinnen reiseten Sie/ mit Aufgang der Sonne den 17 diß/ nach dem berühmten Port Livorno, dem Groß-Herzogen zugehörig: welchen Sie besichtigten / auch in etliche aus Egypten und von andern Orten neu-angekommene sehr grosse Schiffe stiegen/ alda Sie von den gefangenen Türken und Mohren mit einer Schalmeyen-Musik beneventirt worden. Als Sie Nachmittag auch die Besatzung selbiger Vestung exerciren gesehen/ giengen Sie wieder zurück nach Pisa, alda Sie mit spatem Abend

Pisa.

angelanget. Den 18 diß/ besahen Sie daselbst die Wasserkunst/ die herrliche Palatia des Groß-Herzogens und der Rittere des Ordens S. Stephani, den schönen Hortum Medicum und die darangebaute

Raritet Kamer.

Raritet-Kammer: in welcher / unter andern curiosen Sachen/ ein Kind mit zweyen Köpfen zu sehen war / und Ihren eine Tafel mit Confect, worbey es sonderbare Belustigung abgabe/ præsentirt worden. Nachmittag reiseten Sie fürter 20 Meilen auf la Scala, welches eine offenbare Herberg an der Strassen

la Scala.
Ankunft zu Florenza.
18 Novembr.

ist: von dar Sie/ noch bey guter Zeit/ in Florenz angelanget.

Diese Stadt/ schon zu Zeiten der Römer das Haupt von Hetruria, ligt zu beyden Seiten des Flusses Arno, und werden beyde Ufere

VI Cap. Fort Reise nach Florenz.

ANNO 1660.

Ufere mit 4 schönen Brücken zusammengehängt. Sie heist Florentia und Fiorenza, als die Blume von Italien / und ingemein/ unter andern Wälschen Städten/ Fiorenza la bella, das Schöne Florenz. Sie ist auch noch heute/das Haupt von Toscana, und die SitzStadt des Groß-Herzogens; welcher in Italien der gröste und reichste Fürst ist / und werden seine Einkommen auf 150000 Ducaten berechnet. Ihm sind unterworfen / die drey vordessen-freye Staate Fiorenza, Pisa und Siena: auser welchen dreyen diß Groß-Herzogtum viel Städte / 42 Vestungen/ und 17 Bistümer zehlet/und in die Länge auf 200/ in die Breite aber auf 50 wälsche Meilen sich erstrecket. Er wäre Großmächtig/ wann ihme Hispanien die Meerhäfen Telamone, P. Hercole, Orbetello und Piombino überliesse. Cosmus, der den Ritter-Orden S. Stephani gestiftet/ ist A. 1559 vom Papst zum Groß-Herzogen gemacht. Man zehlt aber / in der Stadt Fiorenza Umkreiß von 6 wälschen Meilen/ über 90000 Inwohner / 44 Pfarren/ 76 Klöster/ 37 Spitäle/ viel Kirchen und Paläste. Die HauptKirche S. Mariæ Floridæ, in Toscana eine von dreyen Schönsten/ ist ganz von weissem/schwarzem und rohtem Marmel ausgeführet. Die Toscanische Sprache/in Italien die bäste/wird allhier gar zierlich geredet / auch das Latein zur Aufname gefördert: wie dann/neben der Universitet/viele Academien und Gelehrte Gesellschaften sich daselbst befinden. Die Stadt hat auch ein Erz-Bistum/deme 23 andere Bistümer untergeben sind. Ihre Söhne sind/ nächst anderen berühmten Leuten / der Poet Dantes Aligerus, und der Seefahrer Americus Vesputius, von welchem das vierte durch ihn meist erfundene Welttheil den Namen America behalten. Americus, ist das Teutsche Wort Emerich: hat also die andere und halbe Welt einen Teutschen Namen. Sie ist/ mit den schönsten Gärten und Lusthäusern/rings umgeben/und lige in einer fruchtbaren Gegend.

O 3   Nach-

110   FortReise nach Rom.   VI Cap.

ANNO 1669.

Roß Ballet des Groß Prinzens.

Der GroßHerzogliche Schatz. Grosse Perle.

Nachdem der Hochfürstliche Prinz allhier einen Tag ausgeruhet/ besahe Er/ den 20 diß/ die schöne Gärten des GroßHerzogens und die Reit-Schule: allwo Er/ den GroßPrinzen selber/ mit dem zu bevorstehendem seinem Beylager angestellten Roß-Ballet, sich exerciren fande. Nachmittag wurde der überaus-kostbare Groß-Herzogliche Schatz/ in demselben unter andern Seltenheiten eine Perle so groß als ein TaubenEy/ ein Bildnis aus einem Türkis geschnitten/ und insonderheit der eiserne Nagel/ dessen hälfte der Teutsche Chymist Leonhard Thurneiser in Gold verwandelt/ mit verwunderung beschauet. Den 21 Nachmittag/ giengen Sie/ die Kirchen zu besichtigen: Da Sie den Groß-Herzog Ferdinandum II. den GroßPrinzen Cosmum III. und des Groß-Herzogens H. Brudern Prencipe Matthia, zu sehen bekommen. Den 22 diß Vormittags/ sahen Sie wiederumb/ auf der ReitSchule/ das Roß-Ballet exerciren/ und des Groß-Herzogens trefliche Pferde aufführen/ unter denen ein gar grosses ware/ so man das Trojanische Pferd nennte. Von dannen giengen Sie auf die Bibliothek/ und Nachmittag erlustigten Sie sich vor der Stadt in des Groß-Herzogens Sommerhäusern. Alle dieser GroßFürstlichen Residenz rariteten zu beschreiben/ würde diß Orts zu lange fallen/ und hat man deren sich anderswo zu erholen.

FortReise nach Rom.

Tavernelle, Siena. 23 Octobr.

Als Sie/ den 23 diß Nachmittag/ noch eine mit schönen Gemälden gezierte Capelle/ welche ein Marggraf von Brandenburg soll gestifftet haben/ beschauet/ setzten Sie ihre Reise fort/ und kamen/ über Tavernelle, den 24 diß/ nach Siena. Diese Stadt ist so Uralt/ daß man ihren Anfang nirgend lieset. Sie hat ein Erzbistum/ eine Universitet/ gesunde Luft/ eine anmutige Gegend/ das schönste und viel gelehrtes Weibsvolk/ und redet die Sprache am zierlichsten: Dannenhero die Teutschen allhier sich gern aufhalten. Die Haupt-Kirche zu Unser Frauen/ ist eine von den schönsten in Europa: Worbey ein reicher Spital/ bey

sooo

VI Cap.   Fort Reise nach Rom.   111

80000 Ducaten Einkommen haben soll. Sie ward von Pabst ANNO 1668.
Pio II. ihrem Patrioten/ sonsten Ænea Sylvio Piccolominæo, zu
grosser Aufname befördert. Sie ware/ vor Alters ein freyer
Staat / aber von A. 1557 dem Groß Herzogen unterworffen.
Nachdem der Hochfürstliche Printz etliche Kirchen/ insonderheit
die Teutsche/ und einige Palatia allhier besehen/ auch den folgenden
Vormittag auf der Reit Schule paßiret/ gienge Er Nachmittag
biß Torraniere, und den 26 diß/ über Radicofano, eine Berg Ve=   Torraniere.
stung/ nach Aquapendente, welches dem Pabst zugehöret. Den   Radicofano.
27 diß reisseten Sie fürter/ bey starkem Regenwetter/ nach Mon-   Aquapendente.
tefiascone, in Latein Mons Faliscus genannt/ einer Stadt an ei-   Montefiascone.
nem schönen Weingebürge gelegen/ allwo der bäste Muscateller
wächset. Sie ist Uralt/ und berühmt von der Belägerung des
Edlen Römers Camilli, der den ungetreuen Schulmeister durch
die Bürger Knaben/ die er ihme verrahten wollen/ mit Ruten in
die Stadt zurücke stäupen lassen. Sie kosteten besagten guten
Muscateller unterwegs bey dem grossen Wirtshaus/ der daselbst   Muscateller.
mit den angeschriebenen Worten Est Est ausgeruffen wird; in wel-   Wirtshaus.
chem einsmals ein Priester sich zu todt getrunken/ und derentwegen   Est Est.
sein Knecht ihm diese Worte auf sein Grab geschrieben:

     Propter Est Est, Dominus meus mortuus est.

Nachmittag giengen Sie bis Viterbo, welche Bischöfliche   Viterbo.
Stadt der gelehrte Fabelhanns Johannes Annius mehr bekandt
als berühmt gemacht. Folgenden Tags/ ward die Reise bis nach
Ronciglione fortgesetzet: von dar Sie/ den 29 diß/ sich gar früh   Ronciglione.
aufgemacht/ und nach Rom noch einen starken Weg vor sich genommen. Unferne von Rom/ sahen Sie neben der Strasse/ ein
grosses erhabnes steinernes Grab stehen/ fanden daran allerhand   Grabmal Kays.
Figuren und eine Inscription: welche man aber/ theils wegen des   Neronis.
Stucks so davon gebrochen war / theils weil etliche Buchstaben
gantz verzogen/ nicht lesen konde. Es wird in gemein/ vor Kays.
Neronis Begräbnis gehalten. Die Ankunft in ROM ge-   Ankunft zu
                                    schahe Rom, 29 Nov.

Anwesen zu Rom. VI Cap.

ANNO 1660.

Ruhm der Stadt Rom.

schaffe bey hohem Mittag / da sie im Gasthaus all' orso, in der Strasse dieses Namens/ die Einkehr genommen/ und in selbigem neben andern Fremden/ Mr. Blume Chur Mainzischen Raht und Amtmann angetroffen. Dieser Stadt Beschreibung / läst sich diß Orts nicht mit etlichen Blättern fassen / wovon gantze Bücher sich müde reden. Der ist ein Kind in Historien / der nit weiß / daß Rom ein Ruhm des ganzen Erdkreises ist/ daß sie/ welches sonst von keiner Stadt kan gesagt werden/ bey dritthalb-tausend Jahre alt ist; daß Rom von der Welt/ und ihre Tiber von dem grossen Ocean, angebetet werde; daß sie das Haupt/ vorzeiten der Welt/ und iezt der Christenheit heisse; daß/ die lezte und längste Kayserliche Monarchie, von ihr den Ursprung und Namen habe; daß Sie eine SitzStadt / gleichwie vorzeiten des Kaysers und höchsten Welt-Hauptes/ also heut zu Tag des Obersten Bischofs und Haubts der Röm. Catholischen Christenheit seye. Sie ist/ nach Bucholzeri Rechnung / im Jahr der Welt 3220/ (andere machen Sie 22 Jahre älter /) von Romulo und Remo, nachdem Sie lang vorher ein Dorf gewesen / achthalb hundert Jahre vor Christi Geburt/ erbauet/ nach und nach erweitert / und von den Teutschen achtmal/ nämlich von Brenno, Alarico, Genserico, Ricimern/ Odoacro, Totilâ und Kayf. Caroli V Völkern/ eingenommen worden.

Das Kirch-Gebiete.

Nur von des Pabsts Gebiete oder dem Stato della Chiesa noch etwas zu sagen / so bestehet dasselbe in etlichen Provinzen. Die Erste ist der Stadt Rom/ in welcher immer bey 300000 Personen/ zwar meist Fremde/ sich befinden: deren Zugehör das alte Latium ist/und auch in Hetrurien sich hinein erstrecket / und gegen Florenz das Patrimonium Petri, gegen Neapoli aber Campania di Roma genennt wird. Die zweyte Provinz ist Umbria, begreift die Herzogtümer Spoleto und Urbino, und die Mark Ancona. Dieser folget die Romaney/ vorzeiten Flaminia und theils Æmilia genannt/ deren vornemste Städte sind Ferrara, Comachio,

chio, Ravenna, Imola, Forli, Faënza, Rimini und Cesena. Uber ANNO 1660.
dieſe/ hat der Papſt Bologna , das Herzogtum Benevent im Königreich Neapoli, und die Graffſchaft Avignon an der Franzöſiſchen Gränze. Sein Einkommen aus dieſen Landen/ wird auf
180000 Cronen/das Geiſtliche aber wenigſt auf anderthalb Mil-
lionen/geſchätzet. Dieſe Länder regiret Er/auſer Rom/durch Le-
gaten/welche gemeinlich vornehme Cardinäle ſind. Die Stadt/
ſo bey 14 wälſche Meilen umgreifet/hat 23 Thore/ 309 Mauer-
Thürne/ 6 ſteinerne Brücken über die Tyber/ 11 Berge/über 300
Kirchen/ 15 Spitäle/ 27 Gottsläger/ 7 vornehme Bibliotheken/
viel Paläſte/ auch eine Unzahl von Antiquiteten und andern Seltenheiten : wovon/ wie vor erwehnt / ganze Bücher am Tag
ligen.

  Zu dem Hochfürſtlichen Prinzen kame/ folgenden Tags/ 7. Anweſen
Signor Bertolani, ein ſittſamer und tugendhafter Mann/ Ihn zu zu Rom.
erſuchen/ und führte Ihn/neben dem Herrn Hofmeiſter / in S.
Peters Kirche: von welcher man ſaget/ daß Sie/ wegen Schönheit S.Peters Kirche
ein Engliſches/und wegen Gröſſe ein Werk der Riſen ſey. Nach
deren Beſichtigung/ haben Sie Nachmittag bey denen Jeſuiten
einer Muſik zugehöret. Den 1 Decembr. St. N. beſahen Sie
Nachmittag das Pantheon, ietzt die allen Heiligen gewidmete Kir- Pantheon.
che/ la rotonda genannt : von dar Sie nach dem Campidoglio
oder Capitolio ſich begaben / und beym Eingang die von Kunſt- Capitolium.
Zier berühmſte Ehrne Statuam Equeſtrem Kayſ. Marc. Aurelii
bewunderten. In einem kleinen Hofe des Palaſtes zur Rechten/
ſahen Sie viel ſchöne Antiquiteten/ und unter andern den Kopf/
die Beine und andere Stücke von der Statur eines Riſens. Auf
dem Saal ſtehen unterſchiedliche Päpſte in Lebens Gröſſe / und
eine Inſcription der Königinn Chriſtinæ in Sueden zu Ehren
verfärtigt. Gegenüber iſt das Palatium, darinn die HH. Con- Rathaus,
ſervatoren oder Conſules ihre Seſſiones halten : und wird / in ſelbigem Gemach/ das Ehrne Bild der Wölfinn/ ſo die zween Brü-

P   der

114 Anwesen zu Rom. VI Cap.

ANNO 1660.

Kirche Ara Cœli.

Amphitheatrum Titi Vespasiani.

Kirche zu S. Johann von Lateran.

der Romulum und Remum säuget/ und am linken hintern Fuß vom Donner gerühret worden/verwahret. In den andern Cammern/ wurden Jhnen unterschiedliche Statuen, insonderheit der Kayserinn Agrippinæ, der Seugamme Neronis, Ciceronis und Virgilii, gezeiget. In der Mitte dieses Palasts ist ein grosser Saal/worinn die Judicia publica gehalten werden. Hart daran stehet das Franciscaner-Kloster und Kirche/Ara Cœli genannt/ allwo Kayf. Augustus, als ihm das Delfische Orakel die Geburt eines Ebräischen Knabens/der GOttes Sohn sey/verkündet/demselben einen Altar bauen und darauf schreiben lassen:

ARA PRIMOGENITI DEI.

Man kan/von dem Thurn daselbst/ die ganze Stadt überschauen. Im wieder-herabgehen/ wurde Jhnen Lapis Fl. Vespasiani gezeiget/ einer von denen/womit man/ nach altem Römer-Sitt / die Meilen gezeichnet: ist eine Pyramide, auf welcher zu oberst eine Kugel stehet.

Ferner den 2 diß Nachmittag besahen Sie das Amphitheatrum oder runde Schauhaus Kayf. Titi Vespasiani, welches groß und schön gewesen: sollen 30000 Christen 11 Jahre lang daran gebauet haben/die man hernach darinn mit wilden Thieren zu todt gehetzet. Von hier kamen Sie zur Kirche S. Johannis om Lateran, so die erste und vornemste in Rom und die rechte Römische Bistums-Kirche ist. Der angehängte Palast ward vor uralters von einem Edlen Römer erbauet/auch nachgehends von den Röm. Kaysern bewohnt: dannenhero/die Kayserliche HofPfalzgrafen/ annoch S. Palatii Lateranensis Comites genennt werden. Sie besahen daselbst/die Capelle/ in welcher Kayf. Constantinus M. von P. Sylvestro soll getaufet worden seyn. Die Kirche ist Creutzweis gebauet/und hat in der Mitte einen erhabenen Altar/in welchem der H. Apostel Petri und Pauli Häupter / die Cörper aber in der Peters Kirche/ sollen aufbehalten ligen. Folgends betratten Sie die Kirche Maria Maggiore, welche wohl zu sehen/und eine von den

die

VI Cap.   Anweſen zu Rom.   115

vier vornemſten iſt. Dieſen Abend kame H. Herzogs von Hol- | ANNO 1660.
ſtein-Nordburg Chriſtian-Auguſti Fürſtl. Gd. in Rom an/ und | H. Herzog zu
nahme die Einkehr all' orſo: dem der Hochfürſtliche Prinz alſobald | Holſtein Nord-
die Viſite gab/ und wegen der Ankunft gratulirte. Den 3 diß | burg Chriſtian-
Nachmittag/beſpazirten Sie den S. Peters-Platz/und beſahen nicht | Auguſtus.
allein das herrliche Gebäude der Kirche / ſondern auch den neuen
ſtattlichen Bau des damaligen Papſts Alexandri VII, daran dann
täglich ſtark gearbeitet wurde.

Es ware inzwiſchen/ vor den Hochfürſtlichen Prinzen / ein
Haus alla ſtrada del corſo, gegen des Papſts H. Bruders Don | Sein Loge-
Mario Palaſt über/in welchem zuvor der Königl. Polniſche Reſi- | ment.
dent gewohnt hatte/ gemietet worden. Dieſes bezoge Er / den
4 diß/und paſſirte den Nachmittag mit Brief-ſchreiben / auf die
Poſt nach Teutſchland. Folgenden Tags ward Er / von dem
Interprete Nationis Germanicæ, in die Päpſtliche Capelle an einen bequemen Ort geführet: da Er ein officium ſolenne, welches der Papſt in Perſon mit 40 Cardinälen gehalten/ mit angeſehen. Den 6 diß früh Morgens/ fuhre Er auf den Monte Cavallo, ſonſt Quirinalis genannt: alda der Papſt/mit den Cardinälen/
ein Conſiſtorium publicum gehalten. Den 7 diß wurden/in der
Kirche delle Catenari, dem Cardinal Franceſco Coſtaguti, ei- | Eines Cardi-
nem Genueſer/ die Exequien gehalten/worbey alle Cardinäle/ſo in | nals Todtenbe-
Rom ſich befunden/gegenwärtig waren: welche Ceremonien/ der | gängnis.
Hochfürſtliche Prinz mit ſonderbarem Vergnügen an-und in folgenden Tagen etliche Kirchen beſehen. Den 13 diß/nach gehaltener Mittag Malzeit/kame des H. Herzogs von Holſtein Fürſtl.
Gd. mit denen bey ſich habenden/ Ihn zu beſuchen: worauf Sie in
die Kirchen S. Lucia und all' Apollinari, und letzlich alla Chieſa
nuova, die treffliche Muſik daſelbſt anzuhören/ausgefahren/ un an
dieſem letzten Ort ſich bis 8 Uhr Abends aufgehalten. Die folgenden Tage/ haben Sie/ mit Studiren und andern Exercitien/
P 2   meiſt

meist passiret; und den 23 diß Nachmittag/ im Ballhause sich zu divertiren gesuchet.

s. Passirung der Weihnacht Ferien.

Am Morgen den 24 diß/ als am Heil. Christabend/ kame ein Bedienter vom Papst/ namens Don Friderico ein Dennemärker/ und erbote sich gegen dem Hochfürstlichen Prinzen/ demselben bedient zu seyn/ damit Sie die Ceremonien/ so auf den Abend gehalten werden solten/ bequemlich anschauen möchten. Nachmittag kehrte Er wieder/ mit zweyen Kutschen vom H. Cardinal Patron, der die eine vor den Hochfürstl. Prinzen und die Seinen/ die andere vor den H. Herzogen von Holstein/ abgeschicket. Als Sie in *In des Papstes Palast.* des Papsts Palast angelanget/ wurden Sie neben den Ihrigen in ein Gemach geführet/ in welchem 12 Cardinäle einer übertrefflichen *ChristNacht Sper.* Musik zuhörten/ die bey einer guten Stunde und drüber gewähret. Beyde Fürsten/ die sich vor Teutsche Grafen ausgaben/ (wiewol man bey Hof wuste/ wer Sie wären/) wurden also gestel- *Der Prinz wird vom Päpstl. Hof bedient.* let/ daß alle Cardinäle Sie im Gesicht behielten. Nach geendigter Musik/ begaben sich die Cardinäle in einen grossen Saal/ allwo Sie zusammen sassen und Tafel hielten. Man machte allemal sonderbaren Platz/ damit beyde Fürsten alles wol zu Gesicht bringen möchten: wie dann auch zween Schweitzer-Trabanten bestellt waren/ welche bey solchem Gedränge auf Sie acht haben und Ihnen dienen solten. Als die Cardinäle von der Tafel aufgestanden/ und man nach der Capelle sich begabe/ wurden beyde Fürsten unterwegs auf einem Saal/ von des Pabsts Obristem *Boncompagno, ErzBischof zu Bologna.* Hofmeister Don Boncompagno, des Duca de Sora Sohn/ ErzBischofen zu Bologna, einem sehr freundlichen und höflichem Herrn/ complimentiret. In der Capelle hörten Sie wieder eine stattliche Musik/ alda ieder von den 12 Cardinälen eine Lection verrichtete. Der Papst/ so sonsten/ in der ChristNacht/ in dieser *Der Papst erkrankt am Podagra.* Capelle die Messe zu lesen pfleget/ hatte eben selbigen Morgen das Podagra zum ersten mal bekommen: dannenhero Er/ diesem und den folgenden Handlungen/ nit beywohnen können. Als beyde

Fürsten/

VI Cap.   Paßirung der Weihnacht-Ferien.

Fürsten/ bey einer guten halben Stunde/ sich daselbst aufgehalten/ kame des Papsts Obrister Stallmeister/ und führte Sie neben den Ihrigen in ein Gemach: alda Sie sehr kostbar und aufs Prächtigste tractiret/ auch folgends um Mitternacht/ auf des Cardinals Kutschen/ in Begleitung vieler Dienere/ nach Haus gebracht worden.

ANNO 1650.
Der Prinz/ wird zu Hof tractiret;

Am folgenden ChristFest/ haben Sie abermals alla Chiesa nuova eine treffliche Musik angehöret. Früh Morgens den 26 diß/ kame Don Friderico, und berichtete/ wie daß S. Eminenz der H. Cardinal Nepote Flavio Chisi Nachmittag eine Jagt anzustellen gesonnen wäre/ und ihm sehr angenehm seyn würde/ wann Sie dieser Lust auch beywohnen wolten. Diesem zu Folg/ begabe sich der Hochfürstliche Prinz/ nach der MittagMalzeit/ in des Prinzens Borgese Thiergarten: allwo Er von dem Herrn Cardinal, wie auch von Don Augustino, dem Prinzen Borgese und Marchese Sacchetti, sehr höflich empfangen worden. Bald darauf/ kame auch der Herr Herzog von Holstein: da dann der Herr Cardinal/ beyde Fürsten und ihre Bediente/ aus seinem Marstall mit Pferden versehen lassen. In dieser Jagt/ wurden drey Wild-Schweine gefangen: von welchen/ der OberHofmeister des Papsts/ folgenden Tags in der Frühe/ iedem Fürsten eines eingesendet. Den 27 diß/ ward in der Kirche dei Marrani, nach Gebrauch der Griechischen Kirche/ von Sechs Arabern in ihrer Sprache Messe gehalten: Das dann beyde Fürsten/ als etwas seltenes/ mit angesehen. Hierauf wurde Ihnen daselbst/ von einem Padre della Società di Giesu, ein Gemälde Johannis des Täufers gezeiget/ welches hoch æstimiret wird. Nachmittag fuhren Sie nach der Lateranischen Kirche/ alda die Cardinäle der Vesper beywohneten/ und die Häupter Petri und Pauli dem Volk gezeiget wurden: worauf Sie fürter/ alla Chiesa nuova, zur Musik gefahren.

Zu einer Jagt invitiret 26 Decembr.

und mit dem Gesänge verehret.

Griechische Sprache.

P 3   Der

118 Correspondenz mit dem päpstlichen Hof. VI Cap.

ANNO 1660.

Der Hochfürstliche Prinz tractirte/ den 28 diß zu Mittag/ obbenannten Signor Bertolani, welcher Ihm bis dahin viel gute Dienste erwiesen hatte/ und fuhre Abends in die Kirche all' Jnglese, von dar fürter alla Chiesa nuova, die Music zu hören/ alda Sie von denen Patribus Oratorii empfangen und piaciret worden. Den

Jacobus Ninius, Päbstl. Obr. Cammerer.

29 diß Nachmittag/ besuchte Er Monsignor Nini, Maestro di Camera del Papa und Maggior domo del Cardinal Padrone, ietzo Cardinaln: von deme Er mit grosser Höflichkeit empfangen/ und bey einer guten halben Stunde mit allerhand Discursen unterhalten wurde. Den 30 diß kame des H. Marggrafen von Baden-Durlach Gustavi Adolphi, des regirenden Herrn Marg-

H. Mgr. Gustav-Adolf von Baden-Durlach.

grafens H. Bruder Fürstl. Gd. (welcher vor etlichen Tagen/ unter dem Namen des Barons von Eberstein/ von Straßburg aus/ mit einem Edelmann zu Rom angelanget/) den Hochfürstlichen Prinzen zu ersuchen: der dann bey einer Stunde lang sich aufgehalten/ und noch selbigen Tags/ nach der Malzeit/ die Gegen-Visita empfangen. Der Hochfürstliche Prinz hat hierauf/ in der Jesuiter Kirche/ der Music bis Abends zugehöret / und damit das Jahr beschlossen/ welches Er zu Angiers in Frankreich angefangen hatte.

9. Des Prinzens fernere Correspondenz mit dem Päpstlichen Hof.

Am NeuJahrs-Tag des 1661 Jahrs/ fuhre der Hochfürstliche Prinz wiederum nach besagter Kirche/ die Music anzuhören: da Er/ von dem H. Cardinal de la Santa Croce, welcher neben Ihm sasse/ mit vielen Moral- und Staats-Discursen entreteniret worden. Von dannen begabe Er sich / in compagnia vorhochgedachten H. Herzogs von Hollstein/ alla Chiesa nuova, allwo Sie eine kurze Predigt in Italiänischer Sprache angehöret / und bis 8 Uhr Abends verblieben. Den 2 diß Nachmittag/ wurde in der Kirche S. Maria Sopra la Minerva, welche dem Orden der Domi-

Franc. Josephus Burri, wird in effigie verbrennt. 2 Januar.

nicaner zustehet/ Franciscus Josephus Burri ein Milaneser / weil er (wie man vorgabe/ gleichwol darneben ihn vieler anderer Bossheiten beschuldigte/) vor Christum sich ausgegeben/ von der Inquisition,

VI Cap. Correspondenz mit dem päpstlichen Hof.

ANNO 1661.

quiſition/ mit groſſer Solennität/ da die Schranken in der Kirche mit vielen geharniſchten Schweitzern beſetzet/ ingleichen die Kirche von auſſen mit einer ſtarken Wacht beleget war/ gegenwarts der Cardinäle/ in Effigie zum Feuer/ auch ſeine Apoſtel und adhærenten/ welche theils in Perſon vorgeſtellet/ zur ewigen Gefängniß/ und etliche auf 5 Jahre lang zur Galere, verbannet: Welche Handlung ſie auch mit angeſehen.

Am Abend/ ließe Monſignor Nini den HochFürſtlichen Printzen/ durch Don Friderico, zu einer Jagt/ welche folgenden Tags ſolte gehalten werden/ einladen: Da Er dann früh vor Tags/ von des Herrn Hertzogs in Holſtein Fürſtl. Gd. und des Papſts Obriſten Stallmeiſter/ abgeholet/ und Ihme hierzu/ von den H. Cardinal Patron, 2 Kutſchen mit 6 Pferden geſendet worden. Nach endung dieſer Jagt/ in welcher viele wild Schweine und etliche Rehe gefangen worden/ hat Sie der H. Cardinal, in einem Hauſe 8 Meilen von Rom gelegen/ aufs ſtattlichſte tractiret: Worbey letzlich auch/ durch des Prencipe Borgeſe anführung/ vor Hocherwähnten H. Marggrafens von Baden-Durlach Fürſtl. Gd. ſich eingefunden. Der Cardinal careſirte den HochFürſtl. Printzen vor allen andern/ und ließe ihm ſehr angelegen ſeyn/ demſelben ſonderbare Ehre zu erzügen: Bis Sie/ gegen Abend/ in Rom glüklich wieder angelanget. Den 4 diß Nachmittag/ ſtiege Er mit ſeinen Bedienten auf den Thurn der Peters Kirche/ überſchauete von dar die Stadt/ und beſahe die unvergleichliche Structur der Kirche: Wie Er dann/ weil es ohne Gefahr geſchehen konde / mit eilf Perſonen in den oberſten Knopf des Thurns geſtiegen. Den 5 diß Nachmittag/ fuhren Sie alla Maria Maggiore, und beſahen folgends den Garten/ welchen P. Sixtus V. mit herrlichen Luſt-Häuſern und ſchönen Waſſer-Künſten erbauen laſſen; auch die nahe darbey gelegene Thermas Kayſ. Diocletiani, woſelbſt anjetzo die Cartheuſer ihr Kloſter und eine feine Kirche haben

Der Printz wird widerum zur Jagt invitiret. 3. Jan.

S. Peters Kirch Thurn.

Thermæ Diocletiani.

Folgenden

ANNO 1660.

Griechischer Gottesdienst.

H. Wilhelm von Fürstenberg/ Päpstl. geheimer Cammerer.

H. Obrister Cappel.

Visite beym Cardinal Patron.

10. Des Prinzens Aemsigkeit. Er schreibt einen gelehrten Discurs.

Feuer Geister seyen nicht.

Folgenden Tags üm 10 Uhr/ wurden/ von den Griechen/ nach ihrer Gewonheit/ die Sacra celebrirt, in der Kirche alla Piazza di Spagna: welche Ceremonien der HochFürstliche Prinz mit Vergnügung angesehen / und hiervon Anlaß genommen/ vom H. Inspectorn, de moderno Statu Ecclesiæ Græcæ ejusdemque dissensu ab Ecclesiâ Romanâ, auch was es mit den Griechen/ so zu Rom geduldet werden/ für Bewandnis habe/ sich umständlich informiren zu lassen. Nachmittag/ haben sie alla Mariæ maggiore und Apollinari, ingleichen Abends alla Chiesa nuova, eine überschöne Musik nebenst der Predigt angehöret. Den 7 diß/ nach der Mittagsmalzeit/ kame Monsign. de Fürstenberg/ dazumal Päpstlicher Geheimer Cammerer/ iezo Bischof zu Paderborn/ und Coadjutor zu Münster/ (welcher beym Papst in grossen Gnaden und neulichst aus Teutschland nach Rom wieder angelangt ware/) den HochFürstlichen Prinzen zu ersuchen/ der dann bey einer Stunde sich aufgehalten. Abermals den 10 diß nach dem MittagImbiß/ kame H. Obrister Cappel, Ihm aufzuwarten: mit dem Er einige Pferde besehen/ so theils erkauft/ theils Ihr. Kays. May. offerirt werden solten. Den 11 diß zu Abend/ hat Er/ in Gesellschaft Herrn Herzogs von Holstein und anderer hohen Personen/ eine Comoedie angesehen/ und folgenden Tags üm 3 Uhr Nachmittag/ mit iezt Hochgedachtem Fürsten/ den H. Cardinal Patron visitiret/ bey deme Sie eine gute halbe Stunde zubrachten.

Den 13 diß/ befande sich der HochFürstliche Prinz etwas übel auf/ wegen eines Anfalls von Husten und Schnuppen: weswegen Er sich ein paar Tage innen gehalten/ gleichwol inzwischen seine Studia ämsig tractiret/ auch aus eigener Bewegnuß einen Discurs de Statu Urbis ejusdemque variâ fortunâ elaborirt und zu Pappier gebracht. Dieses Schreiben schriebe Ihn in die Zahl derjenigen grossen Geister/ deren Feuer sie nit feyren lässet/ sondern mit nützlichen Betrachtungen sich nehrt / wann es nit äusser-

VI Cap. Anschauung etlicher Solenniteten. 121

äuserlich/durch Augen und Ohren / mit Vorstellungen und An- ANNO 1661.
sprachen unterhalten wird. Ewige von überirdischem Feuer
entzündete Ampel-Liechter/ tragen ihre Speise und Nahrung in
sich/und haben keines Oels vonnöten. Wir erkennen auch hieraus die Durchleuchtigsten/wann in ihrem Verstande so ein Selb-
Liecht brennet und leuchtet. Es ist aber der Hochfürstl. Prinz
unterdessen auch/von des Herrn Marggrafens von Baden-Durlach Fürstl. Gd. den 14 diß / abends üm 5 Uhr / besuchet
worden.

 In der Polnischen Kirche daselbst/wurde den 16 diß/wegen 11.Anschau-
einer in Polen wider die Moskowiter erhaltenen Victorie, ein ung etlicher
Solennes Fest angestellet/welchem der Papst in Person beygewoh- Solenniteten.
net. Diese Solennitet mit anzusehen/begabe der Hochfürstl. Polnisches
Prinz sich in ein Haus/da der Papst vorbey pasiren muste. Es Siegs-Danck-Fest.
ritten voran alle HofBedienten je zween und zween/ und nach Aufzug des
ihnen des Papsts H Bruder/ auch dessen Sohn als Nepote: de- Papsts.
ren folgte der Papst / den man in einer roht-Sammeten reichge-
stickten chese daher trüge. Jhme wurden zwo gleichfalls mit rohtem Sammet überzogene und reichgestickte / auch mit 6 Pferden
bespannte Kutschen nachgeführet/ deren Kutschere in rothen mit
güldnen Golaunen verbrämten Sammet gekleidet waren. Auf
diese kamen ein paar Kessel Paucken und etliche Trompeter/ ferner
bey 30 SpeerReuter/ und endlich noch 30 andere/so im Harnisch
ritten. Sobald der Papst vorüber war / begabe sich der Hochfürstl. Prinz in die Kirche/dahin man Jahr-gewöhnlich die Fündel- Ausheuratung
Mägdlein führte/und männiglichen vorstellet/ ob etwan einer ei- der Fündel-
ne derselben heuraten wolte: welcher alsdann der Papst/eine Klei- Mägdlein.
dung und 100 Scudi zur Aussteuer gibet. Von hier fuhre Er
in die Engelburg oder Vestung S. Angeli: welche Jhm/somt der Die Engelburg.
stattlichen Munition, von etlichen Officirern gezeiget worden.
Sie ligt an der Tyber-Brücke/ und hiese vorzeiten Moles Adriani,
von dem Kayser dieses Namens/der solche erbauet/ und seinem Ge-
        Q   schlechte

122　Anschauung etlicher Solenniteten.　VI Cap.

ANNO 1661. schlechte der Antoniner zur Begräbnis gewidmet. Sie ward nachmals von den Päbsten beveſtiget/ und mit einem Gang an den Päpſtlichen Palaſt gehänget.

Des Groß-Herzogs Luſtgarten.

Nach dem Mittagmahl/ wurde der Hochfürſtl. Prinz von Sign. Bertolani beſuchet: der Jhn in des Groß-Herzogs von Florenz Luſtgarten führte/ alda Sie allerhand Antiquiteten in groſſer Mänge/ und einen ſchönen Berg mit Cypreſſen beſetzet fanden.

Pferde werden mit Weihwaſſer beſprenget.

Den 17 diß/ fuhre Er mit frühem Morgen zur Kirche S. Antonii, alda wurden die Pferde mit Weihwaſſer/ wofür man opfern muſte/ angeſprenget; welches/ inſonderheit denen Evangeliſchen/ ein ſeltſames Spectacul ware. Als Sie von hier nach dem Ein-

Abt von Caſtiglione.

lager wiedergekehrt/ ließe der H. Abt Caſtiglione, des Cardinal Nepote Secretarius, dem Hochfürſtl. Prinzen/ den Er zu Andaye geſehen hatte/ ein paar Faſanen mit etlichen und 40. Flaſchen

Viſite bey H. Cardinal Colonna,

Muſcateller-Wein præſentiren. Nachmittag um 3 Uhr/ viſitirte der Hochfürſtl. Prinz den H. Cardinal Colonna: von dem Er mit überaus-groſſer Freund- und Höflichkeit empfangen/ auch mit allerhand Diſcurſen bey einer Stunde lang entretenirt werden. Den 19 diß/ fuhre Er Nachmittag in S. Peters Kirche/ der Muſik daſelbſt zuzuhören: da Er zugleich / mit Monſignor de Fürſtenberg, Geſpräche gepflogen. Den 20 diß Nachmittag/ gabe Er neben dem H. Herzog von Holſtein obbenanntem

und H. Erz-B. von Bologna.

Päpſtlichen Obriſten Hofmeiſter Monſr. Boncompagno, einem ſo hochverſtändig-als höflichem Herrn/ die Viſite: allwo Sie über 2 Stunden ſich aufgehalten. Den 21 diß Nachmit-

Kirche S. Agnes

tag/ fuhre Er nach S. Agnes hinaus/ eine Muſik anzuhören/ fande daſelbſt eine groſſe Volkmänge/ und beſahe ein Begräbnis/ ſo des Bachi ſeyn ſoll/ wie man Jhn berichtete.

Das Unterirdiſche Rom.

Folgenden Morgens gar früh/ kame der Herr Herzog von Holſtein/ mit welchem Er ſelbigen Tags/ die 9 Kirchen/ und Romam ſubterraneam, (ſind 4 groſſe Hölen unter der Erden/ in welchem die erſte Chriſten/ wegen der Heidniſchen Verfolgungen/

VI Cap. Anschauung etlicher Solennitäten. 125

folgungen/ihren Gottesdienst verrichteten und ihre Todten begru- ANNO 1661.
ben/) besehen/ auch Abends in die Comœdie, gefahren/Den 25 diß/
gegen Abend kame der H. Abt von Castiglione, Jhm aufzuwar- H. Abt von
ten: worauf Er/ alla Trinitá del monte, das von K. Carolo VIII Castiglione.
in Frankreich gestiftete Convent der Minimen besichtiget. Den
27 diß/Nachmittag/ besuchten beyde Fürsten Herrn Baron von
Fürstenberg/ und divertirten sich nachmals im Ballhaus. Folgenden Tag/ als er dem Italiänischen Sprachmeister abge-
wartet/verbrachte der Hochfürstl. Prinz mit Brief-Schreiben
an S. Churfürstl. Durchl. zu Brandenburg/ und an andere hohe
Orte in Teutschland. Den 30 diß/ Nachmittag/ kame der Visite von H.
H. Cardinal Colonna, Jhn zu besuchen: worauf Er/all' Apolli- Cardinal Co-
nari, zur Musik gefahren. Den 31 diß/hat Er sich bis Abends lonna.
inngehalten/und alsdann eine Comœdie besuchet.

Nachdem Er/ in Gesellschaft des Herrn Herzogens von
Holstein/den 1 Februarii N. Cal. den Garten derer Borgesi be-
schauet/ fuhren Sie folgenden Tags nach der von Michael An- Päpstliche Ca-
gelo mit dem Jüngsten Gericht schön vermahlten Päpstlichen pelle.
Capelle: alda man die Liechtmeß celebrirte/und der Cardinal De- Fest der Liechts-
cano an stat des Papsts/welcher sich übelauf befunden/ die gewei- meß.
hete Liechter ausgetheilet. Es hatte der Hochfürstliche Prinz Visite vom
bey dem Fürsten Colonna, Contestabile des Königreichs Neapo- Fürsten Colon-
li, Jhn zu ersuchen/sich angeben lassen: Der aber solches gar höf- le des Königr.
lich abgeschlagen/einwendende/daß seine Schuldigkeit wäre/ Jhm Neapoli,
erstlich aufzuwarten. Also gabe er Jhme/diesen Nachmittag/ die
Visite. Folgenden Tags um 11 Uhr/ liessen Er und der Cardinal Colonna den Hochfürstlichen Prinzen/durch den von Holstein
ihren Raht/ complementiren/auch allerhand Victualien und Confect, nebenst süssem Wein/ præsentiren. Nachmittag besahe Er
den Garten del Prencipe Ludoigi, allwo Er den Herzog von
Holstein angetroffen/und etliche Stunden in Betrachtung der
Antiquiteten daselbst sich aufgehalten. Allhier wurde Jhnen refe-
rirt/

Q 2

124 Beschauung denkwürdiger Sachen. VI Cap.

ANNO 1661.
H. Lucæ Holstenii Absterben.

rirt/ wie daß an selbigem Tag Herr Lucas Holstenius, ein Teutscher/ von Hamburg aus NiederSachsen bürtig/ (welchen der Papst/ die Königinn Christinam in den Schoß der Römischen Kirche aufzunehmen/ A. 1655 in Teutschland gesendet/ und in den Briefen seinen Domesticum, Protonotarium Apostolicum, S. Petri Basilicæ Canonicum und Bibliothecæ Vaticanæ Custodem nennte/) Todes verfahren wäre: von dem Sie sich erinnerten/ daß er bey dem H. Hofmeister sich vertreulich bekandt zu machen gesuchet/ und selbigem von der Religion allerhand Discursen vorgebracht hatte. Den 4 diß Nachmittag/ wurde der Hochfürstl. Prinz von H. Carolo Comti Chur-Trierischem Residenten und Teutschen Ordens Rittern/ besuchet: welcher sich bey 2 Stunden bis Abends aufgehalten. Den 5 diß/ gleichfalls

Visite bey Don Augustino,

und dem Contestabile Colonna.

Nachmittag/ visitirten beyde Fürsten/ des Papsts Nepote Don Augustino: welcher Sie/ in seinem Palast/ als Fürsten tractiret. Den 6 diß/ nach gehaltener Malzeit/ ersucheten Sie den H. Contestabile Colonna: der Ihnen grosse Ehre erzeiget.

12. Beschauung denkwürdiger Sachen.
H. P. Athanasius Kircherus,

Dessen KunstKammer.

Folgenden Tags gegen 3 Uhr/ kame der Hochberühmte Mathematicus und Jesuit Herr Athanasius Kircherus, auch aus Teutschland von Fulda bürtig/ mit seinem Socio H. Guilielmo Montesias, (welcher vordessen Controversiarum Fidei Professor zu Freyburg in Breißgaw gewesen/) dem Hochfürstlichen Prinzen aufzuwarten: welcher hierauf/ nach dem Garten del Prencipe Farnese auf dem monte Palatino, gefahren. Den 8 diß besahen Sie/ in Seminario Romano, H. P. Kircheri KunstKammer/ wie auch die Apotheke und Bibliothek/ und fanden daselbst viel curiose Sachen: unter andern/ am Eingang/ die Stadt Jerusalem mit ihrer Gegend/ wie Sie/ zur Zeit der Passion unsers Heilandes gestanden.

Der Königinn Christinæ aus SuedenWohnPalast zu Rom.

Den 9 diß/ betratten Sie den Palast del Prencipe Farnese, in welchem die Königinn Christina aus Sueden/ als Sie das erste mal nach Rom gekommen/ ein Jahrlang sich aufgehalten: alda sahen Sie/ gegen den Eingang über/ die Statuam Herculis, welche lang-

zeit

zeit im Waſſer gelegen/und ſehr hoch æſtimirt wird. Sie bewun- ANNO 1661.
derten auch daſelbſt/unter andern Altertum-Sachen/das bekandte
fürtrefflichſte Bildhauer-Kunſtſtuck eines aufgebäumten Och- Kunſtſtuck/
ſens oder Stiers/welchen zween Kerle halten/darbey der Hirt und Bild des
eine Königinn ſitzet/auch noch ein WeibsBild ſtehet/ (ſo man die Stiers.
Zauberinn nennet/) und ein Hund auffſpringet: iſt alles/über Le-
bensgröſſe/ aus Einem Stein gehauen/und wird/nächſt dem Lao-
coon, vor die herrlichſte Statua in ganz Rom gehalten. Sonſten
ſind alle Gemächer dieſes Palaſts von Michael Angelo den berühmten Mahler/mit ſchönen Gemälden gezieret.

  Den 10 diß/ nach gehaltenem MittagsMahl/ kame der
Herr Herzogs von Holſtein mit dem Herrn Abt von Caſtiglione, zu dem Hochfürſtlichen Prinzen: der fuhre/mit Ihnen
und ſeinem ganzen Comitat, al Palazzo di S. Pietro, und beſahen Der Päpſtliche
Sie daſelbſt/in der Sacriſtia Papale, den Päpſtlichen Ornat, ſamt Palaſt.
der dreyfachen Krön und anderer Herrlichkeit. In dem erſten
Gemach/ zeigte man viele köſtliche Meßgewänder: unter denen Köſtliche Meß-
eines mit ſchönen groſſen Perlen über und über ganz ſchwer ge- gewänder.
ſtickt iſt/alſo daß man es über ein StundVierteil nit antragen
kan; und ſoll daſſelbe ein König in Portugall/ als Er den erſten
PerlenFang erhalten/præſentiret haben. Auf einem andern/ſa-
hen Sie die Septem Sacramenta Eccleſiæ Pontificiæ mit Gold
geſtickt: welches von K. Heinrico VIII in Engelland/ neben ſeinem von den Sieben Sacramenten wider Lutherum geſchriebe-
nem Buch/eingeſendet worden. In dem andern Gemach/ fanden Sie die Päpſtliche Kleinodien/ nebenſt dem Haupt S. Lauren-
tii des Märtyrers und andern ſchönen Seltenheiten/aufbehalten.
In dem groſſen Saal la Sala Reale oder der Königliche Saal ge- Gemähl von
nannt/ ſahen Sie unter andern die Hiſtorie Kayſ. Friderici I Kayſ. Frideri-
Barbaroſſæ, wie er A. 1176 zu des Papſts Alexandri III Füſſen co I.
gelegen/ mit einer Subſcription, welche P. Urbanus VIII auslö-
ſchen/aber P. Innocentius X wieder anſchreiben laſſen. Dieſen

126 Religions-Conferenz mit den Röm. Cathol. VI Cap.

ANNO 1661.

Sing Spiel.

Diesen Abend hat der Hochfürstl. Prinz einer Comœdie beygewohnet / welche der Contestabile Colonna in der Musik spielen lassen/ die auch Haupt-schön und annemlichst zu sehen war. Er wurde / gleich gegen dem Theatro über / in ein herrlich-geziertes Gemach eingewiesen / und daselbst von etlichen Cavalieren bedient/ auch letzlich von dem H. Contestabile bis zur Kutsche begleitet. Den 11 diß Nachmittag/ fuhre Er/ mit dem H. Grafen von Dohna, auser der Stadt spaziren. Den 12 diß/ wurde Er/ von einem Cavallier aus dem Haus Colonna, visitirt, welcher bey dem H. Cardinal sich aufhielte. Den 13 diß / besahe Er/ neben dem H. Herzogen von Holstein/ den herrlichen Garten del Duca Maffei, in welchem sehr viel Wasserkünste und alte Statuen zu sehen sind: und werden daselbst jährlich/ in der Fasten/ 3000 Menschen / so die 9 Kirchen visitiren / gespeiset. Von hier fuhre Er/ all'Apollinari, die Musik anzuhören: allwo Ihme H. Pater Kircherus, mit andern Jesuiten aufgewartet.

Garten des D. Maffei.

13. Religions Conferenz mit dem Römisch-Catholischen.

Deren Seel-Sorge/ vor den HochF. Prinz.

Wiewol man/ der Religion halber/ in Rom keine Gefahr oder Anfechtung zu fürchten hatte/ so mangelte es doch auf Röm. Catholischer seite nicht an ein-und anderem Versuch/ zuvörderst dem HochFürstl. Hofmeister Mr. Borken einige Religions-Scrupel beyzubringen: Vielleicht in Hoffnung/ wann dieser gewonnen wäre/ daß alsdann auch der Hochfürstl. Prinz desto leichter zu disponiren seyn würde. Und solcher Intention, welche insonderheit obgedachter H. Lucas Holstenius, so wohl selbsten/ als durch seine Emissarios, ernstlich getrieben wurde/ nach dessen Absterben/ von seinen Gehülffen stark nachgesetzet. Weil aber der Herr Hofmeister hierüber mit Herrn Inspectorn täglich conferirte/ als hat Dieser/ in Betrachtung der Seel-Gefahr seines Ihme so theuer-anbefohlnen Hochfürstlichen Prinzens und anderer von Dessen Comitat, allen solchen Beginnen mit nur-erdenklichem Eifer/ auch anbey-hochnötiger Prudenz und guter Vorsichtigkeit/ sich opponiret. Wie nun letzlich der H. Hofmeister

VI Cap. Religions-Conferenz mit den Röm. Cathol.

meister/ ohne sein H. Inspectoris Beysein / in keine Religions-Conferenz sich mehr einlassen mögen/ als hat Er/ nachdem Er/ den Vicarium Generalem der Societet Jesu zu besuchen / invitirt worden/ solche Visite in dessen Gesellschaft abgeleget / und sind Sie beyde miteinander dahin gefahren. Ehe man sich gesetzet/ fienge H. Pater General von der Religion an zu discuriren / und zwar mit einiger vehemenz wider die Evangelische oder so-genannte Lutherische zu reden: das dann/ weil/ dessen Fürbringen aus Lutheri und anderer Evangelischen Theologen Schrifften abzuleinen/ die Notturft erforderte / zu einem etwas-harten und langem Gespräche Anlaß gegeben/ so endlich durch Ankunft eines Cardinals unterbrochen und aufgehoben worden.

Nach diesem wurde H. Hofmeister Borke abermals inständig ersuchet/ bey dem Päpstlichen Beichtvatter und HofPrediger Herrn P. Johanne Paulo Oliva sich einzufinden / und desselben Discurs anzuhören. Als Er nun/in Begleitung Herrn Inspectoris und eines Päpstlichen vornehmen HofBedientens/ den 14 diß in aller Frühe/ daselbst erschienen/ wurden Sie gar höflich empfangen. Anfänglich lobte H. Pater Oliva, (ein nicht nur wohlberedter/ sondern auch sittsam-höflich-und bescheidener Herr/) des Hochfürstl. Prinzens und seiner Bedienten preißwürdige Intention, unterschiedliche weit-entlegene Königreiche und Länder zu besehen/ und daß Sie hierbey keiner Spesa sich gereuen / auch keine Mühe/ Ungemach und Beschwernis sich davon abschröcken liessen. Hierauf die Rede zu seinen Zweck lenkend/ erwehnte Er/ weil Eines noht und in unterschiedenen Landen auch unterschiedliche Religionen anzutreffen wären/ so müsse ein ieder / so peregrinire/ bedacht seyn/ wie Er die wahre seeligmachende Religion ergreifen/ und durch deren Anweisung die Reise nach dem rechten Ewigen Vatterland sicher anstellen möge. Hiernächst fienge Er an/ und erzehlte / was massen von Christo eine einige wahre Kirche wäre eingesetzt und verordnet worden: deren Glieder alle

ANNO 1661.

Visite bey dem Vicario Generali der Societet Jesu.

Gespräche mit Herrn P. Oliva Päpstl. Beicht-Vatter.
14. Febr.

Vortrag dessen.

die-

128 **Ferneres Divertissement in Rom.** VI Cap.

ANNO 1661. diejenigen seyn müsten/ welche dermaleinst die Seeligkeit erlangen
wolten. Als Er endlich solches auf die Römische Kirche zu ap-
H. Inspectoris pliciren begunte / fienge der Hochfürstl. Inspector an darwider
Gegenrede. zu excipiren/und begehrte/daß solche Assertion aus Heil. Göttlicher Schrifft gründlich probirt würde. Also geriethe es zum
ernstlichen StreitGespräche/ da dann erstlich de norma creden-
dorum, folgends de primatu & infallibilitate Pontificis Roma-
ni, ferner de Autoritate Romanæ Ecclesiæ, endlich de operum
meritis, de communione sub unâ & Sacrificio Missæ, und zum
Beschluß von der quæstion, an justæ causæ fuerint secessionis
Protestantium ab Ecclesiâ Romanâ? Zwar eiferig/ iedoch mit
möglichster Bescheidenheit/von 8 bis 1 Uhr Nachmittag und also
5 Stunden lang/ disputiret worden.

Nutz un Frucht Dieser Discurs wäre wohl würdig/ in einem absonderlichen
desselben. Tractat beschrieben zu werden: Zumaln er/ mit Göttlicher Ver-
leihung/ ohne Nutzen nicht abgegangen/ in dem dadurch / nicht
nur der HochFürstl. Hofmeister / sondern auch viele damals zu
Rom sich befindende der Evangelischen Religion zugethane Für-
sten/ Grafen/ Freyherren und andere Personen/ in der Warheit
ihrer Religion gestärket/ auch insonderheit eine HochFürstliche
Person/ in des HochFürstl. Prinzens Gegenwart dem H. In-
spectori Lilien vor seinen fleißigen Unterricht mit gar beweglichen
Worten Dank gesaget. Daß auch bey H. Pater Oliva diese
Unterredung einen guten Concept von den Evangelischen erwe-
cket/ hat nachmals sich geäusert: wie im nächstfolgenden Capitel/
beym letzten Abschied von Rom/ soll angeführet werden.

14. Ferneres Nachdem inzwischen der Hochfürstl. Prinz den 14 diß ge-
Divertisse- gen Abend/mit Spaziren-fahren sich belustigt/ besahe Er folgen-
ment in Rom. genden Nachmittag den Päpstlichen Garten al monte Cavallo,
Päpstlicher Belvedere genannt/ und hielte sich bey einer halben Stunde da-
Garten Belve- selbst auf. Dieser Garten ist sehr angenehm erbauet/ und hat un-
dere. terschiedliche Cascaden oder Absätze. Unter andern schönen
Wasser-

VI Cap.   Ferneres Divertissement in Rom.   129

Wasserkünsten/ sihet man daselbst eine Orgel/ welche vom Wasser getrieben wird. Unter den Antiquiteten dieses Orts/ ist sowol hier als anderstwo die vornemste/ das Bild Laocoons und seiner zween Söhne/ mit zweyen Schlangen vielfältig umschlungen: welches/ von dreyen Rhodischen Meistern/ aus Einem weissem Stuck Marmel gehauen und gebildet worden. Auf den Abend/ kame Sigr. Giosefe Conti, dem Hochfürstl. Prinzen aufzuwarten/ und berichtete/ wiedaß sobald Monsig. Nini Ihre Ankunft in des Papsts Garten erfahren/ habe Päpstl. Heil. er solches angesagt: welche hierauf/ als Ihn zu sehen groß verlangend/ sich in den Garten verfüget/ und darinn etliche mahl auf und abgegangen/ aber Denselben nicht mehr angetroffen. Den 16 diß Nachmittag/ kame Don Augustino Nepote del Papa, Ihn heimzusuchen: da er dann eine ziemliche Zeit bey Ihme sich aufgehalten. Nach dessen Abschied/ fuhre der Hochfürstliche Prinz zu H. Herz. Julio Francisco von Sachsen-Lauenburg welcher unter dem Namen des Barons von Eitzen in Rom sich aufhielte/ Denselben zu besuchen/ allwo Er über eine Stunde verblieben.

ANNO 1661.
Wasser-Orgel.
Bild Laocoons.

Der Papst verlangt den Prinzen zu sehen.

Visite von Don Augustino Chisi,

und bey H. Herz. Julio Franz von Sachsen-Lauenburg.

Folgenden Tags/ früh um 7 Uhr/ kame oftgedachter Sign. Abbate Castiglione, und fuhren/ beyde Fürsten/ neben ihren Bedienten/ mit ihme al Palazzo Petrino: da er Ihnen alle Gemächer gezeiget/ und Sie durch das Belvedere geführet. Sie verharreten letzlich bey 2 Stunden/ in Bibliotheca Vaticana: allwo Sie unterschiedliche Manuscripten/ auch die vor 30 Jahren von Heidelberg nach Rom gebrachte Bibliothecam Palatinam, und unter andern das ChurPfälzische Fürstliche Stammbuch und Diarium, gesehen. Bey der Bibliothek befande sich/ als Holstenii Successor, der berühmte Römisch-Catholische Scribent H. Leo Allatius: welcher mit dem Hochfürstl. Inspectorn Herr Lilien in ein Gespräche sich einlassend/ insonderheit de Consensu Romanæ & Græcæ Ecclesiæ disputirte/ da ihme mit allegatis aus

Die Päpstliche Bibliothek.
Bibliotheca Palatina.

H. Leo Allatius, disputirt mit H. Inspectorn.

R   seinen

seinen eignen Schrifften begegnet/ und er dadurch/ den Faden des Gesprächs abzureissen/ beursachet worden/ auch solchen zu continuiren/ von den Hochfürstlichen und anderen anwesenden Personen sich nicht bereden lassen wollen.

ANNO 1661.

SpazierRitt nach Tivoli.

Beyde Fürsten ritten neben ihren Bedienten / den 18 diß/ nach der Stadt Tivoli oder Tibur, welche 17 Meilen von Rom liget/ der zehenden Sibyllæ Tiburtinæ die allhier gewohnt / den Namen gegeben / von vielen herrlichen Mayrhöfen der ersten Römischen Kaysere berühmt und vor Alters so mächtig gewesen/ daß Sie mit Rom Krieg fuhren dörfen. Sie besahen allhier/ den remarquablen Wasserfall des Flusses Anienis oder Teverone, und den herrlichen Garten des Cardinal d'Este, welchen man wohl eine kleine Welt voll antiqu-Bilder/ Gemälde/ Blumbeete/ SpazirLäuben und Wasserkünste nennen möchte. Sie hörten zwar/ die Orgel und die Vögelein auf den Bäumen / nit spielen; weil die Wasserleitung/ so sie getrieben und bestimmet/ von etlichen Jahren her schadhaft gewesen. Man bauete aber dazumal gar stark an einem neuen Werk / welches/ nach Aussag der Baumeistere bey 15000 Scudi kosten solte. Nachdem Sie daselbst eine geringe MittagsMalzeit / mit schlechtem ZuckerConfect, gehalten und genossen/ sind Sie von dar aufgebrochen / auch bey guter Zeit in Rom glücklich wieder angelanget.

Garten des Cardinals Hippolyti von Este.

15. Passirung der Faßnacht-zeit.

Weil man folgenden Tags/ Carneval oder Fastnachte zu halten anfienge/ als kamen ofthochgedachter Herr Herzog von Holstein/ neben anderen hohen und vornehmen Personen / solche aus des Hochfürstl. Prinzens Logement anzusehen: da Sie dann bis Abends sich aufgehalten. Den 20 diß nach der MittageMalzeit / erschiene H. Pat. Kircherus mit seinen Consorten/ H. Pat. Wilhelm, welche den Hochfürstl. Prinzen zu ihrer Comœdie invitirten. Gegen Abend fuhren beyde Fürsten alla Chiesa nuova, woselbst/ nach gehaltener trefflicher Musik / H. Pater Oliva, von nützlicher Betrachtung des Leidens Christi/ eine Predigt

VI Cap.   Paſſirung der Faſtnacht-Zeit.   131

digt abgeleget. Den 21 diß/ tractirte der Hochfürſtl. Prinz den | ANNO 1668.
Herrn Baron von Fürſtenberg/ und des Papſts Stallmeiſtern | Der Prinz
Sig. Maffei, wie auch des Cardinal Patrons vornemſte Bediente/ | tractirt die
als Sign. Bonviſio Hofmeiſtern/ Sign. Conte Montemar Ober- | Chiſiſche Be-
Stallmeiſtern und Sign. Abbate de Caſtiglione Secretarium: | dienten.
welche/ nach gehaltener Malzeit/ den Maſcaraden zuſahen. Fol-
genden Tags wurde auch Herr Herzog von Holſtein neben ſeinen | Tractirt H.
Bedienten tractirt: worzu zwar Herr Marggraf von Baden- | Herzogen von
Durlach und Herr Herzog von Sachſen-Lauenburg invitirt | Hollſtein
waren/ aber Unpäßlichkeit halber ſich entſchuldigen laſſen.

Gegen Abend kame der H. Abt von Caſtiglione neben Mon-
ſign. Piccolomini, die holten den Hochfürſtl. Prinzen und deſſen
Bediente ab/ einer Muſic-Comœdie beyzuwohnen/ welche (wie | Beſucht etliche
man ſagte/) Don Auguſtino ſpielen laſſen/ die dann ſehr curios | Comœdien.
und anmutig zuſehen ware. Den 23 diß/ nach dem Mittag-
Mahl/ kame Herr Herzog von Sachſen-Lauenburg/ und nachgehends auch Herr Herzog von Holſtein/ den Hochfürſtl. Prinzen
zu beſuchen: mit denen fuhre Er in das Collegium Romanum,
daſelbſt Sie abermals eine feine Comœdie angeſehen. Den 24
diß/ ließ Ihn der Abbate de Caſtiglione mit Wein verehren/ und
fuhre Er neben dem Herrn Herzog von Hollſtein all'Apollinari,
allwo man eine (zwar elende und recht-kindiſche/) Docken-Co- | Puppen Co-
mœdie geſpielet: worauf Sie daſelbſt/ der H. Pater Rector des Col- | mœdie.
legii, vom Geſchlecht ein Spinola, und H. Pat. Kircherus, mit allerhand Confecturen tractiret. Den 25 diß/ vor mittags/
wurde der Hochfürſtl. Prinz vom Herrn Erz-Biſchof Colonna,
des Cardinals H. Brudern/ viſitiret/ und der Nachmittag mit
allerhand/ doch nit groß-importirlichen/ Diſcurſen paſſiret. Den
26 diß/ nach mittag/ kame mehr-hochgedachter Herr Herzog von
Holſtein/ und nach ihme iezt-erwehnter Herr Erz-Biſchof/ die
Maſcaren anzuſehen: da Sie dann bey dem Hochfürſtl. Prinzen

R 2   bis

ANNO 1661. bis Abends verblieben. Den 27 diß/ gegen Abend / fuhre Er al Giesu, und sahe daselbst die Clericos, de Immolatione Isaaci, eine Comœdie spielen. Folgenden Tags/ tractirte Er Herrn Grafen von Dohna, Herrn Baron Truchseß von Waldburg / den Französischen Agenten Mr. d'Alibert, und die Exercitien-Meistere/ so Ihme bisher aufgewartet hatten. Nach der Mittags Malzeit / kame vor-hochgedachter H. ErzBischof/ neben dem Herren Herzog von Holstein da man den Mascaren bis Abends zugesehen / und endlich ingesamt die Ordinar-Comœdie besuchet. Den 1 Martii St. nov. früh Morgens/ fuhre der Hochfürstl. Prinz wiederum al Giesu, und sahe daselbst die Geschichte von dem Israelitischen HeerFürsten Josua, wie er die Sonne am Himmel durch sein großgläubiges WunderGebet stillstehen ge-

Der Prinz wird vom ErtzB. Colonna tractirt.

macht/ sehr künstlich præsentiren. Gegen Mittag fuhre Er zu dem H. ErzBischof Colonna, von dem Er/ neben seinen Bedienten/ ware invitirt worden: der Sie zu Mittag / mit Bezeigung höchster Ehre / aufs stattlichste tractirt / auch letztlich noch nach Haus begleitet / alda Sie den Beschluß des Carnevals angesehen.

16. Abschieds Verlauf zu Rom.

Folgenden Tags / begaben Sie sich nach der Päpstlichen Capelle/ alda der Papst/ als am Ascher Mittwoch/ die Aschen austheilte. Worauf Sie / neben dem Herren Marggrafen von Baden-Durlach und Herrn Herzog von Holstein die Ca-

Des Papsts Cavalcade.

valcade des Papsts / welcher 16 Cardinäle und viel Monsignori beygewohnet / in einem besondern Hause angesehen. Nachmittag fuhren Sie/ mit Mr. d'Alibert und Herrn Baron von Räcknitz/ in den Garten de Medices, alda Sie ein zeitlang sich divertiret. Den 3 diß/ Nachmittag / besuchten Sie abermals diesen Garten/ und traffen daselbst an den H. ErzBischof de Colonna, mit deme Sie etliche Stunden sich aufgehalten. Den 4 diß in der Frühe / kame Herr Herzog von Holstein von dem Hochfürstlichen Prinzen Abschied zu nehmen / weil

Er

VI Cap.   Abschieds-Verlauf zu Rom.   135

ANNO 1661.

Er gleich selbige Stunde nach Neapoli abreisen wolte. Nachmittag hielte der Papst abermals eine Solenne Cavalcade nach S. Pietro, in Begleitung vieler Cardinäle und vornehmer Herren/ auch einer unglaublichen Mänge Carrozzen: welches der Hochfürstl. Prinz mit angesehen. Nachdem Er folgenden gantzen Tag mit Studiis zugebracht/fuhre Er/ den 6 diß Nachmittag/ all' Apollinari, die Music anzuhören. Sobald Er zurücke eingelanget/ kame Mr. Recke des letztverstorbenen Bischofs zu Paderborn Vetter/von Jhme Abschied zu nehmen: worauf auch/ beyde Signori Carlo und Giosefe de Conti, bis in spaten Abend Ihm aufgewartet/da Sie die Zeit mit trefflichen Staats Discursen/ sonderlich von der Italiänischen Fürsten Interesse, zugebracht. Den 7 diß/ empfiengen iezgemeldter Sign. Carlo de Conti und Mr. d' Alibert von Ihm eine Visite, womit der Nachmittag verbracht worden.

Nächsten Morgens kame Mr. Viztum/ so hiebevor Herrn Herz. Friderichs von Meckelnburg-Guerin Fürstl. Gd. Hofmeister gewesen/ und bald darauf Sign. Maffæi des Papsts Stallmeister/ Ihm aufzuwarten. Nachmittag fuhre Er auf Mr. Piere Fechtboden/ allwo Er die Pike spielen und fechten sahe/ auch sich selbst in diesen Exercitien sehen liesse. Diesen Abend/ liesse Ihm der Herr Cardinal Patron, durch den Abbate de Castiglione, zu der nun-resolvirten Reise nach Neapoli glückwünschen/ auch zugleich einen Paß vor Sie überreichen: Da dann besagter Herr Abt/ neben Sign. Carlo Conti, bis 2 Stunden in die Nacht bey Ihm verblieben/ und Scaramuzza mit seinem Papegey und Hund eine abenteurliche gar artige Music præsentiret. Den 9 diß früh Morgens/ hielte der Papst/ über den glücklichen Success des Kriegs wider den Türken/ eine Solenne Procession, dergleichen zu Rom/ wie man sagte/in 30 Jahren nicht gehalten worden. Der Papst gienge in

Procession wegen Türten-Kriegs.

R 3   Person/

ANNO 1661. Person vom Monte Cavallo, alla Maria Maggiore zu Fus/ und hatte vor sich her die 26 Orden der Mönche/ auch die Römische Baroni und Cavalieri in grosser Mänge. Ihme folgten 36 Cardinäle/ und eine unglaubliche grosse Anzahl Volks: worauffetzlich/ des Papstes Kutschen/ und 2 Compagnien zu Pferd/ die Ordnung beschlossen. Nachmittag liesse der Herr Cardinal Colonna dem Hochfürstl. Prinzen notificiren/ wiedaß die Mariage zwischen dem Contestable Prinzen von Colonna, und des Cardinals Mazarini Niesse oder Niftel Mad. de Manchini, nunmehr geschlossen wäre: worauf Abends Sign. Abbate de Castiglione sich eingefunden/ und von Ihme/ als der auf Morgen gegen Neapoli reisfärtig ware/ Abschied genommen und berichtet/ daß auf des Bapsts Befehl/ alle Anstallt gemachet wäre/ damit der Hochfürstl. Prinz/ samt seinen Bedienten und gantzem Comitat, auf der/ sonst nicht wenig gefährlicher Reyse nach Neapoli, sicher und ohne Gefahr reisen könte/ solte auch auf bedürffenden Fall/ mit starker convoye, und anderer Notturft wohl versehen werden. Welches dann mit Danksagung angenommen wurde.

Das

VII Cap. Reise nach der Neapolitanischen Gränze. 135

ANNO 1664.

Das VII Capitel.

Reise durch das Königreich Neapoli.

(1) Reise nach der Neapolitanischen Gränze / und (2) nach Neapoli. (3) Das Königreich und (4) die Stadt Neapoli. (5) Anwesen des Hochfürstl. Prinzens daselbst. (6) Reise durch den Berg Pausilypum. (7) Beschauung der Grotta del Cane. (8) Reise nach Puzzuolo. (9) Der See Avernus. (10) Die Sibyllen-Höle. (11) Der Berg Vesuvius. (12) RuckReise nach Rom.

DEr ErtzBischof Colonna, welcher neben dem Cardinal und Contestable, vor allen andern/ dem Hochfürstlichen Prinzen viel Ehre und Lieb erwiesen/ auch vor Vettern von Haus Brandenburg (weil etliche dasselbe aus dem Hause derer Columneser oder von der Seule/ herführen) sich angeben wollen/ kame den 10 Martii in früher TagsZeit mit zweyen Kutschen/ Ihn eine TagReise zu begleiten. Sie giengen nach Frascata 12 Meilen/ besahen daselbst des Prencipe Burgese Garten und Lusthaus/ wie auch des Prencipe Pamphilio Garten/ Belvedere genannt: in welchem viel schöne und rare Wasserkünste ein curioses Aug sättigen: Insonderheit der Pegasus, und ein Jäger so ein Horn bläset. Sie beschaueten auch allhier die Rudera und Steinhaufen von des Ciceronis Landgut Tusculano, allwo Er seine Quæstiones Tusculanas geschrieben: alda ietzt das Kloster S. Mariæ de Grotta Ferrata siget / dessen Conventualen nach Griechischer Religion den Gottesdienst verrichten. Von hier giengen Sie fürter 3 Meilen nach Marino, einer Stadt dem Cardi-

1. Reise nach der Neapolitanischen Gränze.
10 Martii.

Frascata

Tusculanum Ciceronis.

Marino.

ANNO 1661. Cardinal Colonna zuständig: da Sie/beym Schlosse/der Magistrat mit wohlgeputztem Aufzug empfangen/ und neben allen bey sich habenden auffs prächtigste tractiret. Nach gehaltener Mittags Malzeit/besahen Sie die Kirche / welche der Cardinal mit grossem Costen erbauen liesse/ und reiseten von dar 2 Meilen auf
St. Palazzola. Palazzola, einem kleinen aber wohlerbauten Schloß/in einer sehr-schönen Gegend gelegen/so dem ErtzBischof angehöret / und auf eine Meile mit dem Castell Gandollo gräntzet / allwo die Papste Sommer-über sich aufzuhalten pflegen. Der ErtzBischof tractirte allhier den Hochfürstlichen Prinzen/mit köstlichem Wein und allerhand Confect, und begleitete Ihn folgends noch 5 Meil wegs: worauf Er von Ihm Abschied nahme / weil er folgenden Tags nach Paris, der Mariage seines Vettern des Contestable mit der Madame Manchini beyzuwohnen/abreisen wolte.

Hierauf nahmen Sie die Post Pferde / welche bis dahin ledig geführet worden / und ritten noch 5 Meilen / kamen also
Belletri. Abends nach Belletri: welche uralte/grosse und volkreiche Stadt/ vorzeiten Velitræ geheissen/aber wenig Antiquiteten hat/ und 20 Meilen von Rom auf einem lustigen Hügel liget. Von dar
Sarmoneta. passirten Sie folgenden Tags 17 Meilen/ auf Sarmoneta, eine Stadt und herrliche Vestung/ dem Prencipe di Gaëta zuständig; brachten ferner noch 12 Meilen zurücke/und kamen Abends nach
Piperno. Piperno, einer alten Stadt / vorzeiten Privernum genannt / auf einem hohen Felsen gelegen/von welchem man in das Mare Tyrrheno und zum Vorgebirge M. Circello, (so vorzeiten eine Insel und von Circe, der bekannten schönen Zauberinn/ bewohnt gewesen/) sehen kan. Der Guvernator, liesse dem Hochfürstl. Prinzen complementiren und Ihm einige Victualien præsentiren. Er offerirte auch eine Rotte Soldaten/zu einer Convoye, welche aber/ weil die Strassen der Zeit zimlich sicher waren/nicht angenommen worden. Den 12 diß/ nahmen Sie den Weg auf Terracina,
Terracina. über 12 Meilen: welche Stadt vorzeiten Trachyna, nachmals
vom

VII Cap. Reise nach Neapoli. 137

von Jove Anxuro, der daselbst noch-unbartcht in einem Tempel ANNO 1661.
gestanden und geehret worden/ Anxur geheissen. Auf der Reise
von dannen/ gelangten Sie an den ersten Ort des Königreichs
Neapoli, il Portello genannt; und fanden auf der GränzSchei- GränzSeule
de/an einem Marmel/Königs Philippi II in Hispanien Inscripti- des Königreichs
on, folgenden Innhalts: Neapoli.
    HOSPES! HIC SUNT FINES REGNI NEAPO-
    LITANI. SI AMICUS ADVENIS: PACATA Inscription.
    OMNIA INVENIES, ET MALIS MORIBUS
    PULSIS, BONAS LEGES. ANNO
    MDLXVIII.

Selbigen Abend/ kamen Sie noch bis nach Fondi, 10 Meilen: 2. Reise nach
in welcher an einem von ihr-benamten SeeArm gelegene Stadt/ Neapoli.
Sie übernachtet. Hieher reiseten Sie über einen gepflasterten Fondi.
Weg/ welcher vorzeiten von Rom bis nach Capua gelanget/ und
Via Appia von dem Römischen Consule oder RatsFürsten Ap- Via Appia.
pio Claudio, der Ihn zu bauen angeordnet/ genennet worden:
und sihet man neben dieser Strasse viel verfallene Antiquiteten
von Monumenten und Begräbnisen. Den 13 diß/ mittagten
Sie alla Mola di Gaëta, 12 Meilen überwegs: ist ein grosser Mola di Gaëta.
Markt/hart am Meer gelegen/ alda man im Wirtshaus unter
den Citronen-und Pomeranzen-Bäumen speiset/ auch die bästen
Fische selber fischen darf. An diesem Ort offerirten die Con- Die Contraban-
trabanditi, in ziemlicher Anzahl und wohlbewehrt/ ihre Dienste: diti offeriren ih-
wurden aber mit einem Trinkgeld abgefärtiget und dimittiret. re Dienste.
Die Stadt Gaëta oder Cajeta, liessen Sie zur Rechten im See-
Winkel ligen/ und reiseten/ über den Fluß Gariglíano, noch 36
Meilen/ bis in das Dorf Cascano, woselbst Sie über alle massen D. Cascano.
schlecht accomodirt waren.

    Folgenden Tags nahmen Sie ihren Weg nach Capua, 14 Capua.
Meilen: da Ihnen unterwegs der Herr Hertzog von Holstein
samt seiner Suite, die nach Rom zurücke giengen/ be-
                  S   gegnet.

138   **Das Königreich Neapoli,**   VII Cap.

ANNO 1661. gegnet. Bemeldte Stadt/ ligt am Fluß Voltorno, zwey Meilen von dem Ort/ auf welchem vordessen die berühmte mächtige Stadt dieses Namens gelegen/ die dann/ wegen ihres aus dem Uberfluß entsprungenen Hochmuts/ von den Römern zerstört worden: davon noch viele grosse und herrliche Steintrümmer reden. Sie ware das Haupt von Campanien/ so iezt Terra di Lavoro heisset. Nachdem Sie allhier gemittaget/ setzten Sie ihren Weg fort/ und kamen über 8 Meilen/ nach der Stadt Aversa: von dar Sie/ noch 14 Meilen zurücklegend/ mit Abend/ nachdem Sie/ diese vier Tage/ in continuirlichem starkem Sturm/und grossem Regenwetter gereiset/zu Neapoli glücklich angelangeten.

Aversa. Ankunft zu Neapoli 14 Mart.

3. Das Königreich Neapoli.

Das Königreich Neapoli, begreifet in sich/ gleichwie vor uralters/ hauptsächlich fünf Provinzen/ die heissen Campania, iezt Terra di Lavoro, und unten il Prencipato; Samnium oder Bruttii, iezt Abruzzo; Apulia, iezt oben Puglia Piana, gegen Mittag Capitanata, unten Terra di Barri, zu äuserst Terra d' Otranto; Calabria, das obere und untere; und Lucania, iezt Basilicata. Es ward/ erstlich von Griechen/ dann von Römern/ nachmals von den Teutschen Gothen und Longobarden/ wiederum von Griechen/ von Saracenen/ und endlich von den auch-Teutschen Nordmannen/ welche die Insel Sicilien darzu eroberten/bewohnet und bezeptert. Unter Rogiern III A. 1130/wurde es ein Königreich/ und kame mit dessen Enkelinn an Kays. Heinrichen den Sechsten. Aber Herz. Carl von Anjou, K. Ludwigs des Heiligen in Frankreich Sohn/ liesse dessen Ur-Enkel Conradinum hinrichten/ und drängte sich mit Gewalt in diß Königreich ein/ welches fast 200 Jahre bey seinen Nachkommen geblieben. Endlich ist es A. 1442/an K. Alphonsum V in Arragonien/und von dessen Enkel an die Könige in Hispanien gelanget/ die es annoch in Besitz haben. Ihr Järtliches Einkommen aus diesem Reich/ wird auf dritthalb/ (von etlichen auf vier) Millionen Ducaten summiret/ wann man das Donativ (gemeiniglich von 1200000

Duca-

VII Cap.   Die Stadt Neapoli.   139

Ducaten/) mit einrechnet: So zwar meist/auf die Pensionen/ auf ANNO 1662.
Unterhalt der Schiffe und Guarnisonen/ und auf andere notwendige Spesen/ wieder aufzugehen pfleget. Der vornemsten Königlichen Reichs-Rähte und Staats-Ministern sind Sieben/ und heissen der Gran Contestabile, (ist vor-ofterwehnter Prencipe de Colonna,) der Gran Giustitiero, Gran Ammirante, Gran Camerario, Gran Protonotario, Gran Cancelliero und Gran Siniscalco oder Major-Domo. Es werden darinn 20 Fürstentümer/ 34 Herzogtümer/ 40 Marggrafschaften/ 53 Grafschaften/ und über 1400 Freye Herrschaften/ der Heerdstätten aber über 4000000/ gezählet: deren iedes Hunter/ einen LanzKnecht aus: schiessen und unterhalten muß/wann der König/ zur Defension des Landes/ Völker benötigt ist. Der Städte/ sollen 1563 seyn/ darunter 20 ErzStifte und 107 Bistümer. Das Haupt unter den Provinzen/ ist Campania: wohl die schönste in Europa, Die Provinz und das Jrdische Paradeis von Italien/ wie Sie dann auch vor Campania. Alters Campania Felix geheisen. Man sihet und geniesset hier alles/ was erfreuen und ergetzen kan. Das ganze Land/ (wie es dann auch von Campo den Namen hat/) ist eine weite breite Ebene/ mit grünen Auen/fruchtbaren Feldern/ schönen WeinHügeln/und lustigen Wäldern/hin und wieder abgewechselt/ auch von gesunden klaren Wassern annehmlichst durchgossen.

In dieser Provinz/ligt die HauptStadt des ganzen König: 4. StadtNe reichs/ die uralte und noch vor Rom erbaute Stadt Neapolis, apoli. zu Teutsch Neustadt: welche Anfangs/ von einer Sirene/ Parthenope oder Magdeburg geheisen. Sie ist voll Paläste/ vor Fürsten und Herren/auch andere vornehme Personen/welche/ der Lustbarkeiten halber/ die meiste Zeit des Jahrs/ daselbst zu wohnen pflegen: daher man Sie auch nennet/ das Edle Neapels. Sie hat wenig Winter/ eine gesunde und gelinde Luft/und ligt in einer wunderschönen Gegend: einer seits an einem Meerbusen/von dar man/ bey hellem Wetter/ die Jnseln di Capri,(vorzeiten Capreæ,)

S 2   Procita

Die Stadt Neapoli. VII Cap.

ANNO 1661. Procita und Ischia, ersehen kan; anderseits aber an lustigen Weinbergen/ zwischen bunten Blum- und Kräuter-Wiesen/ fruchtbaren Getreidfeldern/ Lust- und Obst-Gärten / welche mit prächtigen Herren-Sitzen und trefflichen Wasserkünsten gezieret sind. Sie ward, von Kays. Carolo V, mit starken Mauren/ Wällen / Pasteyen und Thürnen / auch mit gefütterten Gräben 80 Werk-Schuhe tief ringsum/befestet. Ihre Situation, hat die Form eines halben Monds. Sie pranget auch mit breiten grossen Marktplätzen / ingleichen mit schönen Brunnen und Wasser-Werken/ deren etliche einer Lanzen hoch/ andere zween Köpfe dick / andere sonst durch mehr als hundert Röhren / die Springflut hervortreiben; Wie dann auch sonst/fast ein iedes Haus / seinen Brunnen hat. Sie umgreift bey 5 wälsche Meilen/ hat ein ErzBistum und eine uralte HohSchul.

Schändliches KirchBild.

Sie hat viel schöne Kirchen/ und darinn viel herrliche Begräbnisse der alten Könige / wie auch anderer hohen und berühmten Personen. In der Haupt- oder DomKirche / il Duomo genannt/ sihet man an der Stiege beym grossen Altar / unter andern MarmorBildern/ eine nackichte Manns- und WeibsPerson der Wollust pflegend: so sich bässer in einen heidnischen VenusTempel schickte.

Begräbnis Mgr Gumberti zu Brandenb.

Vor dem Chor der Kirche S. Pietro d'Arca, ligt begraben Gumbertus Marggraf zu Brandenburg/ Marggr. Casimiri jüngster Bruder: welcher mit seinem Bruder Marggr. Johann Albrechten in der Jugend nach Rom gereiset/ bey Papst Leone X sich vor einen CammerHerrn gebrauchen lassen/ und bey dessen StulErbens Clementis VII Zeiten annoch daselbst in Päpstlicher Devotion sich befunden: dannenhero Er/ als die Kayserlichen A. 1527 die Stadt Rom erobert / mit anderen gefangen/ aber durch die Teutschen wieder erledigt worden/ und mit denselben nach Neapoli gezogen / alda Er im folgenden Jahr den 24 Junii verstorben und in diese Kirche begraben worden.

Hospital

An der Kirche alla Nunciata, ligt ein Hospital / so groß und

VII Cap. Die Stadt Neapoli. 141

und weit/ daß Er vor ein ziemliches Städtlein pasſiren möchte. ANNO 1661.
In dieſem werden täglich bey 2000 kranke und verlebte Perſo-
nen/ auch überdas bey 800 Waiſen und Fündelkinder/ verpfleget/ und Waiſen-
unterhalten und auferzogen. Von den Mägdlein / derer gemei- Hauſ.
niglich 200 ſind/werden jährlich drey ausgeheuratet und mit 500
Ducaten ausgeſteuret: und zwar gemeiniglich an die Knaben dieſes Waiſenhauſes/ die man/ wann ſie zu Jahren und einem Hand-
werk erwachſen/ in der Mägdlein Zimmer führet/ und Sie ihres
Gefallens eine und andere herauswehlen läſſet. Es ſoll / dieſer
Hoſpital/ bey 90000 Ducaten Einkommens haben. An der
Kirche al S. Lorenzo, lieſet man dieſes feine Epitaphium: Epitaphium.

HOSPES! QUID SIM, VIDES,
QUID FUERIM, NOSTI.
FUTURUS QUID SIS, COGITA.

Bey dieſer Kirche iſt ein Markt / da man eine groſſe Mänge gemeiner Purſche antrifft / welche daſelbſt aufwarten / bey iemand-
den/ der eines Dieners benötigt/ in Dienſt zu gehen.
Es ſind/in dieſer Stadt/ 5 Porticus oder Pörſchen / ſo Sie
Seggi oder GemeinBänke nennen : deren iede ihre Anzahl Adels
hat/ ſo daſelbſt zuſammen kommen/ und von des Staats Wolfart
deliberiren; und werden/ dieſer Bank-fähigen Adelichen Familj-
en/ 144 gezehlet/ neben denen noch andere 94 / auch ſonſten viel
Prencipi, Dogi und Marcheſi, ſich daſelbſt befinden. Auf dem
Platz il Mercato genannt/ ſtehet eine nidre Capelle / ſo auf den Ort der Ent-
Ort erbauet worden/ allwo Carolus von Anjou, erſter vom Payſt hauptung Con-
eingeſchobener Franzöſiſcher König dieſes Reichs/ A. 1269 den radini , letzten
26 Octobr. Fridericum II letzten ErbFürſten von Oeſterreich Schwaben.
Babenbergiſchen Stammens/ und Conradinum, den rechtmäſſi-
gen Erben dieſer Crone und letzten Herzogen in Schwaben / mit
dem Schwerd hinrichten/und alſo dieſe beyde alte Stämme ieden
nur mit Einem Streiche abhauen laſſen. Sonſten hat dieſe
Stadt fünf Caſtelle: unter denen zwar das Erſte / bey der

G 3 Porta,

142 Die Stadt Neapoll. VII Cap.

ANNO 1661. Porta Capuana, (alda K. Francisci in Frankreich Küriß/ in welchem er bey Pavie gefangen worden/gezeiget wird/) ietz das Rathaus ist und la Vicaria genennt wird/das letzere aber/als die Moles über dem MeerPort/mehr nur ein Gemäuer ist/und hiervon auch den Namen führet. Unter den dreyen übrigen / ist das vornehmste/das Castel-Nuovo: daran ligt das Palazzo Reale, in welchem der Vice-Re wohnet und wöchentlich zweymal zu Gericht sitzet/ woselbst auch järlich ein ReichsConvent gehalten wird. In einem Thurn desselben/ werden Caroli V Kayserliche Kleinodien und Habit/neben seinem Bildnis/ aufbehalten. Das Zweyte / heist Castello del Ovo,von seiner Oval-Form/ und ligt vor der Stadt.

Castell di S. Heremo.

Das dritte/Castello di S. Heremo,ligt gegen dem vorigen über/ auf einem hohen Felsen; ist meist aus dem lebendigen Stein heraus gehauen / und von Kays. Carolo V unüberwindlich befestet worden/die Stadt damit in Gehorsam zu halten / welche man von dar aus zu Grund schiessen könde. Es wird auch von deßwegen Briglia, der Zaum/ genennet: worzu die Neapolitaner selbst Anlaß gegeben.

Ist ein Zaum der Neapolitaner.

Dann als Kays. Carolus V das Seggio di Nido besucht/ im Wappen desselben ein schwarzes ungezäumtes Roß ersehen/ und vernommen/daß die Inwohnere sich damit ihrer Freyheit berühmten/sagte er: Er wolte verschaffen/daß dieses Roß gezäumt würde. Sein Sohn K. Philippus II, hat es / da es zuvor auser der Ringmaur gelegen/in die Stadt mit einfangen lassen. Der Molo oder MeerPort/so bey 500 Schiffe fassen kan/wird umarmet von einem breiten mit Quaterstücken aufgeführten Damm/welcher sich/ in Gestalt eines gekrümmten Armes/bey 500 Schritte in das Meer hinein strecket. Sonsten ist auch sehwürdig / ein Garten vor der Stadt/ Pozzo Real oder das Königliche Brunnwerk genannt/aus welchem alle Wasser in die Röhrkasten und Brunnstöcke der Stadt geleitet werden.

S. Des Hochf. Prinzens Anwesen/ zu Neapoli.

Nachdem wir also die Stadt Neapoli auf dem Papier durchwandert/kehren wir nun ein zum Schwarzen Adler daselbst: allwo

der

der Hochfürstl. Prinz sein Logiment genommen / und von dem ANNO 1661.
Wirte ziemlich wohl tractirt worden. Nächstfolgenden Morgens / brachte der H. Hofmeister die Ankunft des Hochfürstl. Prinzens bey Hofe an / auch wie daß selbiger verlange / den Vice-Re, wiewol incognito, anzusprechen. Der Vice-Re liesse / nach gehaltener MittagMalzeit / dem Hochfürstl. Prinzen / durch einen seiner Compliment
Bedienten / wegen der Ankunft / gratuliren / auch zugleich eine seiner vom ViceRe,
Kutschen offeriren: welche Sie angenommen / und sich deren / so
lang Sie zu Neapoli verweilten / bedienet. Nach Mittag besahen Sie / in dem Port / die Galeren / alda etliche Mohren und Türken eine artige Instrumental-Music præsentiret; ingleichen das
Haus / wo die Galeren gebauet / und das Gieß-Haus / wo etliche
neue Stücke poliret wurden. Den 16 diß / fuhren Sie auf die
Reit-Schul / alda Sie an den schönen Neapolitanischen Pferden /
welche vor andern berühmt / sich wohl belustigten. Nachdem Sie und bey demselbst sich eine gute weile aufgehalten / fuhren Sie nach des ben abgelegte
Vice-Re Palast: der Sie in seinem Gemach empfienge / und zu Visite.
sitzen nötigte. Der Hochfürstl. Prinz gratulirte ihm / wegen des
noch-einigen Sohns: der Ihme erst vor zweyen Tagen war gebohren worden / und bey ihm so grosse Freude erwecket / daß er
50000 Scudi unter die Armen austheilen lassen. Nachmittag
fuhren Sie hinaus vor die Stadt / und besahen das herrliche Carthäuser Kloster am Berg des Castells S Heremo, das schönste / so
Sie iemals gesehen. Sie fanden darinn viel zierliche Gemächer
und treffliche Gemälde; auch in der Kirche / welche von Marmelstein erbauet ist / einen reichen köstlichen Schatz von Güldnen und
Silbernen Gefässen. Nachgehends begaben Sie sich auch in gedachtes Castell / ingemein S. Elmo genannt: daselbst Ihnen etliche
grosse Stücke / die theils dem Churfürsten zu Sachsen Johann
Fridrichen A. 1547 bey Wittenberg / theils K. Francisco I in
Frankreich bey Pavie A. 1525 abgenommen / theils auch auf Befehl und Anordnung des Cardinals de Richelieu gegossen worden.

ANNO 1661. den. Von dem Lieutinant des Castells/ einem Spanier / wurden Sie allenthalben herüm geführet / auch endlich bis vor die Brücke des Castells begleitet.

6. Reise durch den Berg Pausilypum. 37. Mart. Grab des Poeten Virgilii.

Folgenden Tags/ gienge Er mit seiner ganzen Suite nach Puzzuolo, da Sie durch den Berg Pausilypum passiren musten. Am Eingang desselben/ sahen Sie zur Rechten das Grab des Poeten Fürsten P. Virgilii Maronis: welcher gleichwie auch Livius, Horatius, Statius, Seneca, Gellius, Claudianus und andere gelehrte Römer/ zu Neapoli sich oft befunden/ und daselbst seine Georgica oder Bücher vom Feldbau geschrieben/ und/ als er zu Brundisio erkranket/ in oder üm Neapoli begraben zu werden verlanget / auch ihm selber diß Epitaphium gestellet:

    Mantua me genuit: Calabri rapuere: tenet nunc
    Parthenope: cecini pascua, rura, duces.

Diesen seinen Wunsch zu erfüllen / liesse Kays. Augustus seine Gebeine an diesen Ort bringen/ welcher zwo wälsche Meilen von Neapoli lieget / und besagtes Distichon auf sein Grab schreiben. Man lieset aber jezo/ an statt desselben/ ein anders und zwar dieses Distichon:

    Qui cineres? tumuli hæc vestigia: conditur olim
    Ille hoc, qui cecinit pascua, rura, duces.

und Sanazarii. Nicht weit von diesem Ort liegt ein Kloster / welches vordessen des fürtrefflichen wälschen Poeten Actii Sinceri SANNAZARII Behausung gewesen/ und von ihme durch Testament ad pias causas verschaffet und gewidmet worden. In der Kirche/ sihet man sein Grabmahl von Marmel / welches der Cardinal Bembus also beüberschriftet:

    Da sacro cineri flores! hic ille Maroni
    Sincerus Musâ proximus, ut tumulo.

langer Weg durch den Berg Pausilypum.

Vorbesagter Berg PAUSILYPUS, iezt Bosilipo genannt/ so zwar sehr hoch aber mit Wein bewachsen/ ward vor Urzeiten durchbrochen/ und also der Weg von Neapoli nach Puteoli geöffnet.

VII Cap. Beschauung der Grotta del Cane. 145

ANNO 1664.

geöffnet. Diese Grotta oder Höle/ ist 12 Schuhe breit und
hoch/ und tausend Schritte oder eine wälsche Meile lang; und
können zween Wägen darinnen/ so von beyden Seiten angefahren kommen/ einander ausweichen. Weil man/ mit diesem
Durchbruch/ die Wandersleute einer grossen Mühe überhoben/
als wurde der Berg von den Griechen Pausilypus genennet/ wel- Παυσίλυπος,
chen Namen man Mühewender oder Sorgenstiller teutschen kön- Sorgenstiller.
de. Strabo schreibet/ es sey vorzeiten/ durch unterschiedliche Fen-
ster/ das Tag-Liecht hineingefallen: welche aber nachmals verfal-
len oder verwachsen/ und also dem Seneca, diese Gruft ein langes
finsteres Gefängnis zu nennen/ Ursach gegeben. Als auch der
Ein- und Ausgang mit Geströttich fast ganz verwachsen ware/
liesse K. Alphonsus I dieselben wieder öffnen/ auch von oben herab
zwey Fenster in die Quäre aushauen/ durch welche denen beyder-
seits-hineingehenden von fernen das Tag-Liecht/ gleich als ein
Stern/ entgegen scheinet/ und die Begegnenden als Zwerche erscheinen. Es gehet der Weg nicht in die Krümme/ sondern ge-
rade durch: und ist überdas in der Mitte eine kleine Capelle aus
dem Felsen gehauen/ in welcher eine ewige Lampe brennet. Man
saget und will es mit der Erfahrung bezeugen/ daß einer/ der jemanden in dieser Höle ermordet/ nicht darauß entweichen könne.
Man pflegt/ ganz mit Staube bedeckt/ herauszukommen.

Jenseit dieses Bergs/ gelangten Sie zu dem See/ Lago di 7. Beschau-
Agnano genannt/ welcher/ ringsüm mit Bergen eingeschlossen/ ung der
einem Amphitheatro gleichet. Am selbiger Berge einem/ fanden Grotta del
und besahen Sie die beschreyte Höle/ so man Anthrum lethale, Cane.
die Todesgruft/ ingemein Buco velenoso und Grotta del Cane, Die Todesgruft
das Gift- oder Hunds-Loch nennet. Sie ist vornen weit und hinten äng/ 8 Schuch hoch/ 6 Schuch breit/ und etwan 30 Schritte
tief/ aber ebenes Bodens/ der nach und nach sich senket. In derselben steiget ein hitziger subtiler Dampf auf/ den man mit den Augen nit begreifet: Doch sihet man zu hinterst glänzende Tropfen
T hangen/

hangen/die man für Queckſilber hält. Die gemeine Sage iſt/ daß/ ſo eine lebendige Creatur über das Mark / welches durch ein Gräblein bezeichnet worden/ hinten hineinkommet / dieſelbe alſobald ſinnlos niderfalle und als todt ligend bleibe: aber/ wann man Sie in einem Teich gegenüber eintauchet/ wieder lebendig werde. Solches ward ja ie zu Zeiten mit Hunden oder Hanen / von K. Carolo VIII in Frankreich/ als er diß Königreich erobert/ mit einem hineingejagten Eſel / probiret und wahr befunden. Doch gibt es auch die Erfahrung/daß ein Hund / wann man ihn herausziehet/und am Ufer beſagten Teichs/ ſonder ihn darein zu tauchen/ ligen läſſet / endlich ſich wieder erhole und davon laufe. Drey Reiſende Teutſche/ſo ſich einſt hineingewaget/und bey drey Minuten lang darinn verblieben/ ſpürten zwar eine Hitze an den Beinen und Kniehen hinaufſteigen/ und ſchwitzten an Stirn und Schläffen: fühlten aber weder Schwindel noch Hauptweh/ und giengen friſch und geſund wieder heraus; Sie befanden auch / daß beſagte Tropfen nichts als helles Waſſer waren. Hieraus iſt abzunehmen/ daß die Hitze dieſer Gruft allein an kleinen Thieren/ und welche mit niderhangendem Kopfe dieſelbe in die Naſe ziehen/ obbeſagte Würkung thue. Der Hochfürſtliche Prinz hat/neben den Seinen/die Sache auch viel geringer und kleiner/ als das Geſchrey davon/befunden.

Unferne von dieſer Grotta, ligt zwiſchen den Bergen eine groſſe Thal-Ebene / 1500 Schritte lang und 1000 Schritte breit/ la Solfataria genannt/welche zu Teutſch wohl die Schwefel-Küche heiſen möchte: dann man ſihet daſelbſt viel Hütten und Brennöfen/darinnen man Schwefel kochet und läutert. Beydes die Berge und das Thal ſehen gelblicht aus/rauchen mit ſchwefflichtem Geruch/und laſſen darzwiſchen immermal Flammen auffahren. Die Berge ſind voller Löcher/und die Ebene ertönet/wann man darauf gehet/als von den unterirdiſchen Flammen durchfreſſen. Es iſt auch ein Graben oder Teich daſelbſt / welcher ein pech-

ſchwarzes

VII Cap. Reiſe nach Puzzuolo. 145

ſchwarzes ſiedendes Waſſer führet/ und unaufhörlich einen dicken ANNO 1663
Rauch aufſtöſſet. Das Waſſer iſt ſo heiß und ſcharf/ daß Eyer
und andere Speiſen/die man darein ſtecket / alsobald geſotten und
gekocht wieder herausgezogen: wann man aber Gänſe und dergleichen etwas länger darinnen läſſt/ bis auf die Beine abgezehret
und ganz entfleiſchet werden. Die Heidniſche Poeten haben ge-
dichtet/die Riſen/ſo den Himmel ſtürmen wolten / ſeufzen in dieſem
Gefängnis unter den Bergen/ welche Jupiter auf Sie geworfen.
Weil/ihre Fabel von der Gigantomachia, entſprungen iſt aus der Gigantoma-
Geſchichte von der Aufruhr des böſen Engelheers wider GOtt; chia.
als könde man/ die Verſtoſſung des Lucifers und ſeines Anhangs
in den Abgrund und in die unterſte Oerter der Erden/(wie das
Neue Teſtament die Hölle beſchreibet /) wohl hieher appliciren/
und alſo dieſe Fabel gewiſſer maſſen mit der Warheit ver-
einigen.

Die Stadt Puzzuolo, vorzeiten Puteoli von Mänge der s. Reiſe nach
Brunnen und Bäder daſelbſt benamet/ ligt auf einem hohen Fel- Puzzuolo.
ſen/ und ward/von den Griechen aus der Inſel Samo, zur Zeit K.
Tarquinii Superbi, zur Stadt gemacht. Man ſihet daſelbſt viel
Antiquiteten: wie dann auch die von Marmel erbaute Haupt-
Kirche S. Proculi vorzeiten Kayſ. Auguſto gewidmet geweſen.
Vor der Stadt unten am Felſen/ ſtehet noch das Gemäur von ei-
nem alten Amphitheatro , welches 172 Schuh lang und 92 Amphithe-
Schuh breit iſt. Nahe dabey ligt das Gebäu Centum Cellæ, atrum. Centum Cellæ.
von den Anwohnern Camerette genannt/voll Zellen oder Kam-
mern/deren eine in die andre gehet/ allermaſſen wie in einem Irr-
garten. Von dem alten herrlichen Port / welcher gleich einem
Bogen ſich ins Meer hinein krümte und auf Schwibbogen ſtun-
de/ ſihet man noch 13 hohe Pfeiler empor ſtehen.

Der Hochfürſtliche Prinz/ lieſſe ſich/ über den Sinum da-
ſelbſt/ nach Baja überführen / welches vorzeiten von Bädern be- Baje.
rühmt geweſen. Unterwegs ſahen Sie linkſeits die Inſel Capri, Inſel Capre-
T 2 vor-

148 Der See Avernus. VII Cap.

ANNO 1661. vorzeiten Capreæ genannt: auf welcher Kayſ. Tiberius ſeiner Wolluſte abgewartet/ und inzwiſchen Sejanum zu Rom regiren und tyranniſiren laſſen. Als Sie hinüber gelanget/ ward Ihnen in einem Hügel gezeiget das Gebäude/ Piſcina mirabilis oder der WunderTeich genannt/ zu welchem man 40 Staffeln hinunter ſteigen muß. Es hält 500 Schritte in die Länge und 220 in die Breite/ ruhet auf vier Wanden und 48 Pfeilern/ und iſt von lauter Backſteinen aufgemauert. Man gläubet/ Kayſ. Nero habe es erbauen laſſen/ das friſche Waſſer vor ſeine Schiff-Armada daſelbſt aufzubehalten: wie er dann auch/ ſeine Mutter Agrippinam, dieſer Orten zum Tod gefördert/ auch hierum ihr Begräbnis noch gewieſen wird. In dieſer Gegend lage auch vorzeiten das Land Gut Ciceronis, welches er Academiam genennet / und viel gute Sachen daſelbſt geſchrieben. Nach ſeinem Tod / entſprunge allhier ein Warmbad/ welches man/ wegen ſeiner ſonderbaren Würkung / den Augenbrunn genennet: iſt ihme heutiges Tags der Name i bagni di Tritole geblieben. Allhier hat auch A. 1538 am Tag Michaëlis, nach einem groſſem Erdbeben / ein Feuerſpeyender Berg ſich hervorgethan / welcher bey 1000 Schritte hoch iſt und im Umkreiß 4000 Schritte hat: wird derentwegen il Monte nuovo genennet. Er hat/ den Flecken Tripergola, ſamt einem groſſen Theil des Sees Averni, und vielen GeſundBädern/ unter ſeine ausgeworfene Steine und Aſchen begraben.

Piſcina mirabilis,

Academia Ciceronis.

Thermæ.

Ein neuer Berg entſpringet.

9. Der See Avernus.

Jetztgedachter See Avernus, den Sie dazumal auch beſahen/ heiſt heutzutag Lago di Tripergola und Mare mortuum, das Todte Meer. Er iſt mit Felſen rings umgeben/ welche vorzeiten ſo dick mit Holz bewachſen waren / daß weder die auf-noch niedergehende Sonne hineinſehen/ auch die Winde nicht darzu gelangen konden: dannenhero er faul und ſtinkend worden / und die Vögel/ ſo darüber flogen/ von ſeinem giftigen Dampf geſterbet/ todt zur Erde fielen. Und hiervon/ oder von ſeiner Unſichtbarkeit / hat er auch

VII Cap.   Die Sibyllen-Höle.   149

auch den Namen bekommen. Aber Kayſ. Auguſtus hat das   ANNO 1663.
Gehölze hinwegräumen laſſen/ und alſo den See nicht allein ſicht-
bar/ ſondern auch geſund gemacht: wie man dann ietzt das Waſ-
ſergeflügel darauf ſchwimmen ſihet. Sein Waſſer erſcheinet
ganz ſchwarz/ wegen der unergründlichen Tieffe: wiewol man
ihn einmals 360 Ellen tief gefunden. Die Heiden und ihre
Poeten haben geglaubet/ dieſes ſey ein Arm vor dem HöllenFluß
Acheron, und der Eingang zur Hölle: wie dann Virgilius ſeinen
Æneam, auf dieſem Weg/ daſelbſthin geführet; und ſind Sie
durch die dortherüm entſpringende Warme Quellen/ auch benach-
barte Schwefel-Berge/ in dieſer Meinung geſtärket worden. Der
Pöbel in Campanien fabelt noch heutigs Tags von dieſem Ort/
unſer Gekreutzigſter Heiland ſey daſelbſt durch einen Berg nächſt
am See/ welchen Sie derentwegen Montem Chriſti nennen/ zur   Mons Chriſti.
Höllen/ und mit den Seelen der erlöſten Heiligen wieder herauf/
geſtiegen.

    Sie giengen von dieſem See gegen der linken Hand/ und 10. Die Si-
beſuchten die Höle der Sibyllæ, welche von der in dieſer Gegend byllen-Höle.
vor alters gelegenen mächtigen Stadt Cumæ, Cumana genen-
net worden. Der Ort iſt ganz finſter/ und fällt nirgend kein
Tagliecht hinein: Dannenhero muſte jeder/ eine brennende
Wachskerze/ mit ſich in der Hand tragen. Nachdem ſie eine
zeitlang fortgegangen/ kamen ſie auf einen ausgehauenen Weg/
welcher 20 Schuh hoch/ 10 Schritte breit/ und ſechsmal ſo lang
war. Dieſer Weg/ führte ſie zu einem Gewölbe voller Zellen
oder Cammern: Unter denen Sie eine 14 Schuh-lange/ 12
Schuch-hohe und 8 Schuch-breite/ an den Wänden aber etliche
noch-übrige Zierden von Moſaiſcher Arbeit/ auch neben dem
Eingang etwas gleich einem Bette ausgehauen/ fanden. Aus
dieſer Zelle/ kamen ſie nach 40 Schritten/ in eine andere von gleicher Breite/ aber 25 Schuh lang und nur 8 Schuh hoch war;
und ferner nach etlichen und 30 Schritten/ noch in eine andere/

                   T 3   welche

ANNO 1661. welche 20 hoch / 42 lang und 6 Schuch breit ware. In dieser letztern/ fanden Sie eine warme Fontaine, die man das Sibyllen-Bad nennet. Sonsten pflegen/ in diesen finstern Wohnungen/ viel Fledermäuse sich aufzuhalten: welche denen/ so hineingehen/ beschwerlich sind/ indem Sie gegen die Liechtkerzen schwärmen und flattern. Diese Höle hat auf der andern Seite keinen Ausgang/ wiewol man schreibet / daß vor Alters die Sibylla daraus nach der Stadt Cumæ, ja gar nach Bajæ, gehen können: musten Sie derhalben den Eingang zurücke suchen. Es ist warscheinlicher/ daß diese Grotta von den alten und ersten Inwohnern dieser Länder / welche (wie aus der von Virgilio Lib. VIII Æneid. beschriebenen Historia Caci abzumerken/) Riesen und Rauber gewesen/ ausgehölet und bewohnet worden. Noch eine solche Sibyllen-Höle ist zu finden/ auf dem Gebirge Apennini, unfern von dem

Venus-Berg. Castel S. Maria in Gallo, welche von den Anwohnern der Venus-Berg genennet und viel Dings davon gefabelt wird. Nachdem

Wiederkehr nach Neapoli. der Hochfürstl. Prinz die MittagMalzeit eingenommen/ gienge Er/ mit einer Compagnie von 42 Pferden/ so theils Franzosen/ theils Engelländer waren/ nach Neapoli wieder zurücke.

11. Der Berg Vesuvius. Folgenden Morgens den 18 diß/ ritten Sie 32 Meilen nach dem Berg Vesuvio, jezt Monte di Somma genannt/ denselben zu beschauen: welches Sie dann vor dißmal nit mit solcher Gefahr thun konden/ wie der treffliche Naturforscher und Römischer Ammiral Plinius zu Kays. Titi Zeiten / der seine Curiositet mit dem Leben bezahlen müssen. Dieser grosse Mordbrenner/ hatte Jars vorher seine alte Sitten/ nachdem er bey 30 Jahren geruhet/ wieder hervorgesucht/ die Gegend unter einen neuen Stein- und Aschen Regen begraben/ und seinen Rachen/ welchen P. Kircherus kurz vorher oben 30000 Schritte weit soll gefunden haben/ wohl geweitert. Der Hochfürstliche Prinz stiege selber/ wiewol mit grosser Mühe/ den Berg hinan/ und sahe mit Verwunderung in diese Hölle hinein/ welche dann ziemlich rauchet. Wie sehr dieser Berg rasel/

VII Cap.   RuckReise nach Rom.   151

raset/ so dunget Er doch gleichwol die umliegende Felderey mit sei- ANNO 1661.
ner fetten Asche/ umpflanzet sich also selber mit einem schönen grünen Thal/ und sendet durch dasselbe manches klares gesundes Bäch-
lein/ an statt der vorherigen FeuerStröme. Man mag wohl von
ihm sagen/ wann er etliche Jahre gütig gewesen: Es stehe/ mitten
im Paradeis die HöllenPforte. Von diesem Berg und den Ursachen seiner Entzündung / ist unsers Teutschen Virgilii schönes
Gedichte / samt den Notis, mit Lust und Nutzen zu lesen. Nachmittag besahen Sie/ zu Neapoli, die Kirche Cajetani, das Kloster
der Fratrum Montis Oliveti, und die Kirche der Theatiner/ welche
alle wohl zu sehen waren. Den 19 diß/ wurden etliche Pferde besehen / und zu Passirung der Zeit einige andere Sachen vorgenommen.

Nachdem Sie also in Neapoli und selbiger Gegend sich wohl 12. Ruckreise
umgesehen/ reiseten Sie/ den 20 diß Nachmittag/ von dannen wie- nach Rom.
der ab/ und kamen Abends zurücke nach Capua: bis dahin / dem Capua.
Hochfürstl. Prinzen Mr. le Baron de Stubenberg aufgewartet. H. Baron von
Den 21 diß/ giengen Sie/ bey starkem Regen nach Cascano, besu- Stubenberg.
cheten unferne davon das Grab M. Tullii Ciceronis, welches D. Cascano.
zwar nicht so gar alt scheinet/ und kamen selbigen Abend noch nach
Mola di Gaëta, daselbst Sie übernachtet. Folgenden Morgens Mola di Gaëta.
machten Sie sich noch vor Tags auf / und fuhren hinüber nach
der Vestung Gaëta, welche in einem Seewinkel liget: alda sahen Gaëta.
Sie den gespaltenen Berg/ von deme man daselbst saget / wie daß
er einer von den Felsen sey/ welche zur Zeit der Passion unsers Heilandes gespalten worden. Folgends bischaueten Sie auch das
Schloß/ und zur Rechten der Pforte den Cörper Caroli Borbonii, Caroli von
welcher/ bey vorgedachter Eroberung der Stadt Rom erschossen Bourbon Leich-
worden. Er stande aufgericht in einem grün-sammeten mit güldnen nam.
Galaunen verbremten Kleid/ und ware an ihm keine sonderliche
Verwesung/ auser an der Nase/ zu sehen. Es ward auch dazumal
des Neapolitanischen Aufrührers Thomas Agnelli (ingemein Mas- Aufrührer
Agnelli Mas-Agnelli.

ANNO 1661. Agnelli genannt/) Sohn neben seiner Mutter auf dieser Vestung gefangen gehalten/ und liessen sich sehen.

Fondi.
Terracina.
Piperno.

Sie giengen fürter/ durch Fondi, nach Terracina, und übernachten zu Piperno. Der Castellan dieses Orts/ schickte den 23 diß/ mit frühem Morgen/ dem Hochf. Prinzen/ eine Fleisch-Pastetel samt Wein und etlichen Paar Tauben: liesse sich anbey entschuldigen/ daß er/ wegen Unpäßlichkeit/ Jhm nit selber aufwarten/

Sarmoneta.
Belletri.

noch Jhn begleiten könde. Den Mittag hielten Sie zu Sarmoneta, und kamen Abends nach Belletri, alda Sie die Nacht passirten/ und der Monsignor bey der Abendmalzeit etliche Flaschen mit gutem Muscateller Wein præsentiren lassen. Den 24 diß/

Alba.

giengen Sie/ bey überaus-grossem Regen/ nach Alba, oder vielmehr zu den Steinhaufen der uralten Stadt Alba Longa: welche von Ascanio Æneæ Sohn erbauet/ 30 Städte im alten Latio, darunter auch Rom gewesen/ ihr unterworfen/ und 14 Könige gehabt. Nachdem Sie über 400 Jahre gestanden/ ward Sie/ wegen der Verräterey Metii Suffetii, auf Befehl des K. Tullii Hostilii und des Senats zu Rom/ zu grund verstöret/ und musten die Bürger den Berg Cœlium beziehen. Was noch daselbst stehet/ ist das Castell Savello, der Savelli Stammhaus. Der Hochfürstl. Prinz/ besahe allhier die 5 Monumenta der zween Horatier und 3 Curiatier/ welche üm das Recht des Vorzugs zwischen Rom und Alba gefochten. Sie haben allhier/ den guten Albaner-

Albaner-Wein.
Castel-Gandolfo.
Wieder Ankunft zu Rom.
24. Mart.

Wein/ in originali ziemlich/ doch ohne einigen excess, gekostet/ auch auf der guten Freunde in Teutschland Gesundheit getruncken: und sind/ über Castel-Gandolfo, gegen Abend in Rom glücklich wieder angelanget/ nachdem Sie/ mit dieser Reise nach Campanien/ eben 14 Tage zugebracht hatten.

Das

Das VIII Capitel.
RuckReise durch Italien.

(1) Des Hochfürstlichen Prinzens / Leztes Anwesen zu Rom. (2) Ablezung H. Pat. Oliva mit Herrn Inspectorn. (3) Fernerer Abschieds-Verlauf. (4) Reise durch Umbrien/ und (5) nach Loreto. (6) FortReise durch die Mark Ancona. (7) Reise durch Romagna, und (8) nach Ferrara. (9) Staat und Stadt Venedig/ und (10) Ankunft daselbst. (11) FortReise durch das Venedische Gebiete. (12) Reise nach Mantua. (13) RuckReise durch die Romaney. (14) FortReise durch die Lombardey. (15) Reise durch das Herzogtum Meyland.

Die glückliche Wiederkehr des Hochfürstlichen Prinzens / erweckte in Rom bey den Ministris grosse Freude: wie Er dann alsobald selbigen Tags vom Sign. Abbate de Castiglione und Sign. Bertolani, beneventiret und Ihme wegen wohl-verrichteter Reise gratulirt worden. Den 25 Martii, hielte der Papst/ im Päpstlichen Ornat und mit der dreyfachen Kron auf dem Haupt / eine Solenne Cavalcada: welcher der Hochfürstl. Prinz aus des Venetianischen Ambassadors Hause zugesehen. Nach diesem begabe Er sich in die Kirche der Dominicaner / alla Minerva genannt/ und wurde von dem Schweizer-Hauptmann in die Capelle geführet: allwo Sie die Soleniteten/ insonderheit wie der Papst 400 arme Mägdlein/ nach järlicher Gewonheit/ dotirte und aussteuerte/ mit angesehen. Nachmittag beschaueten Sie noch eine Cavalcada des Papsts nach

1. Leztes Anwesen zu Rom.

Des Papsts Cavalcada.

400 arme Mägdlein.

154　Ablegung H. P. Oliva mit H. Inspectorn.　VIII Cap.

ANNO 1661.

Glashütte.

Visite beym Cardinal Patron.

Tractament bey Mr. d'Alibert.

2. Ablegung H. Pat. Oliva mit Herrn Inspectorn. 28 Martii.

nach S. Pietro, welcher/ wie auch zuvor/ von den Cardinälen in Viol-braunem Habit begleitet worden. Den 26 diß Nachmittag/führen Sie/die Glashütten zu besehen: da dann der Hochfürstl. Prinz selber/zur Lust/etliche schöne Gläser machte. Nachdem Sie in ihre Herberge wiedergekehret/ ward Ihme daselbst zu Abend vom Sign. Abbate de Castiglione aufgewartet.

Weil Sie nunmehr in Rom/ allwo Sie vormals bey vierthalb Monate passiret/ sich genugsam umgesehen/ und noch einige Orte in Italien zu beschauen bedacht waren: als wurde/ gegen Ausgang dieses Monats/ die endliche Abreise resolviret. Diesemnach fuhre den 27 diß der Hochfürstl. Prinz zu dem Cardinal Patron, Abschied von ihm zu nehmen: welcher mit vielen Worten contestirte/ wie ihme sehr leid sey/ daß Er sobald und ganz unverhofft von dar abreisen wolte/ und daß Ihme nicht/ seinem hohen Stand gemäß/ hätte können aufgedienet werden. Gegen Abend kame il Maestro di Camera del Papa Monsign. Nini, Ihn zu ersuchen: der dann bey einer Stunde lang sich aufgehalten. Diesen Abend ist Er neben dem Herzog von Holstein von Mr. d'Alibert, einem Französischen Cavalier, tractiret worden.

Am folgenden Morgen den 28 diß/ liesse H. Pater Oliva den Hochfürstlichen Inspectorn Lilien complementiren/ und sich bäst entschuldigen/ daß Er Ihn bisher nicht visitiret/ wovon Er durch überhäufte Verrichtungen wäre abgehalten worden. Er verlange/ Ihn noch einmal zu sprechen/ und wolte solches vor eine Ehre achten. Nach erwiederten Complementen/ wurde der H. Inspector ferner gebetten/ dem H. Pater noch einmal zuzusprechen. Dieses verursachte zwar Anfangs allerhand Nachdenken: doch wurde es/ auf Gutbefinden etlicher vornehmen der Evangelischen Religion zugethanen Stands Personen/ endlich verwilligt. Nachdem nun der H. Inspector sich/ in Begleitung des offterwehnten Don Friderico, daselbst eingefunden/ ward Er von H. Pater Oliva, mit höflichsten Bezeugungen und mancherley Discursen bey einer

Stunde

VIII Cap. Ablegung H. P. Oliva mit H. Inspectorn.

Stunde lang unterhalten. Er erwehnte unter andern/ der
Päpſt. Heil. wäre leid/ daß der Hochfürſtl. Prinz ſobald abreiſete/
und man Ihme/ neben den Seinen/ der Gebühr nach / nit hätte
aufwarten können. Hierauf præſentirte er zwey ſchöne Gemäl-
de/ mit Bitte/ daß der H. Inſpector das eine dem Hochfürſtl. Hofmeiſter zuſtellen/ das andere aber/ zu gutem Andenken/ vor ſich behalten wolte. Zulezt begleitete Er den H. Inſpectorn bis zur
Kutſche/ umarmete Ihn beym Abſchied/ und druckte Ihn an die
Bruſt/ ſprechend: Der Hochfürſtl. Inſpector würde nun
wol nit wieder in Italien kommen; So würde auch Er / vor
ſeine Perſon/ als ein alter betagter Mann / nicht in Teutſchland kommen. Er hoffe aber/ daß Sie/ um Chriſti theuren
Verdienſts willen und durch den Glauben an denſelben/ einander dermaleinſt im Ewigen Leben wieder ſehen würden.
Dieſe Rede/ hat der Hochfürſtl. Prinz alſobald und zwar eher und
mehr durch denjenigen/ welcher dabey geweſen und es mitangehö-
ret und geſehen/ erfahren/ auch nachmals an unterſchiedlichen Orten erzehlet. Es erhellet hieraus/ daß der unzeitige Religions-Eyfer
bloß aus dem opiniatriren auch ein- und anderem Secular-Inter-
eſſe herrühre/ und bey manchem mehr auf der Zunge/ als im Herzen ſitze: welches endlich / wo es anderſt noch einiges Lieche hat/
bey Chriſto und deſſen Verdienſt ſein leztes refugium ſuchet/ und
Kraft ſolches Glaubens/ aus Liebe / dem Nächſten / den der
Mund verdammet / neben ſich den Himmel gönnen und zuſchä-
zen muß.

Gegen Mittag wurde/ vom Don Auguſtino des Papſts
Nepote, und von H. Herzog zu Sachſen-Lauenburg/ auch Nachmittag von H. Marggrafen von Baden-Durlach / und von
H. Herzog zu Holſtein Abſchied genommen. Folgenden Mor-
gens/ erſuchten den Hochfürſtl. Prinzen/ Monſignor de Fürſtenberg und Monſignor Vizzani, beyde vornehme Prälaten / welche
beym Papſt in groſſen Gnaden waren. Nachmittag kame
der

ANNO 1661.

Herrn Paters
Chriſtliche lezte
Worte.

3. Fernerer
Abſchieds
Verlauf zu
Rom.

ANNO 1661. der Maggior-Domo del Pontefice Monſignor Boncompagno/ ein ſehr qualificirter Herr / Jhn gleichfalls zuerſuchen. Man
Der Prinz hat hiermit/ dem Hochfürſtl. Prinzen/ ſonderbare Ehre vor an-
ſonderbare Ehre dern erzeigen wollen: dann ſonſten/ dieſe Officiali des Papſts/ kei-
von den Päpſt-
lichen Mini- nen Fürſten zu viſitiren pflegen. Er hat/noch ſelbigen Tags/
ſtris. ietzt-beſagten dreyen Prälaten / wie auch dem Monſignor Nini,
Viſite gegeben und von Jhnen Abſchied genommen. Am Morgen den 30 diß/ lieſſe Don Auguſtino ſich anmelden: weil aber
der Hochfürſtl. Prinz bey dieſem Abzug etwas über logirt ware/
und alſo Jhn neben ſeinem Hof nit recipiren konte/ (dann Er hat-
te/ bey der Abreiſe nach Neapoli, ſein Haus aufgegeben / und ietzo
bis zum Rück-Aufbruch/ bey Sign. Gioanni Emanuelli ſich auf-
gehalten/) als ward gebetten / daß Er ſich nit ferner bemühen
wolte.

  Noch ſelbigen Vormittag / kame der H. Marggraf von
Baden-Durlach/ der ſich bey dem Hochfürſtlichen Prinzen etliche
Stunden lang aufhielte: da Sie dann miteinander la Chieſa di
Kirche S. Mariæ S. Maria dell' anima beſchaueten / welche ein Marggraf von
de animâ, von
einem Marg- Brandenburg/ vor die Teutſche und Niderländiſche / ſoll haben
grafen zu Bran- erbauen laſſen; darinn auch drey hohe Perſonen von dieſen Na-
denburg erbaut. tionen/ als nämlich P. Adrianus VI, Wilhelm Cardinal von
Enkefort/ und Carolus Prinz von Gülich/ Cleve und Berg/ begraben ligen. Als Er Nachmittag abermals vom Abbate be-
ſucht worden/ fuhre Er zu den Patribus der Societet: daſelbſt Er/
Des Königs des Königs von Feſſa in Africa und Mauritanien H. Sohn / der
von Feſſa Sohn. ſich bey ihnen aufhält/ angeſprochen. Folgends viſitirete Er
den H. Landgr. Ernſt in Heſſen/ welcher vor wenig Tagen
in Rom angekommen war. Letzlich fuhre Er zu den Dominica-
Oſman, des nern/ und ſahe daſelbſt des ietzigen Türkiſchen Kayſers H. Bru-
Türckiſchen
Kayſers Bru- dern/ welcher zuvor Oſman geheiſſen/ aber in der Taufe Domini-
der/ ein Chriſt. co de S. Thoma genennet/ und A. 1642 mit ſeiner Fr. Mutter
von den Malteſer-Rittern gefangen worden. Er war ein ſehr
ſchöner

VIII Cap.   Reise durch Umbrien.   157

schöner Herr/ damals von 20 Jahren/ der aber fast immer kran- ANNO 1661.
kete. Als Sie kaum von dar wieder ins Logement gelanget/
kame Hochbesagter H. Landgraf von Hessen den Hochfürstl.
Prinzen zu visitiren; der dann bey einer halben Stunde sich aufgehalten. Hiernächst kame H. Pat. Athanasius Kircherus, und P. Athanasius
offerirte einige Bücher / die er neulichst in Druck hervorgegeben Kircherus.
hatte. Bald kamen auch des Cardinal Patrons Bediente / als
Sign. Bonvisio Maggior-Domo, Sign. Conte Montemar, und
Sign. Abbate de Castiglione, Abschied zu nehmen: da dann der
Letzere bis zum AbendEssen sich aufgehalten. Den 31 diß/ früh
um 10 Uhr/ nahme der Hochfürstl. Prinz Abschied von dem Car- Abschied von
dinal Colonna; welcher/ wegen Absterbens des Cardinals Ma- Cardinal Co-
zarini, sich einige Zeit auser der Stadt aufgehalten / und eben lonna.
Abends zuvor in Rom sich wieder eingefunden hatte: der dann
Ihn/ mit sonderbarer contestation grosser Liebe und affection, dimittiret.

Gegen Mittag / kame viel-erwehnter Sign. Abbate de Ca- Abreise von
stiglione, welcher die ganze Zeit über/ dem Hochfürstl. Prinzen zu Rom.
dienen/ sich eiferigst angelegen seyn lassen / mit dreyen Kutschen/ 31. Mart.
iede mit 6 Pferden bespannet/ für das Logement: da Sie dann/
nach eingenommener Malzeit/ von Rom aufgebrochen / und von
dem Herrn Herzog von Holstein und besagtem Sign. Abbate, auch
sonst von vielen Teutschen und Römischen Cavallieren / bis alla
prima posta 6 Meilen begleitet wurden. Allhier nahme der
Hochfürstl. Prinz von Ihnen Abschied / nachdem Er samt denen
bey sich habenden viele sonderbare Ehren empfangen / bediente
sich der Pferde/und ritte vor Abends noch bis Castel nuovo 9 Castell nuovo.
Meilen.   4. Reise

Folgenden Tags/ war der 1 Monats Aprile/ kamen Sie zu durch Um-
Mittag/ 15 Meilen nach Citta di Castello einem geringen Fle- brien.
cken/ so etwan das alte Tifernum gewesen. Sie reiseten noch 15 1. April.
Meilen bis Narni, daselbst Sie Nachtlager hielten: ist eine alte stello.
                                                                itzt Narni.

Reise durch Umbrien. VIII Cap.

ANNO 1661.

Wunder-Erde.

D. Strittura.

Spoleto Herzogtum.

Sonderbares Compliment von dem Cardinal Fachinetti Bischof daselbst.

iezt-Bischofliche Stadt am Fluß Nar, welcher unten an dem hohen Felsen/darauf Sie ligt/ vorbeyrauschet / und ihr den Namen Narnia gegeben. Vorzeiten soll daselbst eine Erde zu finden gewesen seyn/ welche von der Dürre zu Kohe / und vom Regen zu Staub worden. Von hier giengen Sie/einen sehr angenehmen lustigen Weg/ bis Strittura, ein geringes Dorf/ 14 Meilen; passirten Nachmittag den Berg Apenninum, (welcher/ mitten durch Italien sich streckend/ gleichsam desselben Rückgrad ist/) und gelangten Abends nach Spoleto, sind 13 Meilen. Diese uralte herrliche Stadt/ vorzeiten eine Residenz der Lombardischen Könige/ (von denen auch/ein grosses Theil der Provinz Umbria, Ducato di Spoleto genennt wird/)hat ein Bistum / und ein fästes vom Payst besetztes Schloß/ welches an ein Theil der Stadt / so auf dem Hügel gegenüber liget/ durch eine Steinerne Brücke von 24 hohen Pfeilern/ über ein tieffes Thal angehänget wird. Man sihet/vor der Stadt das Fundament von einem verfallnen Theatro, auch sonst hin und wieder viel Antiquiteten.

Der Hochfürstl. Prinz ware/mit seiner Suite, kaum von den Pferden abgestiegen/da kame des H. Bischofs und Cardinals Fachinetti Maggior-Domo, gratulirte Ihm / im Namen seines Herrn/ wegen glücklicher Ankunft/ und præsentirte eine stattliche Tafel mit allerhand wohlzugerichteten Speisen und delicatem Wein. Es ward auch des Cardinals Bette/ vor den Hochfürstlichen Prinzen/in die Herberge gebracht: damit ja/ an guter Bedienung/nichtes ermangeln möchte. Als der Hochfürstl. Prinz sich zur Tafel gesetzet/kam ein anderer Cavallier, der entschuldigte den Herrn Cardinal, ümwillen Er nit selbst gekommen wäre/demselben zuzusprechen/ und contestirte zum höchsten/ daß es allein darüm geschehe/ damit der Hochfürstl. Prinz / weil Er von der Reise noch müde wäre / nicht incommodirt werden möchte. Dieser præsentirte zugleich aufs neue/ noch etliche Sorten von sehr gutem Weine: da man dann/ zu Abend/ sich etwas lustig gemacht.

Folgen

VIII Cap.   Reiſe nach Loreto.   159

Folgenden Morgens machten Sie ſich wieder auf/und giengen bis ANNO 1661.
Fuligno, 12 Meilen: iſt eine alte Stadt/auf das Flüßlein Tinna Fuligno,
in die Runde gebauet/hieſſe vorzeiten Fulginium, hat ein Biſtum/
eine groſſe Handelſchaft und viel Oliven Wälder. Von hier
giengen Sie dieſen Tag noch 15 Meilen bis nach Saraval, ein Saraval.
Städtlein/daſelbſt Sie über Nacht geblieben.

Von hier reiſeten Sie den 4 diß/ bey ſtarkem und ſtätigem 5. Reiſe nach
Regenwetter/ nach Varcemar einem Dorf/ 14 Meilen/ und ka- Loreto.
men Abends/über 17 Meilen/nach Macerata: ſo eine ziemliche D. Varcemar,
Stadt iſt/auch ein Biſtum und eine Academie hat. Den 5 diß/ Macerata.
paſſirten Sie durch Ricanato, 10 Meilen/ ſo auch eine feine und Ricanato,
vornehme Handel-Stadt iſt/ und einen Biſchof hat; und kamen
gegen Mittag nach Loreto, 3 Meilen. Dieſer Ort hat den Na- Ankunft zu Lo-
men von einem Lorbeerhayn/ (Laureto,) der vordeſſen nahe dar- reto, 5 April.
bey gegrünet. Iſt ein fäſtes Städtlein/ mit Mauren/ Gräben
und Thürnen/ auch mit Geſchütze und Munition wohl verſehen/
die Türkiſche und andere Seerauber/ die ehmals daſelbſt nach einer
reichen Beute gemauſet/ abzuhalten. Es ligt auf einem Hügel/
auf welchem/ wie etliche wollen/ vorzeiten der Tempel Junonis
Cupranæ geſtanden. Unten daran ligt ein wohlgebauter Markt-
flecken/ mehrentheils von Gaſtwirthen bewohnt: weil täglich/
von allen Orten der Chriſtenheit / viel hohe und nidre Perſonen/
daſelbſt ab-und zureiſen. Nach der Mittag Malzeit / beſahe der
Hochfürſtl. Prinz/ mit den Seinen/ die Situation des Orts / folgends auch die Kirche/und den ganzen Schatz: welcher dann un- Kirche und
vergleichlich reich/ und faſt unmöglich zu beſchreiben iſt. Unter Schatz der
andern/ wurde Jhnen gezeiget/der Königinn Chriſtinæ in Sue- Mutter Gottes.
den Zepter und Cron/ ſo Sie dahin verehret; worzu ein Poet/ die- Dahin verehrte
ſes Diſtichon gemacht/ ſo darzu geſchrieben und gelegt Kron der Köni-
worden: gin Chriſtinæ
  in Schweden.

   Hanc tibi ſacravit ſpretam Regina Coronam,
      in cœlo tribuas ut meliore frui.

Zu

160 FortReise durch die Marck Ancona. VIII Cap.

ANNO 1661.

Zu Teutsch/möchte es etwan also heisen:
Dir die Königinn hier gibet die von ihr verachte
Kron:
Daß du gebest Ihr im Himmel eine bässre dort
zu Lohn.

Es wird geschrieben/daß der Königinn/ als man Ihr die Verse gewiesen/das Wort Spretam nicht gefallen/ mit dieser Erklärung/ Sie habe ihre Kron iederzeit hochgeachtet/und Sie sey nicht so unbesonnen/daß Sie der Heiligen Mutter GOttes etwas/ das Sie selber verachtet/ schenken oder opfern solte. Sie besahen folgends auch das Haus oder Leibzimmer der Mutter GOttes/(wie man es nennet/) samt ihrem Bildnis/ rothen Rock und Schüssel/ und alle daselbst befindliche Antiquiteten: da Sie dann/einiger Ceremonien halber/im geringsten nicht incommodiret worden. Es ist/ eine viereckichte Capelle von Marmel/üm das Zimmer gebauet/doch also/daß es von derselben nicht berühret wird. Die Historie/ wie es an diesen Ort gebracht worden/ist an den Seulen/auf Tafeln/ fast in allen Sprachen beschrieben zu lesen. In etlichen über den 4 Thüren angeschriebenen Versen/wird dieser Ort vor den allerheiligsten der Welt gepriesen: weil die GottesMutter/ in diesem Zimmer/ sey GOttes schwanger worden.

Leibzimmer der MutterGottes.

6. Fort-Reise durch die Marck Ancona. Schlimmer Schlam-Weg. Ancona.

Von Loreto reiseten Sie den 6 diß wieder ab/und hatten/ bis nach Ancona, 15 Meilen/ continuirliches Regenwetter/auch dannenhero/wegen des tieffen Schlamms/ den allerbeschwerlichsten und elendsten Weg/dergleichen Ihnen nie auf der ganzen Reise aufgestossen. Also gelangten Sie mit Ungemach/ nach Ancona, der HauptStadt dieser Provinz: welche von den Griechen vor uralters erbauet/und von ihrer Situation, die sich wie ein Elnbogen (αγκών) Land-ein krämmet/diesen Namen bekommen. Sie ware vorzeiten die GränzStadt/zwischen Galliâ Togata und Itasien. Unter den Lombardern/ wurde Sie zur Residenz des Marggrafen/der diese Provinz regiret. Sie hat ein Bistum/
eine

VIII Cap. JoreReise durch die Mark Ancona. 161

eine stattliche Handelschaft/ und insonderheit einen der herrlich- ANNO 1663.
sten Seehäfen in Europa; daher auch das Sprüchwort ent- Herrlicher See-
standen: hafen daselbst.

> Unus Petrus est in Româ,
> Unus Portus in Anconâ,
> Una Turris in Cremonâ.

Kayf. Trajanus hat ihn zu solcher Vollkommenheit ge-
bracht/ und mit bedeckten Gängen gezieret: da dann folgents die
Römer/ einen trefflichen hohen Ehrenbogen/ daran gebauet und
seinem Namen dediciret/ welcher annoch/ wiewol ganz nacket
und von seinem Schmuck entkleidet / zu sehen ist. Die besagte
Krümme/ gibt diesem Port ein bequemes und sicheres Lager; und
wird er über das/ von einem Revellino, in der Mitte beschirmet.
Die Stadt hat auch eine Vestung/ wodurch Sie der Papst ihm
unterworfen. Als der Hochfürstl. Prinz daselbst angelanget/
kame Nachmittag der Pater Inquisitor, Dominicaner-Ordens/
Ihme aufzuwarten/ und befahle dem Wirt/ daß er Fleisch / und
was man sonst fordern würde/ hervorgeben und auftragen
solte.

Als Sie folgenden Morgens fürter reiseten / hatten Sie
noch etliche Meilen bösen Weg/ bis Sie an das Meer kamen: da
dann die Bahn sich bässerte/ und Sie endlich über 20 Meilen zu
Senogallia, (welche vordessen berühmte/ ehmals unter den Her- Senogaglia.
zogen von Urbino beständigte/ nit grosse Stadt; Sie vor der Malzeit beschauet/) und Nachmittag noch 15 Meilen reisend/ zu Fano Fano.
angelanget. Diese kleine alte MeerStadt/ bekame den Namen
von dem Tempel Fortunæ, der daselbst gestanden / hat ein Bi-
stum/ schönes WeibsVolk/ auch eine Oel-Getraid-und Wein-
fruchtbare Gegend. Von hier/ da Sie ziemlich gute Herberge
gehabt/ giengen Sie den 8 diß/ nach Pesaro, 7 Meilen: ist das Pesaro.
alte Pisaurum, eine schöne reiche HandelStadt; hat gleichfalls ein
Bistum/ ein fästes Schloß und schönes Palatium der Herzogen
X von

162 Reise durch Romagna. VIII Cap.

ANNO 1661. von Urbino. In der Bibliothek desselben/ ward ehmals ein auf
Perment geschriebenes und mit den schönsten Gemälden durch-
Kostbares zirtes Brevier gewiesen / so man auf 12000 Cronen geschätzet.
Brevier. Sie hielten sich allhier nit auf/ reiseten noch 8 Meilen/ und mit-
La Catolica. tagten zu la Catolica, einem Flecken : alda Sie il Sign. Conte
H. Obr. Graf Caprara, der Ihr Kays. May. im Holsteinischen Krieg als Obri-
Caprara. ster gedienet/ angetroffen : deme aber der Hochfürstl. Prinz sich
nicht zu erkennen gegeben.

  Von hinnen kamen Sie/ den 9 diß/ in die Provintz Flaminia
7. Reise durch oder Romagna; und zwar erstlich in den Flecken Cesenato, 15
Romagna.
9. April. Meilen : von dar Sie/ noch 20 Meilen reisend / Abends in Ra-
Cesenato. venna angelangten. Diese uralte Stadt / ligt vornen an der
Ravenna. Eck-Spitze des Adriatischen Meers/ auf einem fruchtbaren Boden. Sie ware vorzeiten die SitzStadt der OstGothischen
Könige/ folgends der von den Orientalischen Kaysern dahin gesetzten Exarchorum oder Statthaltere/und endlich der Lombardischen Könige: nach deren Abgang / Sie oft Herrschaft gewech-
selt/ und endlich dem Römischen Stul zu theil worden. Die Ost-
Gothischen Könige / haben diese Stadt mit trefflichen Palästen
und Kirchen gezieret : unter denen die DomKirche/ an deren der
ErzBischof seine Residenz hat/ wohl zu sehen ist. In der Kirche al S. Vitali, stehet unter andern eine Seule / welche von Por-
phyr/ Granaten/ Jospis/ Achaten/ Chalcedoniern und andern dergleichen Edlen Steinen zusammengesetzt ist / und vielleicht ihres
Gleichen nit hat. Nahe bey dieser Kirche / sihet man ein altes
Theatrum. Unter den Stadt-Thoren wird eines / wegen seiner
Schönheit/ die Güldne Pforte genennet. Die Kirche zu Unser
Frauen/ist mit einem ganzen ausgewölbten Stein/ dessen Diame-
ter von 35 Schuhen / verwundersam bedachet. Der wälsche
Poet Dantes, ligt in einem Kloster allhier begraben.

H. Cardinal   Es war der Cardinal Badinelli, als Päpstlicher Legatus all-
Badinelli. hier/ eben verreiset/ als der Hochfürstl. Prinz daselbst angelanget.
                   Gleich-

VIII Cap. Reise nach Ferrara.

Gleichwol hatte er Befehl hinterlassen/ daß man Ihn/ sobald Er ANNO 1663.
ankäme / in seinen Palast logiren solte: welches Er aber mit
Danksagung refusirete. Am Morgen den 10 diß / besahen Sie
etliche Kirchen/ und K. Dietrichs von Bern Begräbnis. Darauf reiseten Sie fürter/ kamen zu Mittag bis Lugo ein Städtlein Lugo.
15 Meilen/ und mit Abend noch 12 Meilen bis la Bastie ein Dorf: la Bastie.
daselbst Sie übernachteten/ und in einem elenden Bauerhaus sich
kümmerlich behelfen musten. Auf diesem Weg hatten Sie abermals stark Regenwetter/ und derentwegen überaus-üblen Weg: Abermaliger
welcher Sie zwange/ weil die Pferde durch den Schlamm nit Schlamm-weg.
fortkommen konden/ eine gute weile mit höchster Beschwernis zu
Fuß zu gehen.

Folgenden Tags ward Weg und Wetter bässer/ indem Sie 2. Reise nach
die annemliche Lombardey betratten. Sie reiseten Vormittags Ferrara.
10 Meilen/ bis in die Herberge/ S. Nicolo genannt / und kamen 11. April.
Abends/ noch 10 Meilen zurücklegend / bey noch-anhaltendem S. Nicolo.
Regenwetter/ nach Ferrara. Diese am Fluß Po oder Pado ligen- Ferrara.
de Haupt-Stadt des von ihr benamten Herzogtums/ pranget mit
schönen Häusern/ weiten Gassen/ reichen Bürgern und vielem A-
del. Sie hat auch ein Bistum/ eine alte Universitet und herrliche
Bibliothek, zwey Castelle und viel schöne Paläste. Diß Land be-
herrschten die Maragrafen von Est / welche aus dem uralten
Stammen der Welfen in Teutschland entsprossen / 400 Jahre
lang: bis es endlich/ bey Ausgang des vorigen Seculi , an den
Päpstlichen Stul gelanget.

Sobald der Hochfürstliche Prinz in dem Gasthof allhier Der Hoch F.
abgestiegen/ kame der Maggior Domo des Cardinals Franzoni, Prinz/ wird
als Päpstlichen Legatens daselbst/ mit einer Kutsche / und bate nal Franzoni
Ihn/ im Namen S. Eminenz, daß Er/ auf das Schloß zu kom- tractirt.
men/ Ihm wolte belieben lassen. Er entschuldigte sich zwar zum
höchsten/ weil Er ganz naß von Regen war/ und die andere Klei-
der selbigen Abend nit ankommen konden. Weil aber der
X 2 Mag-

164 Reise nach Ferrara. **VIII Cap.**

ANNO 1661. Maggior Domo ganz keine Entschuldigung annehmen wolte/ als ward Er endlich obligirt/ mit seinem Hofmeister nach Hof zu fahren: da Er dann/ von dem H. Cardinal, mit grösser Verehrung empfangen worden. Weil aber derselbe/ zu Abendmahlen/ nicht gewohnt ware: als wurde der Hochfürstl. Prinz neben dem H. Hofmeister allein zur Tafel gesetzt und bedienet / auch nachmals in die vor Ihn zubereitete Gemächer eingewiesen; in welchen zuvor/ die Königinn Christina aus Sueden / logirt gewesen. Auch den Laqueyen/ ward ein köstlich-tapezirtes Zimmer/ mit grün-damastenen Betten/ eingegeben / und Sie also wie die Grosse Herren tractirt: welcher Occasion die Kerle sich wohl bedienet.

Der speiset zu Abends.

Folgenden Morgens den 12 diß/ schickte der H. Cardinal in der Frühe zwo Kutschen/ die übrige von des Hochfürstl. Prinzens Suite aus dem Wirtshause auch nach Hof abzuholen. Gegen 9 Uhr/ kame der Stadt-Obriste samt etlichen Cavallieren / wie auch der Commendant von Citadell, dem Hochfürstl. Prinzen aufzuwarten: und fuhren Sie hierauf/ in Begleitung derselben/ das Citadell zu besehen/ wobey dann die ganze Soldatesca in armis stunde. Weil aber das Regenwetter stark anhielte/ als haben Sie daselbst sich nit lang aufhalten können. Sobald der Hochfürstliche Prinz nach Hof zurücke gelanget/ wurde Er vom H. Cardinal visitiret/ und bald darauf zur Tafel geführet/ worzu auch die Hochfürstl. Bediente gezogen / auch alle von vornehmen so Geist-als Weltlichen Personen bedienet/ wurden. Unter währender Tafel/ fielen allerhand/theils importirliche/ theils lustige Discurse/ und liesse sich der Herr Cardinal vernehmen/ wie daß Er von dem Estat in Teutschland / sonderlich von dem Hochfürstl. Hause Brandenburg/ sehr gute und genaue Wissenschaft hätte. Nach gehaltener Tafel/ wurde noch einige Zeit mit Discursen passiret/ und wolte der Cardinal, mit dem Hochfürstl. Prinzen Solamente, in ein Gespräche von der Religion sich einlassen.

Der Cardinal will von der Religion discurriren.

VIII Cap.　　Staat und Stadt Venedig.　　165

lassen. Als aber derselbe mit Wenigem antwortete/ und im ANNO 1661.
übrigen den H. Inspectorn substituirte/ auch dieser alsofort das
Vorbringen wiederholte / und darauf zu antworten anfienge:
wolte der H. Cardinal sich nit einlassen/ mit Vorwand/ daß man
nach dem Essen nicht ernstlich disputiren müste.

　　Die Stadt Venedig/ (die wir/ vor des Hochfürstl. Prin- 9. Staat und
zens Dahinkunft/ auf dem Papier durchwandern wollen/) mag Stadt Vene-
nicht uneben die Königinn unter den Städten genennet werden/ dig.
ligt im innersten Winkel des Adriatischen Meerschosses/ (der icko
von ihr Golfo di Venetia heisset/) auf 72 kleinen Inseln / mitten Deren Gele-
zwischen den Seen und Sümpfen/ die das Meer mit Ebbe und genheit.
Floet täglich mindert und mehret. Wider die Feinde / ist Sie
mit dem Meer/und wider des Meers Ungestümm / mit einem
schmalen Damm/ welchen Sie das Gestad nennen / verwahret.
Dieser Damm ist bey 35 wälscher Meilen lang/ krümmet sich
in gestalt eines Bogens/ und wird fünfmal von dem Meer durchschnitten : welche fünf Pforten beyderseits wohl verwahret sind/
daß kein Schiff unbesprochen einlaufen kan. Fast alle Strassen
werden von dem Meer durchgossen/ (so Sie Canalen nennen/)
aber durch 450 Stein-und hölzerne Brücken wieder zusammen
gehänget : daß man also leichtlich von einem Ort zum andern
gehen/ oder doch auf kleinen Nachen/ so Sie Gondolen nennen/
(deren daselbst bey 8000 gezehlet werden/) fahren kan. Der
grösste Rinnsal/ Canal grande genannt/ zweytheilet gleichsam die
Stadt/ ist 3 Meilen lang/und hat in der Mitte die schönste Brü-
cke/ Ri-alto oder Rio alto benamet.

　　Die Stadt/ hält im Umkreiß/ bey drey wälsche Meilen/ und
hat von der Zufuhr allen Uberfluß : da Sie sonst / aus ihr selber/
nichts gebiehret/und weder Wein noch Korn bauet. Sie zehlet
64 Pfarren/ 39 Mönchen-und 28 NonnenKlöster/ 7 Schulen Innbegriff.
und 9 Bibliotheken (ohne die/ so in Privat-Häusern / derer noch
eins soviel sind/) 17 Spitäle/ 115 Thürne/ 53 Märkte/ 157
　　　　　　　　　　　X 3　　　　　　　　Gärten/

Staat und Stadt Venedig. VIII Cap.

ANNO 1661. Gärten/ 148 Brunnen/ 164 Marmorne und 32 Ehrne Statuen/ auch viele herrliche Kirchen und Paläste. Der Platz/ Kirche und Thurn di S. Marco, ist unter allen der vornemste. Der Platz wird gezieret von zweyen Seulen/ welche samt der Dritten/ (die aber/ als man Sie zu Land bringen wollen/ ins Meer versunken/) aus Griechenland auf Last Schiffen überbracht worden; und ist der Richt Platz/ zwischen denselben. Der Baumeister/ ein Lombarder/ so Sie aufgerichtet/ hat keine andere Belohnung vor seine Müh ausgebetten/ als die Freyheit/ daß die Spitz Buben unter denselben iederzeit spielen möchten. Auf diesem Platz/ stehen auch drey besegelte Mastbäume. Was ihn am meisten zieret/ ist besagte Haupt Kirche/ die von schönstem Marmel erbauet ist. Der Boden/ ist mit allerhand färbigen Marmelsteinlein so künstlich geestrichet/ daß er allerhand Figuren vorstellig machet. Das Gewölbe und bleyerne Dach/ ruhet auf 36 ganzen Seulen von unterschiedlichen Farben/ deren iede zween Schuh dick ist. Die Fronte gegen dem Platz/ hat 5 Ehrne Pforten/ und ist bis unter das Dach schön vermahlet und verguldet/ auch mit Heiligen-Bildern gezieret. Uber der Mittlern Pforte/ stehen vier Pferde in Lebens-Grösse/ von Corinthischem Erz und verguldet/ welche von Constantinopel dahin gebracht worden. Der Haupt Altar im Chor/ ist aus purem Gold und Silber gegossen/ mit künstlichen Figuren ausgestochen/ auch mit Perlen und Edelgesteine aufs reichste gezieret. Hinter diesem Altar beym Sacrament Häuslein/ stehen vier Alabasterne Seulen/ durchscheinend und durchleuchtig wie ein Glas/ wann man ein Liecht davor hält. In der Sacristey/ ligt der herrliche Schatz/ S. Marci: da sihet man 12 güldne Kronen/ soviel Brustbilder in Lebensgrösse von lauterm Gold/ mit Perlen und Edelsteinen versetzt Carfunkeln/ Diamanten/ Rubinen/ Smaragden/ Topasen/ Chrysolithen/ Hyacinthen und Perlen von wunderbarer Grösse und ungläublichem Preiß/ 3 Einhörner/ unzählige Geschirre von Agat/ Gold und Silber/ und insonderheit den

Platz di S. Marco.

Kirche S. Marci.

Schatz S. Marci.

Herzogs

VIII Cap. Staat und Stadt Venedig.

Herzogs Hut / auf welchem oben ein unerschätzlicher Carfunkel stehet. Der Thurn S. Marci, stehet 80 Schritte von der Kirche hintan / ist viereckicht / hält auf ieder Seite 40 Schuch / ist 230 Schuch hoch: soll unter die Erde mehr / als empor / zu bauen gekostet haben. Er ist oben mit vergüldtem Ehrnem Blech beleget: daher das Dach / bey Sonnenschein / so einen hellen Wider-Glanz gibet / daß es denen von Istrien und Liburnien abfahrenden Schiffleuten in die Augen blitzet. Man kan / von diesem Thurn / nicht allein die ganze Stadt / sondern auch weit und breit die im Meer ligende Inseln / auf dem Lande die Alpen und andere Gebirge / über- und ersehen.

Dieser Stadt ward / im fünften Seculo nach der Christ Geburt / der Anfang gegeben / durch die Bürger von Aquilegia, Padua und andern Orten / welche der grausamen Wut Attilæ des Hunnen Königs zu entfliehen / in diese kleine Inseln übergefahren und daselbst ihre Wohnung aufgeschlagen. Sie hatten Anfangs ihre Burgermeistere / nachmals ihre Zunfftmeistere: bis Sie endlich A. 707 einen Herzog erwehlet / und ihren Staat in diese Form eingerichtet / den man la Signoria di Venetia nennet. Der Herzog ist des Rahts Ober-Haupt / wird aus dem ältesten und vornemsten Adel erwehlet / und ihme zum Unterhalt järlich 35000 Cronen gereichet. Er hat aber alleine die Autoritet / und keinen freyen Gewalt: was der Raht decretirt hat / wird unter seinem Namen publiciret. Der Senat, il Grand-Consiglio genannt / sind alle Patricien oder Cavalieri, so ihre 25 Jahre zurücke geleget / und haben grosse Freyheit zu reden. Wer in die Zahl derselben kommen will / muß nit allein wohl qualificirt / sondern auch begütert seyn / und der Signoria 100000 Cronen erlegen. Die Vornemste nach dem Herzogen / sind die Neun Procuratori di S. Marco, sonsten i Savi grandi genannt / welche im Raht neben ihm sitzen. Das Gebiete / so diese Meer-Fürstinn auf dem Land hat / wird genannt die Torviser-Mark: welchen Namen es bekommen

ANNO 1661.
Thurn S. Marci.

Ankunft der Stadt.

Regiment.

Gebietschaft auf dem Land.

von

Ankunft zu Venedig. VIII Cap.

ANNO 1661. von den Lombardern/die es durch einen Marggrafen beherrschen
lassen. Es hat Sieben vornehme Städte/ als Padua, Vicenza,
Verona, Brescia, Bergamo, Treviso oder Tervis und Crema.
In den Inseln Auser diesen/ sind der Venedischen Republic noch unterworfen
die Inseln Creta, iezt Candia, (wovon Sie zwar nur noch die
HauptStadt dieses Namens innzuhaben / welche in iezigem Jahr
von den Türken eine harte Belägerung aussstehet/) und Corfu
und anderswo. oder Corcyra, auch am Golfo hinab das Land Friaul, und ein
Ihre Glükhafte Theil von Dalmatien/ihre glückseelige Großmacht ist wohl zu be-
Großmacht. wundern: Kraft deren Sie soviel huntert Jahre her so manchem
mächtigen Feind/insonderheit dem GroßTürken/ wider den Sie
eine Vormauer von Italien ist/dapfer widerstanden/auch niemals
Einkommen. erobert worden. Ihr Einkommen / wird auf 3 Millionen geschätzet: wiewol die Ausgaben nit geringer sind/zumal in Kriegs-
Volksmänge. zeiten. Sonsten zehlet man/in und üm Venedig/20000 Haus-
wesen/ und bey 300000 Inwohner / darunter 3000 Patricien:
auser denen täglich/ eine grosse Anzahl der Fremden aus allen Nationen und Ländern/ sich daselbst befindet / weil Sie eine von den
grösten HandelsStädten in der Welt ist. Sie hat auch einen
Patriarchen/welcher Primas in Dalmatien ist.

10. Ankunft   Nachdem der Hochfärstl. Prinz/ bald nach obbesagtem Ge-
zu Venedig. spräch/ von dem Cardinal Franzoni Abschied genommen / gienge
13 April.   Er mit seiner ganzen Suite zu Wasser/ von Ferrara nach Venedig
zu fahren: daselbst Sie den 13 Aprilis gegen Abend wohl angelan-
get/ und al Leone bianco (beym weissen Löwen) das Logement
nahmen. Folgenden 14 diß/als am Heil. OsterFest/ besahen Sie
den Platz S. Marco, und Abends die ansehnliche Procession/auch
die Ceremonien/ so in der Kirche zu S. Marco vorgiengen. Der
15 und 16 diß/ wurden mit Besichtigung der vornemsten Kirchen
und Klöster zugebracht: da der Hochfärstl. Prinz/neben dem H.
Serviten Klo- Hofmeister und H. Inspectorn / insonderheit der Serviten Kloster
ster. wohl beschauet/und von dem berühmten Patre Paulo genaue Nachricht

VIII Cap. Ankunft zu Venedig.

richt eingenommen/ selbigen in Contrefait gesehen / und sich be- ANNO 1668.
richten lassen/ wie daß/ aus erheblichen Ursachen/ (welche leichtlich
zu ermessen/) niemanden wissend sey/ wo er eigentlich begraben lige.
In der Kirche S. Bartholomæo, wird in der Fasten Teutsch gepre- Kirche S. Bar-
diget/ dahin man auch die Teutschen zu begraben pfleget. Den tholomæo vor
17 diß/ sahen Sie den Herzog/ in Begleitung des Senats, mit son- die Teutschen.
derbarem Gepränge/ in die Kirche S. Marco gehen. Folgenden
Tags musten Sie/ wegen grossen Ungewitters/ sich innen halten.
Den 19 diß/ wurde der Hochfürstl. Prinz von Herrn Georg H. Georg Wil-
Wilhelms und Herrn Ernst-Augusti, beyder Herzogen zu helm und Herr
Braunsweig und Lüneburg Gebrüdere/ Fürstl. Durchl. Ernst Augustus,
Durchl. besuchet: in deren Suite, unter andern / auch Hein- Herzogen zu
rich Julius-Blume/ von Hanover bürtig / so vor etlichen Jahren Braunsweig u.
zur Röm. Catholischen Religion getretten / sich befande. Den Lüneburg.
20 diß hat der Hochfürstl. Prinz/ bey hochgedachten H.H. Her-
zogen/ die Gegen Visite abgeleget: worauf Er nach der Insel
Murano gefahren/ und daselbst die Glashütte besehen/ in welcher Glashütte zu
die schöne Venedische Gläser gemacht werden/ welche allerdings Murano.
dem natürlichen Crystall gleichen. Es ligt diese Insel eine wälsche Meile von Venedig/ ist mit Klöstern/ Kirchen/ schönen Häusern und Gärten bebauet/ und so stark bewohnet / daß Sie einer
Stadt gleichet.
  Ferner den 21 diß/ wurde des Doge oder Herzogs zu Ve- Der Raht-
nedig herrlicher Palast/ und der grosse Saal/ allwo der Senat sich Saal.
zu versammlen pfleget/ in Augenschein genommen. Auf diesem
Saal/ fanden Sie alle Herzogen / so von Anfang bis auf diese
Zeit zu Venedig regiret/ abgemahlt. Sie betrachteten und bewunderten auch daselbst ein Gemälde/ worinn Papst Alexander II, Gemälde/ von
wie er Kays. Friderico I auf den Hals tritt/ vorgestellet wird: da Kayf. Frideri-
es dann Gelegenheit gabe / mit denen anwesenden Venetianern/ co I. und P.
von Unwarheit dieser Geschichte weitläufig zu discurriren/ weil es Alexandro.
aus keinem glaubwürdigen Scribenten zu erweisen/ auch der groß-
             Y   mütige

mütige Kayser solches nit würde haben geschehen lassen. Sonsten ist/ diesem Palast/ auch das Zeughaus angehänge/welches nicht allein mit gemeiner/ sondern auch mit so köstlich verguldter/ versilberter/ künstlich-geätzter/ auch mit Edelgesteine versetzter Rüstung und Gewehr/reichlich versehen ist: also daß man/ nicht nur eine Armee von vielen Tausend Reutern und Knechten/ sondern auch etliche huntert König-und Fürstliche/ auch andere hohe Generals-Personen/ damit ausrüsten könde. Den 22 diß/ besahen Sie/ von Morgen an bis Nachmittag/ das Arsenal oder Schiff-Zeughaus/welches 2 wälsche Meilen im Umkreiß hält/ auch mit Mauren und Thürnen stark befästet ist. In demselben werden unaufhörlich 400 Personen/ wöchentlich mit 1200 Cronen/ unterhalten: welche Pulver/ Kugeln/ Rohre/ Geschütze/ Eisenzeug/ Holzwerk/ und alles das/was zu Kriegs-und andern Schiffen gehörig/täglich zubereiten und verfärtigen. Es stehen daselbst immer bey 200 Schiffe: unter denen das grösste/ schönste und herrlichste ist/ der so-genannte Bucentauro, auf welchem der Herzog an Fest-Tagen zu fahren pfleget; sonderlich aber am Heil. Auffarts-Tag/ da er/ mit grossem Pracht und in Begleitung des Senats, nach dem vornemsten Port/ al Lyon genannt / sich begibet / und daselbst/ einen güldnen Ring ins Meer werfend / sich oder vielmehr den Venedischen Staat mit demselben vermählet. Den 23 diß / empfieng der Hochfürstl. Prinz die Visite von etlichen vornehmen Herren: worauf Er sich wiederüm zum Aufbruch gerüstet.

Die Wieder Abreise / ward noch selbigen Abend vorgenommen/ da Sie sich zu Schiff begaben/die Nacht über gefahren/und mit anbrechendem Tag zu Padua angelanget. Diese uralte Stadt/ vorzeiten Patavium genannt / soll von dem Trojaner Antenore, nach selbiger Stadt Zerstörung/ erbauet worden seyn: dessen/ wie auch des berühmten Historici Titi Livii, (der aus dieser Stadt bürtig gewesen/) Begräbniß daselbst / aber mit Ungewißheit/

VIII Cap. Fort Reise durch das Venedische Gebiete. 178

wißheit/ gewiesen worden. Sie ligt beyderseits an der Brente/ ANNO 1661.
in einer Wasserreichen fruchtbaren Gegend; ist mit doppelten
Mauren und Wassergräben stark befästet/ hat in ihrem Umkreiß
6 wälsche Meilen/ und werden der Häuser 4000/ der Stadt-
Pforten aber 14 gezehlet. Sie pranget mit vielen herrlichen Gebäuden und Palästen/ 23 schönen Kirchen/ gleich soviel Manns-
und 29 Frauen-Klöstern/ 38 steinernen Brücken/ 6 Hospitälen/
einem Waisen und Findel-Haus. Das Gericht-Haus daselbst/ ist
in gantz Italien berühmt/ weil dessen weiter Saal ohne Seulen stehet. Sie hat ein Bistum/ und eine alte weltgepriesne/ mit dreyen
stattlichen Bibliotheken versehene Universitet/ welche in Italien
die vornemiste und das wälsche Athen ist/ auch von allen Nationen besuchet wird. Insonderheit floriret daselbst das Studium
Medicum, zu dessen Behuf ein fürtrefflicher mit Bächlein durch-
wässerter Hortus Medicus unterhalten wird. Sie kame/ im Anfang des 15 Seculi, an die Signoria, und wurde bald hernach von
Kays. Maximiliano I, aber vergeblich/ belägert. Die Teutschen
haben allhier/ bey den Eremiten/ und in der Kirche bey S. Sophia,
ihr Begräbnis: in welcher auch der Jurist Ludovicus Cortusius
begraben liget/ dessen Leich-Begängnis/ auf seinen ernstlichen Te- *lustige Leich-*
staments-Befehl/ ohne einiges Leidwesen/ mit Musik und ande- *begängnis eines*
ren Freut-bezeigungen angestellet worden. Die Strassen sind *Juristen.*
zu beyden Seiten bedachet/ daß man überall trucken und im Schat-
ten gehen kan. Es sind/ dieser Stadt/ Sieben andere Städte
und 6 vornehme Flecken unterworfen. Der Hochfürstl. Prinz
beschauete/ noch selbigen Vormittag/ das Collegium, das Benedi-
ctiner-Kloster/ den Hortum Medicum, das grosse Trojanische
Pferd von Holtz gemacht/ und Antenors Begräbnis.

Nachmittag giengen Sie fürter/ gen Vicenza: welche alte *Vicenza.*
volkreiche Venedische Stadt/ ein Bistum/ eine lange Brücke mit
nur einem Schwibbogen/ und andere Seltenheiten hat. Den 25 *D. Villa nuova.*
diß/ kamen Sie/ über Villa nuova, Abends nach Verona. Diese *Verona.*
 25. April.
uralte

Y 2

uralte Stadt/ von Brenno dem Fürsten der Celten erbauet / wird ingemein Bern/ auch Dietrichs Bern/ von Theodorico dem König der OstGothen/ welcher daselbst residirte/ genennet. Sie ligt auf der Etsch / in einer fruchtbaren Gegend; ist mit Mauren/ Wällen/ Pasteyen und Wassergräben stark befestet. Sie hat bey 35 Kirchen/ 10 Klöster/ 4 Castelle/ ein Bistum/ und viel Antiquiteten. Unter denselben ist voraus schwürdig/ das berühmte Amphitheatrum, dessen innere Oval-Fläche 39 Meßruten oder 234 Schuh lang und 132 breit ist: wird iezt der Sand genennet/ und werden/ an FestTagen/ auf diesem Platz Ritter-, Hetz-Fecht- und andere Spiele gehalten.

Nachdem der Hochfürstl. Prinz/ folgenden Tags/ ein- und andern schönen Lustgarten/ und was sonsten allhier schwürdig / beschauet/ setzte Er seinen Weg fort / und kame selbigen Abend nach Mantua. Diese uralte und lang vor Rom erbaute Stadt / ligt in einem See/ welchen der Fluß Menzo oder Mincius angeschwemmet. Sie ist das berühmte Vatterland / des PoetenFürstens P. Virgilii Maronis: als welcher in dem Flecken Andes, der nur zwo wälsche Meilen von der Stadt liget und iezt Petola heisset/ gebohren worden. Sie hat ein Bistum/ und ist die HauptStadt des von ihr benamten Herzogtume: welches/ nun von 230 Jahren/ die Gonzagen/ als ReichsLehen besitzen/ und die reiche Marggrafschaft Montferrat durch Heurat darzu acquiriret. Das Einkommen dieser Herzogen/ wird auf 350000 Ducaten geschätzet. Sie waren erstlich Marggrafen/ bis auf Fridrichen II, welcher A. 1530 von Kays. Carolo V zum Herzogen gemacht worden. Seine ElterMutter oder UrAnfrau/ Fr. Barbara, Ludovici zweyten Marggrafens zu Mantua Gemahlinn/ ware Marggr. Johannis des Alchymisten Tochter und des Ersten Churfürsten zu Brandenburg ietziger Familie Enkelinn: dannenhero beyde Hochfürstliche Häuser Brandenburg und Mantua, wiewol auch sonst von Kays. Ferdinando I etwas näher/ miteinander in Sipschaft

VIII Cap.   Ruck Reise durch die Romaney.   173

schaft stehen. Der Hochfürstl. Prinz besahe folgenden Tags das Herzogliche Residenz Schloß/die Bibliothek und Fortification: worauf Sie/nach eingenommener Malzeit/ sich zu Wasser begeben/die Nacht auf dem Schiff pasiret/und/ den 29 diß Nachmittag/in Ferrara zurück wieder angelanget. Herr Cardinal Franzoni, weil er von dieser Wiederkehr Nachricht erlanget/schickte dem Hochfürstl. Prinzen drey Kutschen entgegen/liesse Ihn samt seiner ganzen Suite gerad nach dem Schloß führen/empfienge Sie daselbst überaus-höflich/und verschaffte/daß Sie selbigen Abend/ (wiewol er selbst nit mit zur Tafel kame/weil er/wie droben erwähnt/nit pflage Nachtmal zu halten/) prächtig und wohl tractirt wurden. Den 30 diß/ besahen Sie das Theatrum, und erwiese Ihnen der H. Cardinal ferner viel Höflichkeit: wie Er dann alle vornehme Herren nach Hof kommen/und bey der Tafel/worzu Er niemanden als den Hochfürstl. Prinzen und seine Suite gezogen/aufwarten liesse.

    Nachmittag nahmen Sie wieder Abschied/ reiseten von dar zu Wasser/wiewol mit grosser Beschwernis: da Sie dann/ am 1 Tag Monats May/Nachmittag in Bologna angelanget. Diese grosse alte Römer-Stadt/zu Latein Bononia, deren Ankunft ungewiß/ ligt beyderseits an der Aposa, welche daselbst in den Fluß Rheno schiesset/zwischen Weingebirgen und Frucht Feldern/ und umgreift 7 wälsche Meilen. Man sihet daselbst zween Thürne/ in deren einem/Asinella genannt/ man 448 Stuffen bis unter das Dach steigen muß; der andere aber/ den Sie Garisenda nennen/ sich etwas neiget. In der Sacristey der Dominicaner-Kirche/alda auch der Ordens-Stifter Dominicus begraben liget/ zeiget man ein altes Hebräisches Manuscript von der Bibel/ auf weiß Leder/welches Esra der Jüdische Schriftgelehrte soll geschrieben haben. Es ist auch allhier die Begräbnis Heinrici, (den die Inscription Henlium nennet/) Königs in Sardinia und Corsica, welcher Kayß. Heinrichs III Sohn gewesen/im Krieg der Bolognesen

Margin notes:
ANNO 1661.
13. Ruckreise durch die Romaney.
Ferrara.
Abermaliges höfliches Tractament von H. Card. Franzoni.
Bologna, 1. May.
Gebeugter Thurn.
Der lang gefangene Heinrich.

ANNO 1661. gneser mit denen zu Modena gefangen/ und bis ins 23 Jahr/ obschon sein Vatter/ ihn mit einer güldnen Kette / die um die ganze Stadt gienge/ auszulösen/ sich erbotten/ (welches aber ein fabelhafter eitler Ruhm / hingegen aus den Annalibus bekandt / daß ihn der Vatter und Bruder/ als einen unruhigen Herrn / nicht ledig verlanget/ sondern heimlich veryfieget!) gefänglich an/ jedoch Königlich unterhalten/ auch endlich A. 1272 herrlich begraben worden. Es haben auch die Teutschen / im Creutzgang dieses Klosters/ ihr Begräbnis. In der Domkirche zu S. Peter / bey welcher auch der Bischof wohnet / ward A. 1529 im M. November/ Kays. Carolus V von P. Clemente VII gekrönet. Die-

Die uralte Universität. se Stadt wird insonderheit gezieret von der uralten Academie daselbst/ welche A. 423/ auf Antrieb S. Petronii, den man noch vor dieser Stadt Patron hält/ Kays. Theodosius II gestiftet/ und viel gelehrte Männer/ insonderheit viel fürtreffliche Juristen/ gezeuget. Es haben auch etliche gelehrte Weibs-Personen allhier

Gelehrte Weiber. sich hervorgethan/ als Johanna Blanchetta und Novella Andreæ, Bonsignorii und Joh. Lignani Eheweiber / deren die Letzere offtmals ihres Vatters Johannis Andreæ Stelle auf der Catheder vertretten. Der Hochfürstl. Prinz ward/ in dieser Stadt/ den 2 diß/ von denen Grafen von Vizzane und Poëta, vom Marchese Paleotti, auch anderen vornehmen Herren/ visitiret/ drey Tage lang in der Stadt und in den Lustgärten herümgeführet und herrlich unterhalten/ auch vor dem Abzug/ von H. Grafen

Verehrter Barbe. Caprara, mit einem schönen Barben verehret/ den Er alsofort aus Italien nach Bayreuth gesendet.

14. Fortreise durch die Lombardey. Modena. Herzogtum. Am vierten Tag/ den 5 diß/ kamen Sie in der Frühe / und besahen zu Modena die Fürstliche Residenz, die Domkirche und Begräbnise. Ist der Römer Mutina, eine alte Stadt/ jetzt mit einem Bistum und einer Academie gezieret. Der Herzog/ stammet von den Marggrafen von Est und Herzogen zu Ferrara, ist des Reichs Vasall/ und hat 300000 Cronen Einkommens.

Unter

VIII Cap.   FortReise durch die Lombardey.   175

Unter ihn gehöret/neben etlichen andern/die Stadt Reggio, alt/ ANNO 1661.
volkreich und wohl gelegen: in welcher der Hochfürstl. Prinz Reggio.
mittagmahlte/ und selbigen Tag noch Parma erlangte. Diese ur- Parma.
alte Stadt/ ligt an einem Fluß ihres Namens/ in einer schönen 5. May.
fruchtbaren Gegend: von welcher/ die baste Parmesan-Käse/
auch Wolle/ Wein und Oel/ so von dar in alle Länder verschickt
werden/ zeugen können. Sie ward A. 1545 ein Herzogtum/ in Ist ein Her-
dem P. Paulus III seinen Sohn Petrum Aloysium, des Geschlechts zogtum.
Farnese, damit belehnet: dessen Nachkommen diß Land / neben
den Herzogtümern Piacenza und Castro, annoch besitzen/ und der
Kirche/ deren Gonfalonieri oder Panerherren sie sind / jährlich
10000 Cronen Tribut reichen. Das Einkommen / wird auf
300000 Cronen berechnet. Die Stadt/ hat ein Bistum / und
eine HoßSchul. Sobald der Hochfürstliche Prinz allhier an-
gelanget/ besahe er des Herzogs Residenz-Schloß/ und den Mar-
stall/ samt vielen herrlichen und kostbaren Sachen: unter denen
insonderheit wohl zu sehen war / die köstliche Kutsche mit ganz- Köstliche
Silbernen Sitzen/ so der Herzog unlangst zu seinem bevorstehen- Kutsche.
den/ (damals oder schon volbrachtem) Beylager/ hatte machen
lassen. Sie bespazirten auch folgends den schönen Fürstlichen
Lustgarten/ allwo Sie die Herzogin/ samt andern Prinzessinnen/
anactroffen. Von hinnen reiseten Sie den 6 diß / nach Burgo Burgo S.
S. Donini, und kamen/ Abends nach Piacenza. Diese uralte Donini.
Römer-Stadt / zu Latein Placentia, hat den Namen von ihrer Piacenza.
fruchtbaren und sonders-annemlichen mit vielen Bächen durch-
schlängelten Gegend/ ligt nächst dem Po, hat ein Bistum und
HochSchul/ auch ihre SalzBrunnen/ und macht gute Käse/ die
mit den Parmesanern üm den Vorzug streiten.

    Die Reise ward den 7 diß fortgesetzet/ da Sie nach Castell 15. Reise
S. Gioan kamen/ und von dar Abends zu Pavia angelanget. Die- durch das
se alte zum Herzogtum Meyland gehörige Stadt / sonst Papia Meyland.
und Ticinum genannt/ligt am Fluß Ticino, oder Tesin / hat Castel S.
                                                                   einen Pavia.

Reise durch Milanese. VIII Cap.

ANNO 1661. einen Bischof und eine alte Universitet/ welche Kays. Carolus IV vor 300 Jahren befreyet. Uber den Fluß/ gehet eine Steinerne Brücke von 260 Schritten. Nachdem der Hochfürstl. Prinz die Werke allhier beschen/nahme Er den Weg fürter auf Mayland/ und liesse Ihm unterwegs/in dem *Thiergarten* / (welcher vordessen mit einer Mauer ümgeben gewesen/und bey 20 wälscher Meilen von Feld und Wald ümgrieffen/) den Ort zeigen / allwo A. 1525 den 24 Febr. K. Franciscus I in Frankreich/mit Herz. Franzen von Lothringen und Herz. Richart von Suffolk / von Kays. Caroli V Völkern in einer verlohrnen namhaften Schlacht gefangen worden; wovon daselbst noch eine Capelle voll Todtenbeine zeuget/welche von den erschlagenen Franzosen übergeblieben. Zu ende dieses Thiergartens/ligt das berühmte herrliche Carthäuser *Kloster* la Certosa: welches aus allerhandfärbigem Marmel erbauet/und mit einer grossen Anzahl/ der ersten Römischen Kaysere/ingleichen Senecæ, Ciceronis und anderer vornehmen Römere/künstlichen Statuen und Steinbildern/auch sonst mit vielen Antiquiteten / gezieret ist.

Kl. la Certosa.

Nachdem Sie/ den 8 diß/besagtes Kloster erreichet und wohl beschauet/ setzeten Sie ihren Weg fort: da Sie dann Nachmittag/ und zwar im Mayen / zu **Mayland** oder Milano angelanget. Man hält dafür/daß diese in der schönsten Gegend ligende Stadt vom Mayen den Namen habe: wiewol andere glauben/ sie heisse Mietland/als vorzeiten das Herz von Insubrien; oder Meidland/ von dem berühmten Tempel der Magd oder Mäid Minervæ, (wie die alten Teutschen und Celten/welche diese uralte Stadt zu K. Tarquinii Superbi Zeiten erbauet/ eine Jungfrau zu nennen pflegten/) so vordessen/wo jetz die Kirche S. Teclæ stehet/gestanden: und mit diesen beyden Deutungen scheinet / der Lateinische Name Mediolanum, übereinzustimmen. Sie ligt zwischen den Strömen Adua und Ticino, nit ferne von dem Alpengebirge. Sie ist eine der grösten Städte in Europa, wie man dann ihren

Ankunft zu Milano. 8. May.

Umkreiß

VIII Cap.   Reiſe durch Milaneſe.   177

Umkreiß auf 8 wälſche Meilen ſchätzet; hat auch ſo lange und ANNO 1664.
breite VorStädte / daß etliche derſelben mit groſſen wälſchen
Städten zu vergleichen/ wie Sie dann auch/ ſo wol als die Stadt/
mit tieffen WaſſerGräben / und hohen Mauren umfeſtet ſind.
Sie hat 22 Thore/ und iſt ſo volkreich/ daß Sie zur Noht iedes
derſelben mit 11000 Mann beſetzen kan. Sie prangt/ mit dem
ErzBiſtum; mit einer uralten Univerſitet/ welche auch den Poeten Virgilium zum Studenten gehabt; mit einer ſtattlichen Bibliothek, bey den Dominicanern; mit herrlichen Gebäuden/ Kirchen und Paläſten; mit Kaufmanſchaft/ Reichtum und Uberfluß
aller Dinge: auch mit Künſtlern und Handwerksleuten in ſol-
cher Mänge/ daß man gläubet/ man könde/ wann Meyland ver-
ſtört würde/ ganz Italien mit ihnen verſehen. Der Reichtum
dieſer Stadt iſt um ſoviel ſchätzwürdiger/ weil er ausgetheilet iſt
und der meiſte Theil der Inwohnere drey / vier in fünf tauſend
Cronen järliches Einkommen hat / auch die Wenigſten nit viel
haben. Sie hat auch eine unvergleichliche Fortification, und ein
incomparables Caſtell, welches an Weite einer Stadt gleichet/ mit Das Caſtell.
Märkten und Straſſen/ mit Bollwerken / breiten Mauren und
Wällen/ mit tieffen Waſſergräben und einer WaſſerMühl (denen man das Waſſer/ weil es darinn aufquillet/ nit nehmen kan/)
mit einem Zeughaus/ auch ſonſt mit aller Notturſt und Zugehör/
bäſt verſehen/ und wohl beſetzt iſt.

Die alte Römiſche Kayſere/ haben allhier vielfältig ſich aufgehalten: weil ihnen der Ort bequem war/ auf die Gallos ein wa-
chendes Aug zu haben. Kayſ. Fridericus Barbaroſſa hat dieſe
Stadt/ weil Sie wider ihn immer rebellirte/ zweymal zerſtöret/
und endlich gar Salz darauf ſäen laſſen: Gleichwol hat Sie/ aus
der Aſche/ ſich wieder in die vorige Gröſſe und Herrlichkeit erhoben. Die DomKirche / il Domo genannt / (wovon Zweifels- DomKirche.
frey das Teutſche Wort Dom herrühret/ und alſo unrecht in gemein Thum geſchrieben wird/) hat wegen ihrer Zier und Gröſſe
                                    Z   gar

178   Reise durch Milanese.   VIII Cap.

ANNO 1663. gar wenig ihres Gleichen: und kan ein Fremder/ nur an den fast-unzähligen MarmelBildern/ die außen herüm stehen/ seine Augen einen ganzen Tag weiden. Auf dem hohen Thurn derselben/ erstaunet man über dem Prospect der Stadt/ welcher/ wie zu Paris, mehr ein Land voll Städte/ als ein Stadt / vorstellet. Die Kir-

Kirche S. Ambrosii. che S. Ambrosii, verwahret/unter einem mit güldnem Blech und Edelgesteine auf den Wehrt von 28000 Gulden geschmücktem Altar/ die Gebeine dieses ihres Bischofs/der vorher Kayserlicher Statthalter daselbst gewesen. In dieser Kirche wurden vordessen/die Römisch-Teusche Kaysere/mit der Eisernen Lombardischen Kron gekrönet: welches aber/seit Kayss. Caroli V Zeiten / unterlassen worden.

Das Herzogtum. Diß Herzogtum/ soll heutzutag bey 300 wälsche Meilen im Umgrieff/ und 9 vornehme Städte/ als Pavia, Cremona , Lodi, Dertona, Alexandria, Como, Novara , Bobio und Vigevano, unter sich haben. Bey Meyland/ wächst soviel Reiß/ daß es unglaublich; üm die andere Städte/ samlet man Wein/ Lein und andere Früchte die Mänge. Johannes Galeatius, Vicomte oder Kayserl. Burggraf zu Meyland/ ward von Kays. Wenceslao A. 1395 zum ersten Herzogen und ErbFürsten dieses Landes bestättigt. Mit seines Sohns unEhlicher Tochter Blanca, erheurate diß Herzogtum der Feldherr Franciscus Sfortia , sonst von schlechter Ankunft: mit dessen Enkel Francisco , neuntem Herzogen zu Meyland/ dieser Stamm abgestorben. Weil nun also dasselbe dem Röm. Kaysertum/als Reichs-Lehen/ heimgefallen/ als hat Kays. Carolus V dasselbe den Franzosen/ so darüm / weil Herz. Galeacii Enkelinn Valentina, der Gemahlinn K. Francisci I ElterMutter gewesen/sich angenommen/ ab-erobert/ und seinem Sohn K. Philippo I in Hispanien hinterlassen: bey dessen Nach-

Art &c. kommen es bisher verblieben / und järlich 800000 Ducaten einträget/wiewol mit der Unterthanen so grosser Beschwernis / daß ein wälsches Sprüchwort worden: die Spanische Ministri pflegen

VIII Cap.　　Reise durch Milanese.　　199

gen in Sicilia nur zu nüpfen/ im Königreich Neapoli zu trinken/ ANNO 1665.
und im Herzogtum Meyland zu schlemmen.

Der Hochfürstl. Prinz beschauete/ nächstfolgenden Tags *Des Hoch F.*
nach seiner Ankunft/ die Anstalt von allerhand Ritterlichen Exer- *Prinzens*
citien/ zu des Contestabile Colonna bevorstehendem Beylager; *Passamento*
auch ferner den Thurn/ und des Cardinals Borromæi Begräbnis. *allhier.*
Nachmittag wurde Ihm/ auf Befehl des Spanischen General-
Governators, mit grosser Ehrbezeigung und Aufwartung der
ganzen Besatzung/ das Castell gezeiget: worbey/ von den Officie-
rern/ allerhand Kriegs-Discurse geführet wurden. Den 10 diß/
besahen Sie die sehr-schöne Gallerie eines Domherrn/ Namens *Manfredo*
Manfredo Septali, welcher vor einen unvergleichlichen Mathe- *Septali, fürtreff-*
maticum gehalten wurde. Es waren daselbst zu sehen/ viel son- *licher Mathe-*
derbare Optische Spiegel/ und schöne aus Wachs puslirte Engel; *maticus.*
eine Gutsche mit 6 Pferden/ worauf die Kutscher nach ietziger
Französischen Manier sassen/ so alles in einem mittelmässigem Fe-
derkiel verwahrt wurde/ auf einem Spiegel/ auf Französische
weise/ in grosser Geschwindigkeit fuhren/ welches sehr wohl zu sehen war; auch eine unbeweglich-stehende Zeig- und SchlagUhr/
so weder Unruh noch Gewicht hatte. Zuletzt zeigete Er/ dem
Hochfürstl. Prinzen und der ganzen Suite, sehr künstliche Perspe-
ctive/ und 44erley Instrumenta Musica, die Er mit eigener Hand
verfertigt: auf derer etlichen Er auch/ denen Anwesenden zu Eh-
ren/ gespielet und sich hören lassen. Nach diesem/ ist auch die Bibliothek, und die Thür der Kirche/ welche Bisch. Ambrosius
dem Kayser Theodosio verschlossen/ beschauet
worden.

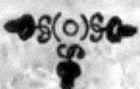

Z 2　　　　　　　　　Das

ANNO 1661.

Das IX Capitel.

Reise durch die Niderlande.

(1) RückReise nach Geneve, und (2) durch Frankreich. (3) Reise durch Flandern/ und (4) Ankunft zu Brugg. (5) Reise in Seeland. (6) RuckReise durch Flandern/ und (7) Brabant. (8) Ankunft zu Mecheln/ (9) Antorf. (10) Reise durch Holland/ und (11) Ankunft im Hag/ (12) zu Leyden und (13) Amsterdam. (14) Abreise aus den Niderlanden.

1. RückReise nach Geneve.
11 May.

Serona.
Varres.
LacoMaggiore.

Margon.
Domo.

Des Hochfürstl. Printzens Pferdsturz.

Devedro.
B. Sempion.

Nachdem der Hochfürstliche Printz in Milano sich wohl umgesehen / reisete Er den 11 May/ nach eingenommener Malzeit/ von dar wieder ab/ kame selbigen Tag nach Serona, und den 12 diß nach Varres: worauf Sie Nachmittag über den Laco Maggiore, sonsten und in Römischen Schriften Verbanus genannt/ sich übersetzen liessen/ mit spatem Abend zu Margon ankamen/ und daselbst eine kalte und kahle Herberge fanden. Den 13 diß/ gelangten Sie bis Domo, einen grossen Flecken. Folgenden Tags / hatten Sie überaus bösen Weg/ und stürzte der Hochfürstl. Printz mit dem Pferd: wodurch Er am rechten Arm/ und zwar so sehr/ blessirt wurde/ daß Er selbigen in etlichen Tagen nit recht gebrauchen konde. Sie erreichten zu Mittag Devedro, und reiseten Nachmittag noch 8 Meilen/ aber einen harten Weg / nämlich den Berg Sempion oder Sempronium hinan/ mit grosser und oft-augenscheinlicher Lebens-Gefahr. Diese Nacht verblieben Sie auf dem Gebirge/ in einem schlechten Hause/ dessen Inwohnere sich der Teutschen Sprache gebrauchten. Sie

IX Cap.   Rück Reise nach Geneve.   181

Sie konden folgenden Tags / durch den grossen tieffen Schnee/ zu Pferd nit fortkommen/ musten also sämtlich/ mit Beschwer und Ungemach/ zu Fuß den Berg hinab gehen: da dann der Hochfürstliche Prinz/ um mehrerer Sicherheit willen/ von zweyen Personen geführet worden. Nachdem Sie hiermit etliche Stunden zugebracht/ kamen Sie endlich um Mittag im Land Wallis (so ein Frey Land und mit der Eidgenosschaft in Bündnis ist) und in der Stadt Brig an: daselbst der Hochfürstl. Prinz vom Magistrat, mit einer Rede in Teutscher daselbst-üblicher Sprache/ höflich empfangen/ und mit Wein verehret worden. Bald nach der Ankunft/ kame der Herr Erz Bischof von Colonna zu dem Hochfürstl. Prinzen/ und berichtete/ wie daß des Cardinals Mazarini Nieste Mad. Manzini daselbst angelanget wäre/ und Ihn zu sehen verlange. Demnach machte sich der Hochfürstl. Prinz mit seinem Comitat alsobald auf/ und legte bey dieser Dame seine Aufwartung ab: welche/ zu Ersparung einiger Complemente, die Visite auf dem Bette ligend annahme. Sie hatte / wie man nachmals erfahren/ aus ihrer Suite 3 Personen und 4 Pferde auf dem Gebirge verlohren: ist also der Hochfürstl. Prinz in diesem Paß glückseliger gewesen/ weil Er ohne Schaden und Verlust diesen höchstgefährlichen Weg zurücke geleget.

Sie giengen diesen Nachmittag noch bis Turtman, einem Dorf: und hatten Abends einen lieblichen schönen Sommer / sahen auch nichts als lustige grüne Felder und Wälder/ da Sie am Morgen grossen Schnee und harten Winter gehabt. Nachdem Sie allhier übernachtet/ und den 16 diß wieder fortreiseten/ begegnete ihnen unterwegs der Bischof in Wallis/ mit einer ansehnlichen wohlgeputzten Suite, und kamen Sie Mittags nach Senne, so besagten Bischofs Residenz Stadt ist: alda der Hochfürstl. Prinz/ wegen eines Unglücks/ so einen seiner Bedienten betroffen/ verbleiben muste. Den 17 diß/ giengen Sie bis S. Moritz/ welche Stadt den Namen hat von Mauricio dem Römischen Hauptmann / der

ANNO 1661.
Beschwerlicher Schnee Weg im Gebirge.

Walliserland.

Brig.

H. Erz Bischof von Colonna.

Visite bey Mad. Manzini.

D. Turtman.

Winter und Sommer in Einem Tag.

Senne.

S. Moritz.

um

ANNO 1661.

um der Christ-Bekäntnis willen/ an diesem Ort/ mit seiner Thebanischen Legion, auf Befehl des Christ-Verfolgers Kays. Maximiniani, nidergehauen worden: Sie ligt in Unter-Wallis/ und wird daselbst die Savoische Sprache geredet. Der 18 diß/ brachte Sie zu Mittag nach Bingu, und Abends nach Donning: von dar Sie/ folgenden Tags/ nach Geneve glücklich eingelanget.

Bingü.
Donning.
Ankunft zu Geneve. 19 May.

Der Hochfürstl. Prinz wurde/ den 20 diß/ von dem löbl. Magistrat, wiederum zum höflichsten gewillkommet und beschenket: worauf Er/ nächsten Tags/ die Reit-Schul und andere Exercitien besuchet/ und selbigen Nachmittag auch von zweyen jungen HH. Grafen von Oettingen beneventirt worden. Nachdem Er folgends zween Tage mit allerhand Divertissement passiret/ visitirte Er den 24 diß iezthochbesagte HH. Grafen/ und den 25 diß einige des Magistrats: da Ihme/ unter andern/ die Confession des Constantinopolitanischen Patriarchen Cyrilli in Originali gezeiget wurde.

HH. Grafen von Oettingen.

2. Ruck-Reise durch Frankreich.
26 May.
Paris.

Endlich den 26 diß Nachmittag/ brachen Sie von dar wieder auf/ und nahmen ihren Weg durch Burgund/ über Dole und Dyon: bis Sie/ den 4 Junii zu Paris gesund und wohl angelanget. Es hatte zwar der Hochfürstl. Prinz ihme vorgenommen/ in Paris über 3 Wochen nicht zu verweilen: weil aber der Herr Inspector Lilien ganz gefährlich erkrankte/ als ist der Aufbruch bis in die 7 Wochen verschoben/ inzwischen die Zeit mit nötigen Anstalten und Mundirung der Hochf. Bedienten/ verbracht/ auch sonst mit Ansprache des Grand Mareschal de Touraine, des Prinzens von Tarante und anderer hohen Königlichen Ministern, die Ihn inzwischen besuchet/ passiret worden. Wiewol Er nun wohlbesagten seinen getreuen Achatem nit gern zurück liesse: iedoch/ weil es mit demselben ie länger ie gefährlicher sich anliesse/ und die Medici an Dessen Reconvalescenz allerdings desperirten; als muste Er letzlich/ denselben mit einem Cammer- und andern Bedienten in Paris

H. Inspectors gefärliche Erkrankung.

IX Cap.   Ruckreise durch Frankreich.   183

zu hinterlassen/ sich resolviren. Also reisete Er/ den 16 Julii/ al- ANNO 1661.
lein mit dem H. Hofmeister ab/nahme die Post/und kame noch selbigen Abend nach Rouan: dahin/die übrige Suite, erst am folgen- Rouan.
den Tag hernach gelanget.   16 Julii.

    Diese Stadt ligt an der Seyne, die ihr Paris zusendet: und ge-
het darüber eine Steinerne hohe und breite Brücke von 13
Schwibbogen. Sie heist in Latein Rotomagum, hat ein Erzbistum
und Parlement, ein altes Castell mit 11 Thürnen/ und an der
Domkirche zu Unser Frauen 3 Thürne: deren einer/ die Pyramide
genannt/ 600 Stuffen hoch ist. In dem andern/ den Sie den
ButterThurn nennen/ der zwar etwas niderer ist/ hängt eine berühmte grosse Glocke/ deren Diameter und Höhe 10 Schuch/ die Grosse Glocke.
Circumferenz 36 Schuhe/ und die Weite achthalb Französische
Ellen hält; der Klöpfel ist 5 Spannen dick/und wieget sieben/ die
Glocke aber 360 Centner. Sie ist die HauptStadt der Nor-
mandey/ eines Herzogtums/ so vordessen Westerreich oder   Die Norman-
Neustria geheisen/und den Franzosen von den Nordmannen/ die   dey.
aus Nord Teutschland dahin kamen/ abgedrungen worden: wie sie
dann auch noch die alte Teutsche Tugend haben/daß sie dapfer trin-
ken/ auch/ weil Bacchus in dieser Provinz nicht zu haus ist/ mit der
Ceres sich behelfen/ und gut Bier machen. Der Hochfürstl.
Prinz/stiege folgenden Tags mit den Seinen auf besagten Thurn/
besahe daselbst die grosse Glocke/und überschauete die Situation der
Stadt. Nachgehends verfügte Er sich in den Port/dahin das be-
nachbarte Meer der Seyne entgegen eilet/und besahen/ nächst den
kleinen/ etliche grosse Holländische Schiffe/ so daselbst
stunden.

    Der folgende 19 diß/ führte Sie von Rouan nach Neufcha-
stel, 9 Meilen/ so ein Städtlein in der Picardie ist; und führet/ Neufchastel.
nachdem Sie allhier gemittagmalet noch 5 Meilen nach Blanche Blanche.
auch einem Städtlein/daselbst Sie/weil man eben Jahrmarkt hiel-
te/und alle Gasthöfe angefüllt waren/fast keine Herberg erlangen
                                                                                   können.

ANNO 1661.
Abbeville.

können. Den 20 diß/reiseten Sie 5 Meilen/bis Abbeville, einer schönen/grossen und vesten/ auch mit einer Guarnison besetzten Stadt/welche der Fluß Somme zweytheilet: es stehen aber/ auf der einen Seite/allein kleine schlechte Häuser/mit Stroh gedecket. Von dar giengen Sie 6 Meilen nach Nantponte einem Dorf/alda Sie übernachtet.

Nantpont.

Den 21 diß passirten Sie 3 Meilen durch Montroeil, eine feine Vestung/und komen um Mittag 2 Meilen nach Franque, einem Dorf in der Provinz Bousonnois: daselbst Sie Malzeit hielten / und fürter Abends in Boulogne angelangten. Diese HauptStadt iezt besagter von ihr benamten Grafschaft/wird in die Obere und Untere (la haute & bache ville) getheilet/ und liegen beyde Städte über 100 Schritte voneinander. Ihr Lager ist an der Meeränge gegen Engelland/und hat Sie ein Bistum, und einen alten zwar nunmehr-schlechten Meerhafen/ ob welchem ehedessen auf einer Warte eine grosse Nacht-Fackel zu Behuf der Schiffleute gebrennet/ den die Franzosen Tour d'Ordre nennen. Die Untere Stadt/hat schlechte Hütten: aber die Obere ein Citadell, hohe Mauren und tieffe Gräben.

Montroeil.
Franque.
Boulogne
21 Julii.

Calais.

Von hinnen reiseten Sie/den 22 diß/nach Calais, einer MeerStadt/ 7 Meilen/alda man nach Engelland pfleget unter Segel zu gehen. Sie ligt in der Grafschaft Oye, hat ein starkes Castell/ tieffe Gräben/die das Meer mit Wasser anfüllet/ und einen feinen wiewol kleinen Schiffhafen. Der Hochfürstl. Prinz spazirte nach der Malzeit/das Citadell, und die Wälle zu besehen. Nachmals giengen Sie in die Kirche à Nostre Dame, und beschaueten daselbst das Epitaphium eines Gouverneurs des Ersten Königs in Frankreich/welcher Gourdan hiesse/ wie auch K. Edvardi III in Engelland in Holz geschnittenes Bildnis/der A. 1347 dieser Ort den Franzosen abgenommen/ und ward Er erst nach 212 Jahren wieder an Frankreich erobert. Folgenden Tags / giengen Sie nochmals an den Port/und ersahen/ von dar aus/ das weisse Gelände von Engelland/(wie es dann/ üm deß willen/ vor Alters Albion geheis-

Blick in Engelland.

IX Cap. Reise durch Flandern. 185

geheissen/) und die gegen Calais über ligende Vestung Douvers ANNO 1661.
oder Dover, alda man von disseit anzulanden pfleget; und werden/
bis dahin über Meer/ 4 Teutsche Meilen gerechnet.

Diesen Vormittag reiseten Sie noch 3 Meilen bis nach Grä- 3. Reise durch
velingen: da Sie über den Fluß Aa, welcher diese Niderländische Flandern.
Provinz von Frankreich scheidet/ sich in Flandern übersetzen lassen. Gravelingen.
Nach der Mahlzeit/ so Sie im Gasthof a l'Ange eingenommen/ 23 Julii.
giengen Sie/die von Kays. Carolo V fortificirte und von den
Spaniern besetzte Vestung/die wohl sehrwürdig ist / zu beschauen/
und fanden in den Mauren noch ziemliche Vestigia von der A.
1658 im M. Augusto vorgegangenen Französischen Belägerung.
Unterwegs stiessen Sie auf den Schweitzer Capitain Mr. Mont,
den Sie vor ungefähr anderthalb Jahren zu Toulouse gesprochen.
Dieser führte Sie allenthalben herüm/ zeigte ihnen die Attaquen,
nahme Sie mit sich in sein Logement, und tractirte Sie mit einer
guten Collation. Als Sie auch von dar hinwegreiseten/ begleitete
Er Sie/ neben seinem Lieutenant, auf 2 Meilen: da Sie dann
Abends in Duynkerke angelanget/ und a l'Ange logiret. Duynkerke.

Diese Vestung/ hat den Namen von den Duynen oder Sand-
hügeln/ welche von hier bis nach Nieuport, 5 Meilen lang/ das
Meer belägern: oder von der Abtey und Kirche den Duyne, so
oben auf diesen Hügeln unfern von hier liget. Sie hat schöne Gas-
sen/ und in der Haupt-Kirche einen herrlichen Altar von Alabaster
und buntem Marmel/ so 20000 Gulden soll gekostet haben. Kays.
Corolus V hat den Ort zu befestigen angefangen: deme aber/ die
den Sand von den Duynen herabführende Regenbäche den Port
verderben und ausfüllen. Diese Stadt ward A. 1658 im M.
Junio von den Frantzosen erobert/ und an den König in Engelland
übergeben. Der Gouverneur Mr. Ritterfort, ein Schotte/ ka- Des Gouver-
me den 24 diß zu dem Hochfürstl. Prinzen/ und fragte/ ob Ihnen neurs Mr. Rit-
nicht beliebte/ der Englischen oder Französischen Predigt beyzuwoh- terforts Höflich-
nen? Demnach liessen Sie/ von einem Officier, sich in die Frantzö- Hochf. Prinzen.
Aa sische

ANNO 1661. sische Kirche führen: Der Gouverneur aber gienge / mit seinen Officiers, in die Englische Predigt. Nach geendetem Gottesdienst/ wurde der Hochfürstl. Prinz von Ihme zur Tafel geladen und über die massen höflich tractiret. Nach der Malzeit/ führte er Sie auf den Markt: allwo die Parade von der Wacht / so aufgeführt werden solte/ in armis stunde. Nachdem die Wacht bestellet worden/ nahme Er Abschied/ kame aber um 5 Uhr wieder / und führte den Hochfürstl. Prinzen auf einen hohen Thurn: von dar Sie die Vestung/ welche auf den Wällen zu beschauen Ihr. Kön. May. von Engelland verbotten hatte/ in Augenschein nahmen. Wie Sie wieder herabkamen/ fande der Hochf. Prinz eine Anzahl Pferde vor sich und seine Leute in Bereitschaft/ und der Gouverneur ritte/ ganz allein/ mit Ihnen vor das Thor hinaus/ da Sie die Vestung von ausen beschaueten. Als Sie nach der Stadt umkehrten/ sahe Sie/ 5 Compagnien zu Pferd/ vom fouragiren/ ebf auch wieder ankomen.

Uuerna. Nieuport. 25 Julii.

Am folgenden Morgen um 6 Uhr/ machten Sie sich wieder auf: besuchten zwar zuvor des Gouverneurs Logement, um Abschied zu nehmen/ fanden Ihn aber noch schlaffen. Also reiseten Sie fort/ über die Sandberge/ und passirten die Spanische Vestungen Uuerne und Nieuport. Diese Stadt hat einen feinen aber ad langen Port mit einem Fakel Thurn/ und ist berühmt von dem namhaften Treffen/ welches A. 1600 den 2. Julii, auf dem Weg nach Ostende eine kleine Meil von der Stadt/ zwischen Erzh. Alberto und den Spaniern einer- und Prinz Moritzen von Nassaw anderseits vorgegangen/ da jener / gleichwie von dessen Urvattern Kays. Alberto I A. 1298 an eben diesem Tag/ des Prinzen Urvatter Kays. Adolphus, geschlagen worden.

4. Ankunft zu Brugg.

Allhier giengen Sie zu Schiff/ und fuhren den Strom hinauf nach Brugg. Diese schöne und reiche HandelStadt/ nach Gent die vornemste in Vlaenderen, hat den Namen von den vielen steinernen Brücken/ die über die Reye, den vielströmigen und beyderseits bemaurten Fluß oder Canal daselbst/ gehen. Sie ümgreift

bey

IX Cap.   Ankunft zu Brügg.   187

bey 6 wälsche Meilen/hat ein Bistum/ bey 60 Kirchen/(unter de- ANNO 1661.
nen/die Haupt-und Domkirche zu S. Donat, zu beyden Seiten des
Chors/viel Schilde der Rittere des güldnen Vellus vorweiset/) ein
stattliches Jesuiter-Collegium, einen grossen Markt / (von welchem 6 HauptGassen zu so vielen StadtThoren gehen/) und 68
Handwercks Zünfte.   Das FrauenVolk allhier zeiget sich so Schönes Frau-
schön und prächtig/daß K. Philippi Pulchri in Frankreich Gemah- enVolk.
linn/ Johanna Königinn zu Navarra, als Sie A. 1301 hier
durchgereiset/dieser Worte sich vernehmen lassen: Ich sehe hier
viel Königinnen / da ich bisher vermeint/ ich sey es alleine.
Jan van Eiken, ein Kunstmahler allhier/ hat erstlich das Mahlen KunstMahler.
mit Oelfarbe erfunden.   Diese Stadt treibt grosse Handelschaft/
und hat die Niderlag oder StapelGerechtigkeit.   Es ward auch
hier am ersten ein Kaufherrn-Platz gesondert/und von einem dar-
an-wonhaften nun-abgestorbenem Geschlecht/ (wie dessen Wap-
pen/drey Beutel/ noch über der Thür bezeuget/)de Boerse genennt: Erste Boerse
wovon/ in andern Niderländischen und NiderTeutschen Städ- daselbst.
ten/ alle dergleichen Plätze den Namen bekommen.   Der Ort ist
sonst/mit breiten Wassergräben/ Wällen und Revelinen wohl be-
vestigt. K. Maximilianus I ward A. 1488 / von den rebelli-
schen Flandern/ allhier gefangen gesetzt / auch wider ihn und seine
Räthe/bey 16 Wochen lang vielfältig gefrevelt und gewütet: Lib. V. cap. 15.
wovon/wie auch von der Graffschaft Flandern im Oesterreichischen 16 & 17.
EhrenSpiegel umständlich zu lesen.

    Der Hochfürstl. Prinz gienge folgenden Morgens durch die
Stadt/ und besahe eins und anders/ insonderheit das Rathaus/ und
das Palatium la Franche genannt / ingleichen das Benedictiner-
Kloster. Er stiege auch auf den Thurn am Markt/ welcher 343
Stuffen hoch ist/ und ein Glockenspiel hat : von dannen Sie/die
Stadt und ihre Situation, überschauet. Den 27 diß üm 11
Uhr/ stiegen Sie in eine Barke / und fuhren hinüber nach der
Spanischen Vestung Ostende: alba Sie Abends üm 6 Uhr ange- Ostende.
                Aa 2   langet/ 27 Julii.

ANNO 1661. langet/ und à l' estoile (beym Stern) eingetretten. Sie giengen alsofort durch die Stadt/ und stiegen auf den Thurn/ konden aber/ weil der Gouverneur abwesend/ nicht gar hinauf kommen. Im Rathaus/ fanden Sie ein Gemälde von der Stadt / wie Sie zur Zeit der namhaften Belägerung gestanden/ und wie Sie itzund stehet. Sie ward/ im Eingang dieses Seculi, von Ertzh. Alberto und den Spaniern 3 Jahre und drittehalb Monat lang belägert/ und endlich A. 1604 durch Ubergab erobert: nachdem/ vor diesem zweyten Troja, über 78000 Mann geblieben/ und also das Spanische Lager zum Kirchhof oder Todten Lager worden. Der Ort ist klein/ aber grosses Namens/ mit gedoppelten Wassergräben/ Wällen und Bollwerken bäst befästet.

Belägerung dieser Vestung.

Von hier gienge der Hochfürstl. Prinz/ den 28 diß/ auf einem Wagen nach Brugg zurücke/ und speisete zu Mittag mit dem neuen Commendanten Sign. Campus, einem Italiener / der eben diesen Morgen/ das Goubernement anzutretten/ daselbst angekommen war/ und mit etlichen andern Herren: worauf Er mit der barque nach Sluys abgereiset / und hat Jhn besagter Commendant, auf seiner Kutsche / bis an die barque führen lassen. Sie fuhren bey dem fort S. Denaes vorbey/ welches den Spaniern zugehört/ und so nahe bey Sluys liget/ daß man mit Canonen hinein schiessen kan. Jeztbesagtes Sluys, ist eine treffliche Vestung / denen HH. Staaden gehörig: in welcher Sie aber/ auser dem Schloß/ nichts marquables gefunden.

Brugg.

S. Denaes.

Sluys.

Sie embarquirten sich den folgenden 29 diß/ um nach Seeland zu fahren. Als Sie aber auf die See kamen / wurde es so Wind-stille/ daß Sie bey 2 Stunden vor Anker ligen musten/ und erst um 4 Uhr zu Ulissingen, folgends / nachdem Sie allhier gespeiset/ mit dem Wagen/ zu Middelburch, der Haupt-Stadt in Zeeland, angelanaten. Diese Stadt ist groß und fäst/ hat schöne Häuser/ und treibt viel Handelschaft. Der Hochfürstl. Prinz stiege auf den Thurn/ liesse den Glöckner etliche Französische Lieder

3. Reise in Seeland. 29 Julii.

Ulissingen. Middelburch.

IX Cap. Ruck Reise durch Flandern. 189

der spielen/ und überschauete die in das Meer gleichsam ausgestreu- ANNO 1660.
te Eylande dieser Provinz/ deren man vornemlich 8 zehlet. Diß
ware/ zu der alten Römer Zeiten/ ein fästes Land/ alda die Maas und
Schelde in ihre Ostia und Meer-Einschüsse sich endeten: ist nach
der Hand/ durch des Meers Entgegenlauf/ also unter Wasser gesetzt worden. Nachdem der Hochfürstl. Prinz auch das Ost-
Indische KaufHaus allhier besehen/ fuhre Er den 30 diß zurücke
nach Ullissingen, hielte daselbst Malzeit à la ville de Rouan, und Ulissingen.
gienge üm 11 Uhr wieder unter Segel/ passirte durch t'zas von t'zas von Gent.
Gent, eine Staadische Vestung/ und kamen Abends nach Gent, allwo Sie beym güldnen Apfel (à la pome d'or) die Einkehr genommen.

  Diese HauptStadt der Graffschaft Flandern/ empfähet in 6. RuckReise
ihren Schoß 4 Schiffreiche Ströme/ nämlich die Schelde, Lise, durch Flan-
Leye und Moere, die ihr eine reiche Niderlag zuführen. Sie ist dern.
sehr groß/ und umgreift über 10 wälsche Meilen. Unter den Kir- Gent.
chen/ derer man daselbst 55 zehlet/ ist die vornemste zu S. Bavon, in 30 Julii.
welcher Kays. Carolus V getauft worden/ und sein Sohn K. Philippus II wie die Schilde im Chor noch bezeugen/ des Güldnen Vellus RitterTäge gehalten. Sie hat/ ein Bistum/ ein fästes mit 5
Bollwerken und tieffen Wassergräben versehenes die Stadt
commendirendes Castell/ mit 300 Cammern/ in deren einer/ die
kaum 4 Ellen lang und breit ist/ Kays. Carolus V gebohren worden; einen Thurn/ Belfort genannt/ 500 WendelStuffen hoch/
mit dem Glockenspiel und einer grossen Glocke von 3300 Cent-
nern/ welche Sie Roland nennen/ und oft damit zur Aufruhr ge-
läutet; ferner 13 Märkte/ 26 Inseln/ 98 Haupt-Brücken/
6 Wasser- und auf den Wällen über 120 WindMühlen/ auch bey
35000 Häuser; überdas ein hohes LandGerichte/ davon man
aber nach Mecheln appelliren kan; 50 HandwerksZünfte/ und
ouser diesen insonderheit der Weber und Tuchmacher 27 Gilden/
wie man dann allhier mit Tuch und Leinwat den meisten Handel
treibet; endlich auch etliche herrliche Bibliotheken. Der Hochf.
      Aa 3   Prinz

ANNO 1661

Rathaus.

Aelst.
7. Reiſe durch Brabant.
1 Auguſti.
Brüſſel.

Sieben Zahl daſelbſt.

Prinz beſahe/ den letzten diß/ das Citadell von auſen/ und beſagte Kayſ. Caroli V GeburtKammer. Nach der Malzeit / fuhren Sie/ das Stadthuys oder Rathaus zu beſchauen / und fanden daſelbſt viel Gemälde: unter andern/ wie von Kayſ. Carolo V, deſſen Statua den groſſen Markt zieret / K. Franciſcus I in Frankreich/ wie auch Johann Fridrich Churfürſt zu Sachſen/ welcher unformlich dick und ungeſtalt wie ein Bacchus abgebildet war/ gefangen worden. In einer Capelle der Kirche S. Johannis, zeigete man ihnen eine Tafel/ welche mehr/ als die ganze Kirche/ die doch ſehr ſchön iſt/ ſoll gekoſtet haben.

Mit dem Anfang des Monats Auguſti, endete ſich die Reiſe durch Flandern: indem Sie den 1 diß zu Pferd / in Aelſt, (allwo Sie bey den drey Königen Mittag gehalten/) und Abends in Brüſſel angelanget/ und à S. Jacque logiret. Dieſe Reſidenz-Stadt der Herzogen in Brabant oder Statthaltere in den Spaniſchen Niderlande/ ligt halb Berg-an und halb-eben / in einer luſtigen und fruchtbaren Gegend / am Fluß Senne, aus welchem ein Schiffreicher Waſſergraben/ de Vaert genannt / mit 5 Sluyſſen oder Waſſerfängen/ die Schiffe oberhalb Rupelmond in die Schelde führet. Sie iſt ziemlich groß/ und läſſt ſich kaum in 2 Stunden umgehen. Sie hat 7 Pfarrkirchen/ 7 Thore / 7 Markt-Straſſen/ 7 offenbare HauptSpringbrunnen/ und 7 geſchworne Hebammen/ von welchen alle Weiber hoch und nidres Standes bedient werden. Die LandLuſt iſt nach den 7 Thoren ordentlich eingetheilet/ und kommet man durch dieſelben unterſchiedlich/ zu den Vogelfang/ zur Fiſcherey/ zur Wildbahn/ zu den SaatFeldern/ zur Vieh Weide/ zu den Weinbergen und zu den Gärten. Sie hat gedoppelte Mauern mit 74 Thürnen/ hohe Wälle und weite Gräben. An der Kirche S. Gudulæ, ſtehen 2 Thürne / in Höhe von 500 Staffeln: die HauptKirche aber/ iſt S. Michaeli, dem StadtPatron, gewidmet. Der Königliche Stall/ hat oben ein Zimmer/ voll allerhand köſtlicher Waffen. Die auf der Höhe ligende Reſi-

IX Cap. Reiſe durch Brabant.

ANNO 1661.

Reſidenz-Burg/ iſt recht Königlich ausgebauet/ auch mit ſchönen Galerien/ Mahlereyen/ Luſtgärten/ Waſſerwerken und Grotten gezieret. Vor dem Rathaus/ welches auch wohlerbauet iſt/ und von den bäſten Mahlern viel treffliche KunſtTafeln hat / zeiget man den Platz/ auf welchem der Herzog von Alba die beyde Grafen von Hoorn und Egmond enthaupten laſſen. Es iſt dieſe Stadt auch ſonſten mit ſchönen Paläſten und Häuſern/ und dieſelben mit luſtigen Fontainen und Gärten/ gezieret: wie dann/ faſt alle Spaniſch-Niderländiſche Provinzen/ Prælaturen/ Stände und Städte/ allhier ihre Einlager haben. Die 52 HandwerksZunften/ werden in 9 Nationen getheilet/ unter denen die Plattner und Seidenſticker die vornemſte ſind. Auſer dieſen/ ſind noch 5 Geſellſchaften der reichſten Bürgere: derer iede in 50 Köpfen beſtehet/ und järlich im Monat Majo einen prächtigen Umgang zu halten pfleget.

Nächſten Tags nach ſeiner Ankunft/ beſahe der Hochfürſtl. Prinz das Schloß/ folgends den Thiergarten / und die Fontaine, alda ſonderlich das Perpetuum mobile, der Strauß und Adler/ ſehwürdig waren. Nach der Malzeit/ beſchaueten Sie auch das Zeughaus/ und fanden darinn viel alte Waffen von Kayſ. Carolo V, Erzh. Alberto und anderen Fürſten: worauf Sie Abends au Cour gefahren. Den 3 diß/ fuhren Sie Morgens auf die ReitSchul/ nachgehends in das Jeſuiter-Collegium, und in die HauptKirche: alda Sie Erzh. Erneſti Begräbnis/ und Abends um 7 Uhr le tour à la mode beſichtiget. Den 4 diß/ am Morgen/ giengen Sie mit dem Wagen 4 Meilen/ nach Loeven, der HauptStadt in Brabant. Dieſe groſſe Stadt/ hat bey 8 wälſche Meilen im Umfang/ und ligt am Fluß Dole, in einer allerſchönſten Gegend von Weinbergen und ObſtGärten/ auch luſtigen Wieſen/ Wäldern und Feldern: dannenhero die Muſen/ allbereit vor dritthalbhundert Jahren/ dieſen Ort ihnen zum Siz erwehlet/ und hat ſelbige Univerſitet unter andern auch von Juſto Lipſio,

Loeven.
4 Aug.
Univerſitet.

ANNO 1661. Lipsio, der allhier bey den Franciscanern begraben ligt / grossen Ruhm erlanget. Unter 53 MauerThürnen/ist einer/de verlooren kost genannt/so hoch/daß man/bey hellem Wetter / von dar auf 8 Meilen bis nach Antorf sehen kan. Sonsten hat sie 13 Pasteyen/ 16 Hölzerne Brücken/ 11 Thore/ 9 Märkte/ 14 WasserMühlen/ 12 lange und 140 Neben-Gassen / 16 Steinerne Brücken/ 5 Pfarrkirchen und viel Klöster. Das Rathaus / ist mit durchbrochenen Steinen gar künstlich aufgemauert. Die Burg/ vorzeiten der Grafen von Löven HofSitz / ligt auf einem Weingebirge / mit der schönsten Lustgegend umzirket: wie dann Kays. Carolus V und seine 4 Schwestern/ auch andere Fürstliche Kinder/alda auferzogen worden. Sie hat einen Schöpfbrunn/ 130 Schuh tief/aus welchem ein Echo oder Gegenschall heraufschallet.

5. Ankunfft zu Mecheln. Nachdem der Hochfürstl. Prinz allhier das Mittagmahl eingenommen/folgends die Stadt und das vornemste Collegium besehen/gienge Er von dannen fürter nach Mecheln, und name alda sein Logement im Teutschen Haus. Diese Stadt/ ligt auf dem Fluß Dole, mitten in Brabant/auch von Löven/ Brüssel und Antorf/ (welche einen justen Triangel machen/)von ieder 4 Meilen. Der Fluß macht in und auser der Stadt viel Inseln / und träget viel Brücken ; er befästiget auch die Stadt durch seine Sluyssen, mit denen man ein FeindesLager ganz in Wasser setzen könde. Sie hat einen ErzBischof/und 7 Pfarrkirchen. Am Dom/ zu S. Rombaut oder Rumold genannt / stehet ein hoher Thurn/ von welchem man die Umligenheit weit und breit überschauen kan/ da auch alle Stunden mit Glocken gespielet wird. Im Chor/ hängen viel Wappen der Rittere des Güldnen Vellus. Auf dem Monument Jani Bernartii daselbst / stehet diese lehrhafte Grabschrifft :

FAC QUOD VELLES FECISSE MORITURUS.

Diese

IX Cap. Ankunft zu Antuerpen.

Diese Stadt ligt zwar in Brabant/ ist aber eine absonderliche Herrschaft und Niderländische Provinz. Was Sie am meisten zieret/ ist das Supremum Judicium, besetzt mit dem Præsidenten/ 16 Beysitzern/ zweyen Secretarien und 8 Cancellisten: von demselben darf niemand in den Spanischen Niderlanden/ auch an den König selber nicht/ appelliren/ und ist allein die Revision zugelassen. Weil man in diesen Landen meist Französisch redet/ als wird/ zu Behuf der Parteyen/ allein in dieser Sprache recessiret: Die Stadt hat 17 Handwerks Zünfte / unter denen die Weber und Tuchknapen die stärkste machen: wie dann die Kaufleute allhier/ mit dem bästen Tuch und zarter Leinwant/ grosses Gewerbe treiben.

Die Stadt und Niderländische Provinz Antorf oder Antwerpen, dahin der Hochfürstl. Prinz den 5 diß / nachdem Er in Mecheln sich etwas umgesehen / mit einem Wagen abgefahren/ ware/ von uralten Zeiten der ersten Fränkischen Könige / eine Marggrafschaft des Röm. Reichs/ und hiesse Marchionatus Antiripensis, daraus der Name Antuerpen entsprungen: wovon/ wie auch von allen Niderländischen Provinzen / in besagtem Oesterreichischen EhrenSpiegel ein mehrers zu lesen. Sie ligt an der Schelde, wo dieser Fluß/ durch die Pfützen von Seeland / dem Meer zueilet/ und zwar in einer schönen Ebene. Sie hält im Umkreis 5 wälsche Meilen/ ohne das Castell / dessen Circumferenz man auch auf eine wälsche Meile schätzet. Diese herrliche Vestung/ so fast für die vornemste in Europa gehalten wird / hat 6 Bollwerke mit Cavallieren und Flanquen, auch Gewölber unter dem Wall/ aus welchem man in die Wassergräben und von dannen auf die Schelde fahren kan. So ist auch die Stadt/ mit hohen dicken Mauren und 8 Bollwerken/ bevestiget / und der Wall mit 4 oder 5 Linden-Reihen bepflanzet: daß also / Stärke und Schönheit/ allhier miteinander wettstreiten. Sie hat 13 Thore/ deren 8 gegen den Fluß stehen/ (welcher hier bey 500 Antorfer-

ANNO 1660

Der Hohe Raht.

9. Ankunft zu Antorf. 5 Aug.

Ist eine alte Marggrafschaft.

Das Castell.

Bb Ellen

ANNO 1661

Ellen breit ist/) und strecket vor iedem ein grosser Damm sich in die Flut hinein/ zwischen denen die grösten LastSchiffe sicher einlaufen: dergleichen commoditet vielleicht sonst nirgend anzutreffen. Die Stadtgräben/sind sehr breit/und tief voll Wassers. Es sind allhier 26 Märkte/ deren einen/ die mit offenen gewölbten Gängen bedeckte und in der Mitten gepflasterte Boerse, zieret. Die Gassen/ (deren über 200/) werden rein gehalten/und sind sehr breit / auch theils so lang/daß man Sie nit absehen kan; viel derselben sind mit Linden/beyderseits aber mit hohen schönen Häusern/in einer geraden Linie/besetzet. Guicciardinus zehlet allhier/ 13500 Häuser: welche meist so herrlich erbauet / auch mit Gärten und allem Zierat versehen sind / daß Fürsten darinn wohnen könden.

Die Domkirche.

Die Haupt-und DomKirche zu Unser Frauen/ ist über 500 Schuh lang und 240 breit/ hat 4 Reihen Seulen/ 66 von Marmel/Gemälden und Bildern künst-und köstliche Altäre und Capellen/neben vielen stattlichen Monumenten, und zween Thürne: deren der eine/von durchbrochener schönster Arbeit / gleich dem Straßburgischen/ 622 Stuffen hoch in die Luft steiget / bis nach Mecheln/ Brüssel/ Löven und Gent/auch gar über Seeland/ den Prospect gibet/und mit 68 Glocken allen Stunden gar lieblich vorspielet/ welches Glockenspiel zu Aelst A. 1481 erstlich erfunden worden. Die Societet Jesu hat allhier auch eine prächtige Kirche/welche inwendig von schönsten Marmel und trefflichen Gemälden glänzet; und ruhet das Gewölbe / auf 36 Seulen. Das Rathaus/ von grau-gesprengtem weissem Marmel erbauet/ ist auch wohl zu sehen: wie auch die Boerse, welche 180 Schuh lang/und 140 breit ist/ auch mit 43 MarmelSeulen pranget/ aber neben dem KaufHaus heutzutag leer stehet/weil die weyland-reiche Handelschaft dieser Stadt sich nach Amsterdam verwandelt. Sie hat sonsten bey 74 Brücken/ auch eine berühmte Glashütte/ und pranget mit vielen des fürtrefflichen Rubens Gemälden/ auch mit Christophori Plantini Druckerey. Der Inwohnere / hat man/

IX Cap. Reise durch Holland. 195

man/in diesem 1663 Jahr/ bey 200000 gezehlet. Das Regiment allhier/ wird von 2 Statthaltern/ (deren einer der Marggraf heiset/) von 2 Burgermeistern und 18 Schöpfen / verwaltet. Sonsten wird / dieser Stadt/ folgendes Elogium zugeschrieben:

ANNO 1663.

Niderland/ ist des Erd Runds	Güldner Ring: Auge: Lust Wald: Paradeis: Himmel:	und Antorf/ ist dessen	Edel Stein. Augapfel. Lorbeerbaum. Lusthaus. Sonne.

Der Hochfürstl. Prinz/ fuhre nach gehaltener Malzeit / zur Haupt-Kirche/ und überschauete/ von dem Thurm daselbst/ die Situation der Stadt: worauf Sie auch die Jesuiter-Kirche / samt der Bibliothek, beschauet / und üm 7 Uhr au tour à la mode gefahren. Den 6 diß besahen Sie das Citadell, und fuhren/ nach der Malzeit / gegen den Frontieren von Holland: da Sie dann zu Putte, einem halb-Spanisch-halb-Staadischen Dorf/übernachtet. Den 7 diß/ kamen Sie nach Bergen op Zoom, und giengen daselbst üm 9 Uhr in die Kirche/die Predigt zu hören/ allwo auch der Gouverneur Prinz Friderich von Nassau mit der Fr. Gemahlinn sich befunden. Dieser Ort ist stark befestet/ und gehört der Prinzessinn von Hohenzollern: doch haben die HH. Staaden ihre Guarnison darinnen. Nachdem Sie daselbst zu Mittag gespeiset/ giengen Sie von dar fürter/ und kamen 7 Meilen nach Zevenbergen. Den 8 diß/ giengen Sie 4 Meilen über See nach Dordrecht, so die Haupt-Stadt von Holland ist/ auf den Pfützen der in die See daselbst schiessenden Maas und Waal liget/ und durch das Stapel-Recht sich wohl bereichert. Nachdem Sie allhier / im Hirsch/ gemittagmahlet/ fuhren Sie wieder ab/ und kamen Abends/ über 3 Meilen / nach Rotterdam, da Sie à l' escu de France (beym WappenSchild von Frankreich/)eingekehret. Diese grosse/ volkreiche Stadt/ ligt an der Maas / welche mit ihren Armen fast

10. Reise durch Holland.
6 Aug.
D. Putte.
Bergen op Zoom.

Zevenbergen.
Dortrecht.

Rotterdam.

Bb 2

ANNO 1661. fast alle Gassen derselben durchströmet / auch hin und wieder viel grosse und kleine Schiffe träget. Es wird allhier / mit dem Heringfang/ grosser Nutze geschaffet. Der fürtreffliche Erasmus, hat diese seine GeburtStadt welt-berühmt gemacht: wie sie dann auch mit ihm pranget/ und ist seine Ehrne Bildnis / in LebensGrösse/ und in einem langen schwarzen FutterRock/ auf dem Markte zu sehen/ mit der Unterschrift:

Erasmi Vaterland.

ERASMUS. NATUS ROTERODAMI. OCTOB. XXVIII. ANNO M CCCC LXVII. OBIIT. BASILEÆ. XII. JULII. ANNO MDXXXVI.

Delft.

Sie beschaueten die Stadt/ den 9 diß/ und hielten daselbst die MittagMalzeit: worauf Sie mit der barque nach Delft / 2 Meilen gefahren. Es wird/ diese Stadt/ vor die schönste in Holland geachtet: Die auch/ vor allen andern/ das bäste Bier brauet. So sind gleichfalls/ fast alle Gassen/ Canäle oder Wasser-Rinnseln; und stehet am Markt ein hoher Thurn / auf deme man fast ganz Holland übersehen kan. Sie besahen/ den 10 diß / die Begräbnise der Prinzen von Orenge oder Uranien/ und der beyden See-Helden Peter Heins und Trompens; ingleichen folgends das Haus/ in welchem Prinz Wilhelm/ A. 1584 den 10 Julii/ von einem Burgundischen Meuchelmörder mit 3 Kugeln erschossen worden.

n. Ankunft im Hag. 10 Aug.

Sie fuhren/ diesen Vormittag/ noch eine Meile mit der barque, und kamen um 11 Uhr in dem Hag an. Dieser offene Marktflecken/ der zwar seiner Grösse und Schönheit halber vielen Städten weit vorgehet/ hat seinen Namen von den Lustwäldern/ womit er umgeben liget. Weil Kayser Wilhelm/ Graf in Holland/ seine Residenz von Harlem hieher verleget/ und diese Grafen jederzeit daselbst Hof gehalten/ als wird der Ort in gemein S'Grayenhag genennet: Wie dann die H.Hn. General-Staaden der vereinigten Niderlande/ mit dem Prinzen von Uranien, welcher die

Obers

IX Cap. Ankunft im Hag.

Oberstelle und zwo Stimmen hat/ annoch allhier residiren und zu ANNO 1681.
Rahtgehen/ auch ihre Cantzley im Schloß daselbst haben. Das
Schloß/ so von besagtem Kayser erbauet worden / ist mit breiten
Wassergräben umgeben. So sind auch / die Gassen und Plätze
hin und wieder / mit hohen Linden und andern Bäumen besetzet/
welche den Ort sonders lustreich machen. Der Hochfürstl. Prinz
besahe den 11 diß besagtes Schloß/ so man den Prinzen-Hof nen-
net/ wie auch Prinz Morizens von Nassau Wohnung; Nach der
Malzeit aber / der verwittibten alten Princessin von Uranien
Hauß/ so im Wald gar lustig liget / und mit schönen Gemälden
pranget. Am folgenden Morgen/ thäten Sie eine Spazirfahrt
nach Loozduynen oder **Losdin** / einem Dorf / die Begräbnis Losdin
Margaretha Gr. Hermanns von Hennenberg Gemahlinn und
Kayſ. Wilhelms Schwester / einer gebornen Gräfinn von Holland / in der Kirche daselbst zubeschauen: welche A. 1276 / weil WunderGe-
sie ein Bettelweib/ die ihre Zwillings-Kinder auf den Armen getra- burt einer Grä-
gen/ Ehebruchs beschuldiget und übel ausgescholten/ nach des Weibs finn.
Anwunsche/ so viel als Tage im Jahr/ nämlich 365 Kinder/ auf
einmal soll geboren haben. Diese Kinder wurden alle aus zweyen
daselbst noch hangenden ehrnen Becken getauft/ die Knäblein Johannes und die Töchter Elisabethen genennet: sind aber/ samt der
Mutter/ alle in einem Tag gestorben. Die Geschicht wird/ mit
solchen Umständen/ in dem daselbst-befindlichem Epitaphio beschrieben: so zwar einem Gedichte ähnlich scheinet. Sie besahen
auch/ auf dieser Fahrt/ die Häuser Ryswyk und Bardyk, so dem
Prinzen von Uranien zugehören: worauf Sie/ um 1 Uhr/ im Hag
wieder angelanget. Der Hochfürstl. Prinz / erwartete allhier
des Hn. Inspectoris Lilien hernachkunft: welcher inzwischen / zu
Paris/ von seiner tödlichen Kranckheit wieder genesen war. Nach
dem derselbe/ samt denen ihme zugeordneten/ sich eingefunden/ und
nun etliche Tage ausgeruhet/ immittels eines und das andere mit
Fleiß besichtiget worden: brachen Sie den 16 diß von dar wieder
auf/

ANNO 1661.
12. Ankunft zu Leyden.
16 Aug.

auf/ und reiseten fürter auf Leyden/ allda Sie mit Abend angekommen.

Diese grosse wohl fortificirte Stadt/ zu Latein Lugdunum Batavorum genannt/ ligt zu unterst am Rhein-Strom: welcher hier fast durch alle Gassen fliesset/ und zehlet man darüber mehr als 100 steinerne/ auch bey 40 andere Brücken. Die Ränder dieser Wasser-Sääle und Krachten/ sind beederseits mit Linden und andern Bäumen bepflanzet: welches/ im Sommer/ grosse Ergezlichkeit gibet. Daß es eine alte Stadt sey/ bezeuget/ fast mitten darinnen/ die so-genannte Burg/ ein runder Thurn/ auf einem hohen mit Bäumen bewachsenem Berg ligend/ mit einer dicken Mauer umfangen/ und mit einem tieffen Brunn versehen: von welcher auch vordessen/ gewisse Herren/ sich Burggrafen zu Leyden geschrieben. Die berühmte Universitet/ der Hortus Medicus, die Bibliothek, und andere Seltenheiten/ geben dieser Stadt eine sonderbare Ruhm-Zierde. Der Hochfürstl. Prinz besahe/ am folgenden Morgen/ das Rathaus/ mit dem schönen Thurn-Glockenspiel/ die Kirche der so-genanten Lutherischen/ besagten alten Burg-Thurn/ zu welchem man 50 Stuffen aufsteiget/ das schöne mit vielen Rariteten versehene Theatrum Anatomicum, das Collegium Academicum, und die berühmte Elzevirische Buchdruckerey. Nach eingenommenem Mittag-Mahl/ reiseten Sie von dar nach Haerlem, einer grossen berühmten Stadt/ deren Haupt-Kirche auch die grösste in Holland ist. Ein Hauptstuck ihres Ruhms ist/ daß ihr Burger Lorenz Cüster zur Erfindung der Edlen Buchdrucker-Kunst den Anfang gemacht/ indem Er die Druck-Formen in Holz geschnitten/ und damit etlichen Hoch-Teutschen/ als Johann Guttenberg/ Johann Faust/ Peter Schäffern/ Johann Mentelin und Johann Gänsefleisch/ Anlaß gegeben/ der Kunst ferner nachzusinnen/ und dieselbe in ietzige Vollkommenheit einzurichten: wovon/ im Oesterreichischen Ehren-Spiegel/ mit mehrern Umständen zu lesen ist. Der Hochfürstl. Prinz

Haerlem, 17 Aug.

Erfindung der Buchdruckery.

lib. y. c. 2.

IX Cap.   Ankunft zu Amsterdam.   199

Prinz/ stiege folgenden Morgens auf den Thurn / die Situation ANNO 1661.
der Stadt in Augenschein zu nehmen/ und setzten Sie darauf ihre
Reise fort: da Sie dann/ eben üm Mittag/ zu Amsterdam wohl 12 Ankunft
angelanget.   zu Amster-
    Diese Stadt ist nit alt/ und ward erst vor etwan 300 Jah- dam.
ren mit Mauren ümschlossen: da sie zuvor nur ein Marktflecken 18 Aug.
und meist von armen Fischern bewohnt gewesen. Noch ward sie
folgends wieder verstört/ und erst A. 1482 aufs neue ümmauret:
seitdessen sie zu einer Stadt erwachsen/ die an Grösse / Reichtum/
Handelschaft/ Volkmänge/ Schönheit und Fortification, ihres
gleichen wenig in der Welt haben wird. Sie ligt/ in Form eines
halben Cirkels/ einerseits an einem MeerArm/ die Tye genannt/
welcher/ wie auch die Amstel/ alle Gassen durchströmet; anderseits
aber/ in einer schönen/ fruchtbaren und mit GartenLust gezierten
Gegend. Sie ist mit einem breiten Wassergraben und starken
Wall ümgeben/ auf welchem man/ nach dem lezten Abriß / 24
Bollwerke zehlet / deren iedes 236 Schritte vom andern stehet:
woraus der Stadt Grösse leichtlich abzumerken. Man hält sie/ Ruhm dieser
nicht allein deßwegen/ sondern auch darüm/ für unüberwindlich/ Stadt.
weil man überall/ wo man nur ein wenig eingräbet/ Wasser findet.
Wie dann alle Häuser auf Pfälen stehen/ und mehr unter/ als ob
der Erde zu bauen kosten ; daher man nit unrecht saget: Wann
man Amsterdam ümkehrte / so würde es ein lauterer Wald seyn.
Also wohnet Sie/ wie Venedig/ auf und zwischen den Wassern/
holet auch und empfähet ihr Glück über Meer auf den Wassern.
Alles/ wird ihr/ von aller Welt/ und aller Welt von ihr / gesendet:
dann Sie besuchet/ durch ihre Schiffe/ alle Welt/ und wird von aller Welt/ nicht allein von den Christen ausländischer Königreiche/
sondern auch von Juden/ Türken und Heyden / aus America,
Africa, Asia und Indien/ besuchet. Man kan/ mit einem Segel/
durch alle Gassen fahren : und sind die Brücken also gebauet / daß
Sie/ wann ein Segelbaum daran stösset/ sich öffnen und folgends
                                                          wieder

ANNO 1661. wieder zusammenfallen. Die Boerse, oben mit Sälen und unten mit Seulen in die Vierung erbauet/ligt auf der Amstel/ist ein herrlicher Platz und schönes Gebäude.

Der Hochfürstl. Prinz/ besahe folgenden Vormittags/ etliche Kirchen und die vornemste Buchläden; Nachmittags aber/ das herrliche neu-erbaute Rathaus; ferner den 20 diß/ das Ost-Indische Haus/ welches/ mit Eingang dieses Seculi, eine Gesellschaft von 60 Personen aus unterschiedlichen Städten / erbauet und zu der Fahrt nach Ost-Indien 3 Millionen Reichsthaler zusammen geschossen. Weil es diesen geglücket / als haben hernach andere ein West-Indisches Haus und Gesellschaft aufgerichtet / welche dann mit der Fahrt nach Africa auch grossen proufit schaffen. Diese Stadt wird reichlich von GOtt gesegnet/wegen der Inwohnere Mildigkeit gegen die Notleidenden: derer keinen man darben/viel weniger offentlich betteln lässet / sondern Sie in hierzu-verordneten Häusern/ als im Waisen-Haus die arme Kinder/im Mannenhuys die verlebte Männer und Weiber/im Spital die erkrankende Fremden und Inwohner/ im Dol-huys die Wahnwitzigen / wohl verpfleget und versorget. Damit auch hingegen den Lastern gesteuret werde/so dienet hierzu das Zuchthaus und das Spinnhaus: dann in diesem man die schlimme Weibs- in jenem die liderliche MannsPersonen / zur Arbeit und Tugend anweiset und gewöhnet. Nachdem der Hochfürstl. Prinz diese Häuser zum theil besehen/ stiege Er auch auf den vornemsten Thurn: da dann Ihm zu Ehren/ bey einer halb Stunde lang/mit Glocken gespielet worden. Nachmittag / besuchten Sie obgedachten Burri: welcher Ihnen seine habende Rariteten zeigete/und Sie mit allerhand Discursen/sonderlich von seiner zu Rom von der Inquisition erlittenen Condemnirung/bis gegen Abend unterhielte.

14. Abreise aus den Niederlanden. Nachdem der Hochfürstliche Prinz/ allhier zu Amsterdam/ etliche Tage mit grosser Vergnügung sich aufgehalten/ reisete Er von dannen gegen den Rhein herauf / und besahe erstlich die an demselben

Die Indien-Fahrt.

Franc. Josephus Burri.

IX Cap.   Abreise aus den Niderlanden.   201

demselben ligende grosse Stadt Utrecht / zu Latein Ultrajectum ANNO 1662.
genannt. Ist die HauptStadt einer von den Sieben vereinigten   Utrecht.
Provinzen/ so vordessen ein Bistum gewesen. Sie sitzt in einer
schöner fruchtbaren Ebene/und ist wohl erbauet/ auch mit Wällen
und Wassergräben ziemlich bevestigt/und mit einem Schloß gezie-
ret/welches Sie Vredenburg nennen. Man kan allhier durch viel
Gassen mit barquen fahren/die der Rhein durchgiesset. Sie hat
eine Universität, und unter sich noch 4 Städte. Es ligen 50
Städte in solcher Nähe herüm/daß man in eine derselben spaziren/
sich daselbst lustig machen/und dannoch vor Abends wieder nach
Utrecht zurücke kommen kan. Nachdem der Hochfürstliche
Prinz/ samt seinen Bedienten / sich allhier genugsam ümgesehen/
und alle Seltenheiten mit Fleiß beschauet/ auch von einigen vornehmen Leuten gar höflich war bedienet worden/ gieng die Reise für-
ter/nach Arnheim / eine gleichfalls am Rhein ligende vornehme Arnheim.
und wohl fortificirte Stadt des Herzogtums Geldern; wo Er sich
mit etlichen StandsPersonen im Ballhaus divertiret / vorher
aber die Kirchen und andere sehewürdige Sachen besichtiget; ferner
nach Nicumegen/der HauptStadt besagten Herzogtums/welche Nicumegen.
an der Waal liget/sehr alt und vest ist/und in Latein Noviomagum
genennet wird / gereiset: worauf Sie den Weg nach Cleve
vor sich genommen/und also wiederüm gegen Teutschland sich gewendet.

T t

Das X Capitel.

RückReise nach Teutschland und Regirungs-Antritt.

(1) Des Hochfürstl. Prinzens / Ankunft zu Cleve. (2) Handlung wegen dessen Majorennität. (3) Resignirung der Churfürstl. OberVormundschaft. (4) Ruck-heimreise / durch Westfalen / (5) durch Nider- und (6) Ober-Sachsen. (7) WiederAnkunft zu Lande. (8) Freude hierüber / des löbl. Fürstentums. (9) Einzug in die ResidenzStadt Bayreuth. (10) Herz-eifriger Glückwunsch. (11) Fürstliche Dank-Bezeigung.

1. Des Hochfürstl. Prinzens Ankunft zu Cleve. 1 Septembr.

ES waren nun vier Jahre und anderthalb Monate verflossen / seitdaß der Hochfürstliche Prinz von der Residenz-Stadt Bayreuth das letzte mahl abgereiset / und seine Länder Reise angetretten. Dero getreue Unterthanen / hatten inzwischen die Saat ihrer Seufzer / um dieses ihres angebohrnen LandsFürsten HochWolfart und glückliche Widerkehr reichlich ausgestreuet: und verlangeten herzlich / nun endlich auch die Ernde ihrer Hoffnung zu sehen und einzumeyen. Dieses Verlangen zu erfüllen / und weil der Hochfürstliche Prinz nunmehr sein Achtzehendes Jahr angetretten / ware die Heimkehr entschlossen / und zwar besagter massen über Cleve vorgenommen worden. Diese alte Stadt / von dem Hügel / auf welchem Sie liget / also genennet / ist des von ihr benamten Fürstentums Haupt / und Sr. Churfürstl. Durchl. zu Brandenburg / als Herzogens zu Cleve / ResidenzStadt: welchem Fürstentume /

Fürst

X Cap. Des Hochfürstl. Prinzens Majorenniteet. 207

Fürst Johann Moritz von Nassau/ als Statthalter vorstehet. ANNO 1662.
Nachdem der Hochfürstl. Prinz den 2 Septembr. allhier ange-
langet/ und in einen Gasthof eingezogen: liesse Se. Churfürstl.
Durchl. als dazumal anwesend/ durch dero Geheimen Raht und Herr Raban
Ober-HofMarschall Herrn Raban von Canstein/ Ihn beneven- von Canstein/
tiren/ und mit seiner Suite, weil in dem sehr-ängen Schloß kein HofMarschall.
Platz übrig/ bey H. Dr. Papst einlogiren.   Folgenden Morgens H. Dr. Papst.
wurde Er/ durch iezt-wohlerwehnten Herrn von Canstein und
bey sich habende viele Cavalliers, zu Sr. Churfürstl. Durchl. ein- Erste Ansprache
geholet: die Er vor dißmal am ersten gesehen/ auch noch selbigen des H. Chur-
Vormittag/ bey der Durchleuchtigsten Churfürstinn/ die schuldige fürstens zu
Visite abgelegt/ Nachmittag aber des H. ChurPrinzens Caroli Brandenburg.
Æmilii Durchl. ersuchet.   Den 9 diß/ besahen Sie die Vestung
zu Calcar, welche mehr-höchstgedachte S. Churf. Durchl. eben Calcar.
dazumal bauen liesse. Der Hochfürstl. Prinz verharrte allhier zu
Cleve, mit den Seinen/ bey 6 Wochen: inner welcher Zeit Er
von Sr. Churf. Durchl. mit vieler und grosser Ehrbezeugung unterhalten worden.

Mittlerweil wurde des Hochfürstl. Prinzens Angelegen- Handlung
heit/ dero Majoreniteet betreffend/ debattiret/ und zwar dieselbe wegen des
Anfangs difficultiret/ weiln des damals-lebenden Herrn Hochfürstl.
Maraggr. Albrechts zu Brandenburg-Onoldsbach Hochfürstl. Prinzens
Durchl. anietzo Christ'öblichsten Andenkens/ vermög dero Hoch- Majorenni-
seeligsten Herrn Vatters Maraggr. Joachim Ernstens/ teet.
Testamentlicher Verordnung/ allererst nach complirung des
Achtzehenden Jahrs/ zur Fürstlichen Regirung zugelassen wor-
den: gleichwol aber dahin geschlossen/ daß solches dem Fürstl.
Hause Brandenburg-Culmbach/ und dessen auf diesen Fall vor-
hergegangenen und vorhandenen/ auch ins künftige ferner aus
bewegenden Ursachen in diversum erfolglichen Fürstlichen Dispo-
sitionen/ nichts præjudiciren könne.   Hingegen wurde/ aus dem
Fürstl. Großvätterlichen Testament, die zu des Landes Nutzen
Cc 2   hoch-

ANNO 1661 hochvernünftig inserirte Clausul produciret/ darinnen ausdrücklich enthalten/ daß die Vormundschaft/ bis nach zurückgelegten Siebenzehenden und angefangenem Achtzehenden Jahr mehrhochbesagten Herrn Marggr. Christian Ernstens Fürstl. Gd. Alters/ währen solte. Daß auch deme billig nachzukommen wäre/ ward mit zweyen gleichmässigen in diesem Hochfürstlichen Hause Fränkischer Linie vorgegangenen Fällen erwiesen: indem nämlich weiland Herr Marggraf Albrecht der Jüngere. A. 1539 nach dem Sechzehenden/ ingleichen Herr Marggraf Georg Friderich glorwürdigsten Andenkens/ vermög des hochseeligsten Herrn Marggr. Georgens vätterlicher Disposition, auch auf der damals-regirenden Kays. May. A. 1544 den 13 May aus Speyr Allergnädigst ergangenen Bescheid/ A. 1556 nach abgelegtem Siebenzehenden Jahr ihres Alters/ dero Landes Regirung angetretten. Und weil man überdas nicht zweifelte/ mehr-hochgedachter Hochfürstl. Prinz würde/ durch GOttes Gnade/ vermittels dero schon Welt-kundbaren Qualiteten/ ihre Fürstl. hohe Person habilitiren/ und mit hochlöblicher Regirung im Reich gar wohl bestehen können: als ist/ zumahl auf derer zur Fürstl. Vormundschaft verordneten fürtrefflichen H.H. Regirungs Räthe inständiges Verlangen und Suchen/ die Sache zum Fortgang disponiret worden.

3. Resignirung der Churfürstl. OberVormundschaft. 25 Sept.

Zu Folge dessen/ liessen mehr-höchsternennte S. Churfürstl. Durchl. den 24 Septembr. St. Vet. dem Hochfürstl. Prinzen vermelden/ welcher massen Sie entschlossen wären/ folgenden Tags die bisher-geführte OberVormundschaft zu resigniren/ und Ihme seine Landes Regirung zu übergeben. Folgenden Mitwochs/ als am 25 Tag dieses Monats/ schickten Sie dero Leib Kutsche/ mit vielen Cammer- und Hof Junkern/ auch andern Cavallieren/ den Hochfürstl. Prinzen aus seinem Logement ab- und einzuholen. Bey dem Schloß/ stunde die Besatzung in armis, und wurde der Hochfürstl. Prinz beym Eingang desselben/ durch

den

X Cap. Resignirung der Churf. OberVormundschaft. 205

den H. OberHofMarschall von Canstein/ welcher eine ziemliche ANNO 1665.
Anzahl vornehmer Herren und Officiers bey sich hatte/ hinauf
begleitet/ folgends von Sr. Churfürstl. Durchl. im TafelSaal
empfangen/ und in dero Gemach geführet: worauf auch der Hochfürstl. Hofmeister Herr Borke/ und Inspector Herr Lilien/ durch
wohlbesagten H. OberHofMarschall/ in das Churfürstliche Gemach eingeleitet worden.

Es thäten S. Churfürstl. Durchl. selbsten/ mit einer herrli- Solennien die-
chen Rede/ den Vortrag/ worinn Sie die OberVormundschaft ser Handlung.
resignirten/ und die Fürstliche LandesRegirung an Herrn Marggraf CHRISTIAN ERNSTEN übergaben: Dessen
Durchl. hierauf gleichfalls selbsten geantwortet/ und Sr. Churfürstl. Durchl. vor die höchstrühmlich-geführte Vormundschaft/
auch darbey gehabte vielfältige Mühe und Sorgfalt/ ingleichen
vor Ubergebung der LandesRegirung/ gehorsamsten Dank gesaget. S. Churfürstl. Durchl. richteten hierauf ihre Rede gegen
Herrn Hofmeister Borke und Herrn Inspector Lilien/ lobeten
dererselben Treu und bey diesem Hochfürstlichen Educations-
Werk angewendten Fleiß: mit gnädigster Versicherung/ daß
nicht allein Sie selbsten solches mit Churfürstl. Gnaden erkennen
wolten/ sondern auch Herrn Marggr. CHRISTIAN
ERNSTS Durchl. von selbsten ohne Erinnerung/ Sie ihren
meriten nach/ zu begnadigen bedacht seyn würden. Beyde HH.
Ministri dankten hierauf unterthänigst vor solche gnädigste Er-
kentnis/ und recommendirten sich in Ihr. Churfürstl. Durchl.
hohe Gnade: mit angehängter Contestation, wie herzinniglich
Sie dem Allerhöchsten Gotte danketen/ daß Er zu diesem Hochfürstl. Educations-Werk seinen Geist und Gnade verliehen/ Ihre
Arbeit und Amtswerke gesegnet/ und Sie diese Ubergebung der
LandesFürstlichen Regirung hätte erleben und sehen lassen; wor-
nächst Sie mit einem Voto beschlossen.

Cc 3 Bey

Ruck Reise durch Westfalen.

ANNO 1661.
Beywesende Fürstliche auch andere hohe und vornehme Personen.

Bey dieser Solennitet waren zugegen H. Herzog Christians zu Mecklenburg und Fürst Johann Georgens zu Anhalt-Dessau Hochfürstl. Durchl. Durchl. Fürst Johann Moritzens und Fürst Wilhelms von Nassau Fürstl. Gd. Gd. H. Friderich Graf von Dohna/ und dessen H. Bruder Statthalter zu Halberstadt/ und dann auch Sr. Churfürstl. Durchl. Fürtrefflichste HH. Geheime Rähte: welche allesamt und sonders Sr. Hochfürstl. Durchl. zu dero angetrettener LandesFürstlicher Regirung / Glück gewünschet. Nach geendigten Solennien/ liessen S. Churfürstl.

Fürstliche Tafel Freude.

Durchl. offene Tafel halten: da dann anfänglich auf dero Röm. Kayß. May. langes Leben und beständige Gesundheit getruncken/ auch sonst allerhand Gratulationes abgeleget worden / und die Freude biß Abends gewähret/ worbey dann S. Churf. Durchl. Sich über alle maß lustig erzeiget.

4. Rucks BeimReise/ durch Westfalen.

Nach diesem wurde alsobalde zur Abreise von Cleve/ nötige Anstalt gemachet: Die dann/ den 1. A. 11. N. Octobr. mit stattlicher Begleitung/ auf das Prächtigste erfolget. S. Hochfürstl. Durchl. H. Marggraf CHRISTIAN ERNST/

Santen.

kamen diesen Tag bis nach Santen/ einer alten Clevischen Stadt/ alda Sie über Nacht verblieben. Folgenden Tags/ nahmen Sie

Wesel.

ihren Weg fürter nach der Stadt Wesel / am Zusammenfluß des Rheins und der Lippe gelegen/ so zum Herzogtum Cleve gehöret/ aber damals noch von den vereinigten HH. Staaten besetzt ware/ und gelangten Abends bis Dorsten. Den 3 A. 13 N.

Dorsten.
Hornborg.
Hamm.

diß/ führte Sie der Weg/ über Hornborg / so Cölnisch ist / und brachte Sie folgenden Tags ům Mittag nach Hamm / einer Stadt und Vestung in der Grafschaft Mark/ so ChurBrandenburgisch / an der Lippe gelegen: alda / bey der Ankunft / die Churfürstliche Besatzung in Gewehr stunde/ und die Officiers bey der Tafel aufwarteten.

PostRitt nach Münster. 4 Octobr.

Es ward über der Tafel beschlossen/ weil die Stadt Münster in der Nähe war/ mit der Post einen Ritt dahin zu thun / um/

das

X Cap.   RuckReise durch Westfalen.   207

ANNO 1658

das Cittadell, welches auf Anordnung des Herrn Bischofs zu Münster Fürstl. Gd. daselbst erbauet wurde/ zu beschauen. Demnach machten sich S. Hochfürstl. Durchl. mit dero Bedienten um 2 Uhr auf/ kamen noch vor 6 Uhren daselbst an/ und nahmen incognito die Einkehr beym Engel-Wirt. Diese vordessen ziemlich freye Stadt/ ist A. 1657 dem Herrn Bischof subjekt worden/ und ware langsthero mehr beschreyt als berühmt von der daselbst A. 1534 entstandenen Aufruhr der Widertäufer. S. Hochfürstl. Durchl. besahen den 5 diß einige merkwürdige Sachen/ und unter andern den Thurn/ an welchem die Rädelsführer der Widertäuferischen Rotte/ in ein Eisernes Gitter verschlossen/ aufgehänget worden; ingleichen den Ort/ wo der Päpstliche Nuncius Fabius Chisius, nachmals Papst Alexander VII, Zeit währender Teutscher FriedensTractaten / sich aufgehalten. Nach diesem begaben Sie sich vor die Stadt hinaus/ den Bau des Cittadells zu besehen.

Sie waren kaum hinausgekommen / da sahen Sie des Herrn Bischofs Fürstl. Gd. neben etlichen Domherrn und vornehmen KriegsOfficieren daselbsthin folgen: welcher/ sobald Er der Fremden ansichtig worden/ durch einen Cammer-Junker Nachfragen halten liesse / wer sie wohl seyn möchten? Wiewol aber S. Fürstl. Gd. mehrers nicht erfuhre/ als daß Sie sich für Fremde von Adel ausgäben: so liessen Sie doch Dieselben erbitten / mit Ihr um das Cittadell zu spaziren. In dieser Conversation, fielen allerhand Discurse von der Vestung und deren Erbauung: da dann/ bald H. Hofmeister Borke / bald ein anderer aus der Suite, das Wort geführet/ und S. Hochfürstl. Durchl. sich gar nicht zu erkennen gegeben. Nachdeme man das Cittadell umgangen/ und es eben Mittag war/ baten des H. Bischofs Fürstl. Gd. die sämtliche Cavalliers, mit Ihro Tafel zu halten / wolten auch ganz keine Entschuldigung annehmen. Weil aber S. Hochfürstl. Durchl. aus Beysorge/ daß Sie möchten erkannt werden/
daselbst

Unbekandte Conversation mit dem H. Bischof.

RuckReise durch Westfalen. X Cap.

ANNO 1661
S. Hochfürstl.
Durchl.absenti-
ren sich.

daselbst zu verweilen Bedenken trugen/ als haben Sie H. Inspector Lilien zu sich genommen/ und sobald Sie nur ein wenig ange-
bissen hatten/ Sich mit Ihme unvermerkt absentiret/ und davon
geritten. Als es hiernächst kundt worden/ daß Herren Marggraf CHRISTIAN ERNTS Hochfürstl. Durchl. unter
der Suite sich befunden und also entkommen wären / haben des
H. Bischofs Fürstl. Gnad. den H. Hofmeister und andere/ so bey
der Tafel geblieben/ mit starkem Trinken abgestraffet/ und Sie
folgends mit dero eigenen Kutsche fortgeschicket.

Warendorp.

Diese Nacht verblieben / S. Hochfürstl. Durchl. mit H.
Inspectorn/ zu Warendorp, einem Stift-Münsterischen Städtlein an der Ems/ alda Sie weder zu Essen noch zu trinken gefunden. Den 6 diß/ sind Sie/ annoch selb-ander / zu Lippe oder

Lippstadt.

Lippstadt/ angelanget: ist das Haupt der Grafschaft Lippe / liget am Fluß dieses Namens / und gehört zu halbem Theil den
Herren Grafen von Lippe/ die andere hälfte aber zur Grafschaft
Mark/ und dannenhero an Chur-Brandenburg. Sie wurden
beym Eintritt/ von der in armis gestandenen Soldatesca nicht er-
kannt/ bald darauf aber/ als Sie im Wirtshaus abgestiegen / von

H. Obrister von
Pölnitz.

H. Obristen von Pölnitz und andern Officieren empfangen und
gewillkommet. Nachdem folgenden Morgens/ H. Hofmeister
Borke neben den andern / so zu Münster hinterblieben waren/
nach-eingelanget/ reiseten Sie Nachmittag/ unter vielmaliger Lösung der Stücke und Salve der Besatzung / von dar wieder ab/

Rietberg.
Sparenberg.

passirten durch Rietberg/ die an der Ems gelegene Hauptstadt
dieser Grafschaft/ und kamen Abends nach Sparenberg / einer
Chur-Brandenburgischen Vestung in die Grafschaft Ravensburg
gehörig: allwo Sie/ mit Losbrennung der Stücke/ von dem Commendanten H. General-Major von Eller wohl empfangen wor-
den/ und 2 Tage lang daselbst ausgeruhet. Den 10 diß/ giengen

Bielfeld.

Sie mit früher Tags Zeit von dar wieder ab / reiseten durch die
unfern davon gelegene Stadt Bielfeld/ und kamen Mittags
nach

X Cap.   RückReise durch NiderSachsen.   209

nach Herfurt oder Hervorden/ einer berühmten Stadt besagter ANNO 1661.
Grafschaft/ mit einem vornehmen FrauenStift versehen: allwo Herfurt.
der Raht alsobald aufgewartet und einige Præsenten offeriret.
Nach gehaltener Tafel/reiseten S. HochFürstl. Durchl. wieder ab/
und kamen nach Cofeld/daselbst Sie sich ziemlich frölich erzeiget. Cofeld.
Minden/ die HauptStadt dieses HochStifts und ietzo Chur. Minden.
Brandenburgischen Fürstentums/ an der Weser ligend/ wurde 11 Octobr.
den 11 diß um Mittag erreichet: da Ihnen H. General Lieutenant von Cannenberg/Commendant der Vestung daselbst/ mit
etlichen Officiers entgegen kame und Sie beneventirte. Sie brachen den 12 diß Nachmittag wieder auf/ reiseten unter Lösung
der Stücke von dannen/ und blieben über Nacht zu Oldendorp/ Oldendorp.
einem Gräflich Schauenburgischen Städtlein/ an besagtem Fluß
gelegen.

Nach diesem truge Sie der Rückweg durch NiderSachsen/ S. Rück-
da dann S. HochFürstl. Durchl. den 13 diß zu Hameln angelan- Reise durch
get: welche Stadt in das Braunsweig-Lüneburgische Fürstentum NiderSach-
Calenberg gehöret/ und von dem gesunden herrlichen Bier/ wel- sen.
ches man daselbst brauet/ auch vor der Kinder-Geschicht/ berühmt 13. Octobr.
ist. Sie besahen die Kirchen/ und aussen den Berg/ in welchem Hameln.
A. 1284 den 26 Junii/ ein Rattenfänger und Schwarzkünstler/
130 Stadt-Kinder/ die er mit einer Pfeiffe nach sich gezogen/ soll
hinein geführet haben/ die man hernach nimmer gesehen. S. Hochfürstl. Durchl. reiseten von dar fürter/ über Papenborg/ und an- Papenborg.
dere Oerter/ und kamen folgenden Tags bis Hornburg / einem Hornburg.
Städtlein im HochStift/ ietzt ChurBrandenburgischen Fürsten-
tum/ Halberstadt gelegen/ alda Sie auf dem Schloß logiret worden. Von hier giengen Sie den 15 diß nach Osterwick/ so auch Osterwick.
Halberstädtisch/und fürter nach Halberstadt: daselbst Sie Nach- Halberstadt.
mittag angelanget/ nachdem Sie/ ungefähr eine halbe Meil vor der 15. Octobr.
Stadt/ von dem Churfürstl. RegirungsRaht und Commendan-
ten H. Obristen von Burgkstorf / auch denen Churfürstlichen H. Obrister von
HH.   Burgstorf.

Dd

210   Reise durch OberSachsen.   X Cap.

ANNO 1651. HH. Rähten und andern Regirungs Verwandten / empfangen und einbegleitet worden. Diese Stadt / ligt auf einem schönen/ Wasserreichen und so fruchtbaren Boden/daß die Kornähren über einen Reuter reichen. Sie hat/ gleichwie auch Minden/noch ihr DomCapitel/und zehlte 48 Bischofe/ (einen weniger / als das Stift Minden/) bis beyde Bistümer vor 20 Jahren/ als Fürstentümer/an ChurBrandenburg gelanget. Die HH. Rähte und andere allhier/ befliessen sich/ Sr. Hochfürstl. Durchl. möglichste Aufwartung zu leisten: weßwegen Sie auch ein paar Tage sich daselbst auf-und anhalten lassen.

6. Reise durch Ober Sachsen. 18. Octobr. Quedlinburg.

Von Halberstadt/ gienge S. Hochfürstl. Durchl. den 18 diß mit früher Tags Zeit/nach Quedlinburg/ dem Fürstlichen von Kayß. Heinrico I angeordnetem FrauenStift: allwo/ des wohlseeligen H. Staathalters Freyherrns von Blumenthal hinterlassene

Ermleben. Eisleben. Dorf keine. Naumburg.

Fr. Gemahlinn/ Sr. Hochfürstl. Durchl. die Hand geküsset. Diesen Abend blieben Sie zu Ermleben/ einer Stadt ins Fürstentum Anhalt gehörig/reiseten folgenden Tags nach Eisleben/ und den 20 diß/über Leine/ ein Dorf nach der Stadt Naumburg: welche an der Saal liget/vordessen einen Bischof gehabt /und ietzo eine Fürstl. Sächsische Residenz ist. S. Hochfürstl. Durchl.

H. Hertz. Moritz zu Sachsen.

waren kaum im Gasthof abgestiegen/da wurden Sie/ von Herrn Hertz. Moritzens Hochfürstl. Durchl. gewillkommet / und in das Fürstl. Schloß geführet: allwo Sie die Durchleuchtigste Chur-

Fr. Churfürstin und Chur-Prinzessin von Sachsen.

fürstin von Sachsen/ neben der Churf. Prinzessin ERDMUT SOPHIEN Hochf. Durchl. als welche eben sich daselbst befanden/wider alles Verhoffen/angetroffen/und von der Fr. Churfürstin zum inständigsten ersuchet worden/ mit Ihr auf Leipzig zu reisen. Weil Sie nun diß Begehren nit wohl abschlagen kon-

Leipzig. 21. Octobr.

den/ als sind Sie den 21 diß mit derselben aufgebrochen/ und noch selbigen Tags zu Leipzig angelanget: daselbst Sie zween Tage lang sich aufgehalten/auch neben den Ihrigen sonders wehrt gehalten worden. Nachdem Sie den 23 diß zu Abend/ von denen

Studio-

Studiosis bey der Universitet daselbst/ mit einer schönen Nacht-Music beehret worden/ sind Sie folgenden Tags von dar wieder abgereiset/ und haben zu Zeitz/ einer Stadt an der Elster/ aus welcher vorzeiten das Bistum nach Naumburg gewandert/ die Nacht-Herberge genommen. Den 25 diß/ brachte Sie der Weg/ in Voitland nach Gera/ der Herren Reussen ResidenzStadt an besagtem Fluß: alda Sie/ von dem Regirenden Herrn/ wohl empfangen und ansehnlich tractirt worden/ da auch/ von der Residenz Bayreuth aus/ H. Carl vom Stein bey Jhnen angelanget. Den 26 diß giengen Sie fürter/ bis nach Schleitz/ einem Reussischen Städtlein: allwo die Nacht meistentheils/ mit Discursen von Bestellung der künfftigen Landes Regirung/ zugebracht worden.

Der 27ste Tag des WeinMonds/ ware der lang verlangte GlücksTag/ an welchem S. Hochfürstl. Durchl. nachdem Sie zu Gefell Mittag gehalten und gefüttert/ dero Land am ersten wieder betreten: da Sie dann/ bey der Gräntze/ von Herrn Daniel Georg von Waßdorf Hochfürstl. Brandenburg. Raht und Hauptmann zum Hof/ in Begleitung einer grossen Anzahl von der hochlöbl. Voitländischen Ritterschaft/ welche alle wohlgeputzt erschienen/ unterthänigst empfangen und bis zur Stadt Hof begleitet worden. Unferne von der Stadt/ warteten die H.H. Burgermeister und Raht unterthänigst auf/ und führte der Stadt-Schreiber das Wort/ übergabe auch zugleich die Schlüssel zu den Stadt-Thoren. Die Blumen/ welche ein zeitlang/ vom schaurischen Regen geschwelket/ die Hälse zur Erden gesenket/ sobald die Sonne am Himmel wieder aufgehet und aus dem Regengewölke hervorbricht/ richten sich auch mit Freuden wieder auf/ diese ihre Erwärmerinn und PflegMutter gleichsam anzuschauen. Also thäten Sr. Hochfürstl. Durchl. Unterthanen/ welche (neben vielen Ausländischen aus den angräntzenden Herrschafften/) ihre Gnädigste Landes Sonne wieder aufgehen zu sehen/ in grosser Mänge sich hieher versammlet: wie dann die gantze Stadt Hof

ANNO 1661.

Gera.
Herr Reusse.

Herr vom Stein.
Schleitz.

7. Wiederankunfft zu Lande.
27. Octobr.
H. vö Waßdorf Hauptmanns zum Hof.
Einholung von der Gräntze.
Ankunfft zum Hof.

ANNO 1663. vom Frolocken erschallete/ und ihrer viele/ vor Freuden/ Thränen vergossen. Nachdem S. Hochfürstl. Durchl. im Schloß angelanget/ kame Herr Superintendens daselbst/ mit den sämtlichen HH. Geistlichen/ deroselben zur glückhaften WiederAnkunft und angetrettenen LandesRegirung Glück zu wünschen. Folgenden Tags/ nachdem S. Hochfürstl. Durchleuchtigkeit / in der PfarrKirche/ ietztgedachten H. Superintendentens Predigt angehöret/ brachen Sie von Hof wieder auf/ und kamen um Mittag in die Stadt Mönchberg, alda Sie gleichfalls/ vom H. Superintendenten und der gesamten Geistlichkeit/ wie auch von HH. Burgermeister und Rahte/ empfangen und einbegleitet worden. Sie reiseten von dar fürter/ hielten das Nachtlager zu Gefreeß/ machten sich den 29 diß in aller Frühe wiederum auf/ hielten Früstück zu Berneck/ und eilten von dannen / in Ihrer ResidenzStadt Bayreuth den Einzug zu halten.

H. Superintend. zum Hof.

Mönchberg. H.Superintend.

Gefreeß.

Berneck.

S. Freude hierüber des löbl. Fürstentums.

In diesem löbl. Fürstentum / ware ganzer vier Jahre lang die sehnliche Stimme erschallet: Unser Hochfürstlicher Prinz/ unser Gnädigster Herr/ unsre Hoffnung / ist abwesend und reiset. Vor etlichen Monaten/ lautete es erfreulicher: Er kehret wieder! Jetzo endlich/ da der theure LandesFürst zu Lande gelanget/ ruffeten alle Städte und Oerter/ mit unaussprechlicher Freude: Er kommet! Er kommet. Absonderlich die Fürstliche Residenz-und RegirungsStadt Bayreuth/ in welche/ als den güldnen RingKasten/ dieses Kleinod solte versetzt werden/ stunde in der höchsten Erfrölichung/ und wuste nicht Worte genug zu finden/ ihre unbeschreibliche Vergnügung auszudrucken. Man hörte/ die unterthänigste WillkommFreude/ sich unter andern auch in diese Zeilen ausgiessen.

Unterthänigste WillkommFreude.

Der ists/ den wolten wir! Diß ist der Tag der Freuden!
O Sonne! wollest ihn mit deinen Strahlen kleiden.

X Cap. **Einzug in die ResidenzStadt Bayreuth.** 213

ANNO 1663.

Der Tag/ muß helle seyn/ muß lieblich sehen aus/
An welchem unsre Sonn' uns wieder komt zu Haus.
So vieler Tage Wunsch/ soll dieser Tag erfüllen.
So langs Verlangen soll nun das Erlangen stillen.
Wie lange bleibt Er aus? Wann komt Er? gieng die Sag.
Jezt ist er angelangt/ der schöne liebe Tag.
Dort ward es Nacht üm uns/ als unsre Landes Sonne/
Als unser RosenLiecht/ als unsre lange Wonne/
Der grosse CHRJSTJAN/ uns gabe gute Nacht.
Jedoch/ sie hatte nur zu Bette sich gemacht:
Jezt steht sie wieder auf. Ein König war gestorben;
Es hat sein Aschen Grab den Neuen uns erworben/
Den Jungen CHRJSTJAN/ des Alten Ebenbild;
Der grösser werden soll/ (wann Wünschen etwas gilt/)
Als jener ist gewest. Bisher pflag unser Bitten
Zu seufzen Himmel-auf zu GOttes SternenHütten:
O GOtt! dein EngelHeer/ führ unsren Prinzen aus!
Dein Schutz/ frisch und gesund Ihn wieder bring zu Haus.
Der Himmel hat gehört. Der Himmel hat erhöret.
Die Hoffnung ist erhofft. Das Wünschen ist gewähret.
Er komt/ der kommen sol; Er soll willkommen seyn:
So jauchzen Jung und Alt/ so ruffen Groß und Klein.
Dem Höchsten/ der erhört/ dem sey auch nun gedanket/
Deß Güte nimmermehr aus seinem Herzen wanket.
Er sorgt/ für unser Heil. Uns Er versorgen wil.
Die Pfeile unsrer Wünsch'/ iezt treffen in das Ziel.

Nachdem nun Herrn Marggraf CHRJSTJAN **9.Einzug in**
ERNSTS Hochfürstl. Durchl. der ResidenzStadt Bayreuth **die Residenz-**
sich genähert/ kamen deroselben H. Marggraf GEORG AL- **Stadt Bay-**
BRECHTS Fürstl. Durchl. samt der Fürstl. Fr. Gemahlinn **reuth.**
Frauen MARIA ELJSABETH/ auch dero H. Bruders **Solenne Ein-**
holung.
Od 3 Herrn

214 **Einzug in die Residenz Stadt Bayreuth.** X Cap.

ANNO 1661. Herrn Hertzog CHRISTIANS von Holstein-Glücksburg und Printz ERDMAN PHILIPPS Fürstl. Gd. Gd. mit der gantzen Hofhaltung/ entgegen. Diesen folgete Herr Carl vom Stein/ damaliger CantzleyDirector und HofRichter/ samt allen HH. Hof-und CammerRähten/ auch denen übrigen Cantzley Verwandten; ferner der LandAdel in grosser Anzahl und wohl herausgeputzet/ alsdann die Hochfürstliche Beamten in ihrer Ordnung/ und endlich eine starke Compagnie von Jägern/ welche gleichfalls alle wohlgeputzt erschienen. Wie nun/ unter währendem Trompeten-und PaukenSchall/ die Fürstl. Personen zusammen gelanget und einander mit Freuden embrasiret hatten/

Herrn vom Stein Willkomm-Rede. thäte mehrwohlbesagter Herr vom Stein eine wohlgesetzte WillkommRede: nach deren Endung/ein grosser Hauffe Volks/ deren etliche tausend das gantze Feld umher bedeckten/ mit gesamter Stimme

Vivat-Ruff. VIVAT CHRISTIAN ERNST! geruffen. Dieses alles ware/ nicht ohne sonderbare Gemüts Bewegung/ zu hören und anzusehen: und ward die Freude dadurch vermehret/ daß die Sonne/ gleichsam diese Solennitet auch mit anzuschauen begierig/ den grauen HerbstFlor von ihrem Antlitz hinweggezogen/ und den Himmel aufs schönste ausgeheitert hatte.

Freude der Unterthanen. S. Hochfürstl. Durchl. wurde/ von so vielen tausend Augen/ mit innerster Freude und Bewunderung betrachtet: und waren ihrer nit wenig/ die auf den Knien lagen/ und dem höchsten GOtt mit Vergiessung vieler Thränen/ hertzlich danketen/ daß Er / ihren Gnädigsten Herrn und lieben LandesFürsten/ so wohl und glücklich/ auch mit solcher Leibs-und Gemüts-Hochfürtrefflichkeit/ wieder zu Land gebracht/ und nun die LandesRegirung antretten liesse. Als

Einholung am Neuen Weg. hierauf S. Hochfürstl. Durchl. fortruckten/ und bald darauf an den so-genannten Neuen Weg gelanget/ wurden Sie von dem H.

Herr Superintend. Superintendenten zu Bayreuth M. Stephano Böhnern/ und denen übrigen HH. Geistlichen/ folgends auch von HH. Burgermeister und Raht/ empfangen/und dero die Schlüssel zur Stadt übers überantwortet. Nach diesem haben S. Hochf. Durchl. in trefflicher Begleitung und zu Pferd/damit Sie von männiglich möchte gesehen werden/Ihren Einzug zum Untern Thor hinein und so fort durch die ganze Stadt genommen: in welcher abermals eine grosse Volkmänge von Jungen und Alten sich versamlet hatte/und diesen Einritt mit Freuden ansahe.

Ein eiffrigster Glückwunsch/brennte und wallete diesen Tag in iedermans Herzen/welcher unter andern auch in diesen Zeilen redend worden:

10. Herz-eiferiger Glükwunsch.

Nun so heissen wir Euch dann tausend tausendmal wilkommen/
Hochgestamter Fürstenzweig/ langgewunschter Wunsch der Frommen/
HeldenSohn und LandesVatter/ Eures Hauses Ehren Zier/
Schönste Fürsten-Freuden Sonne/die nach Regen bricht herfür!
Ihr/der Sohn/uns widerbringt/was im Vatter wir verlohren:
Der nit starbe/als Er starb/ weil Er in Euch neugebohren.
Nun hebt sich von guten Jahren eine neue Jahrzahl an;
Weil von Euren hohen Gaben alles Glük man hoffen kan.
Nun so zeiget/ wer Ihr seit! Was Erfahrung Euch gelehret/
Was Ihr in so manchem Ort habt gesehen und gehöret/
Was Ihr im Verstand verwahret: Das soll alles unser seyn.
Uns verspricht Glück-helle Tage/ Euer Tugend Sonneschein.
Teutschland frölich siht auf Euch/hoffet hohe Ruhmes Stralen
Die da/von Euch gehend aus/ganz Europa sollen mahlen.
Rom/rühmt Eure hohe Gaben; die gepriesen auch Paris/
Und wo sonsten Eure Anmut ihr Gedächtnis hinterließ.
Mancher sagte: so ein Land mag sich wohl glückseelig nennen/
Deme Gottes Huld und Gnad wolt so einen Fürsten gönnen/
Der die Gottesliebe im Herzen/der Verstand trägt im Verstand;
Dem die Güt scheint aus den Augen; dem so manche Kunst verwandt.
Selbst der theure LEOPOLD/unser höchstbelobter Kayser/
Der auch gerne Sich und Euch nennt verwandte Stammens-
Reiser/   Selbst

216   **Fürſtliche Danck-Bezeigung.**   X Cap.

ANNO 1661. Selbſt die höchſte Reiches Seulen/ Eurer Jugend Edle Blüt
Sahen an mit Luſt und Wundern/ die jetzt reife Frucht anzieht.
GOTT/ der Euch nach Wunſch uns gab/ woll nach unſrem
Wunſch Euch geben/
Was der Groß Herr Vatter hatt': ein geſundes langes Leben/
Und was ſonſten iſt zu wünſchen. Gott laß dringen Hiſſel ein
Durch die Wolken unſer Bitten/ laſſe auch erhöret ſeyn!

11. Fürſtliche Danckbezeigung: Gleichwie nun das ganze Land/ dem grundgütigen GOtt/
vor Sr. HochFürſtl. Durchl. wohl abgelegte Reiſe und glückliche
WiederKunſt/ herzlich danckte: Alſo vergaſſen auch Sie ſelber dieſer Schuldigkeit nicht/ und fuhren nächſt folgenden Tags/ in Begleigegen GOtt/ tung derer anweſenden Fürſtlichen und anderer vornehmen Perſonen/ in die Pfarrkirche zur H. Drehfaltigkeit/ den Gottesdienſt zu
verrichten/ da dann das Te Deum laudamus mit groſſen Freuden
geſungen worden. Weil auch S. HochFürſtl. Durchl. der ſonderbaren an H. Hofmeiſter Borcke und H. Inſpector Lilien auf dieſer
auch H. Hofmeiſter Borken und H. Inſpector Lilien.   Reiſe verſpürten Treue und dexteritet/ ſich danckbarlich erinnerten:
als lieſſen Sie/ ſobald Sie aus der Kirche in das Schloß und dero
Gemach zurücke gelanget/ Dieſelben vor ſich kommen/ ſagten Ihnen/ für die gute Erziehung und erwieſene treue Dienſte/ mit vielen
ſehr angenehmen Worten/ Gnädigſten Danck/ mit Verſicherung/
daß Sie ſolches/ Zeit Ihres Lebens/ in keine Vergeſſenheit ſtellen/
und dieſelben nicht nur in Ihrem Lande aufs bäſte accommodiren/
ſondern auch anderweit dergeſtalt würcklich begnaden wolten / daß
Sie und männiglich Ihre Gnädigſte Danknehmung und Erkentnus ſattſam daraus warnehmen und ſehen ſolten. Welches dann
nachmals/ zu Sr. HochFürſtl. Durchl. hohem und ewigwährenden
Ruhm/ auch in der That erfolget: und iſt hiernächſt/ zu Antrettung
der Fürſtlichen Landes-Regirung/ fernere Anſtalt vor die Hand genommen worden.

Beſchluß dieſer Reißbeſchreibung.   Dieſe HochFürſtl. Reiſe-Beſchreibung/ endet ſich hiermit/ an ſtat eines Schlußwunſches/ mit derjenigen Lob-und Glückwunſch Rede/ welche Sr Hochfürſtl. Durchl. der Verfaſſer dazumal in Latein unterthänigſt gewidmet/ und hierbey/ zu Behuf des Teutſchliebenden Leſers/ zwar mehr nach Innhalt/ als Worten/ geteutſchet anzuhängen/ für nit unſchicklich erachtet.

                          Farum

Fatum Serenum & Votum Serium
FRANCONIÆ MARCHICÆ:
Quum
Serenissimus Princeps ac Dominus
Dominus
CHRISTIANUS ERNESTUS
Marchio Brandenburgensis,
Prussorum, Magdeburg. Stettin. Pomeran. Cassub.
Vened. Siles. Crosn. & Jægerndorfensium Dux, Burggravius
Norimbergensis, Princeps Halberstad, Minden, &
Camminensis,.
ab oris Exteris in Patriam rediret
&
Avita Sceptra capesseret:
In humillimi Cultus & devotissimæ Subje-
ctionis Testimonium
Calamo recensuit
Sigismundus à Birken S. Cæs. Maj. Com. Pal.
Anno ipso adclamante:
CHrIstIane ErnEste!
IMpLetIs VotIs IngreDere.

FELICITER!

Seria hodiè aguntur, & Serena.
Imperio Membrum, Germaniæ Filius, Patriæ Pater
auspicatò restituitur.
Gaudium publicum, in locum Voti hactenus publici,
Fato propitio, annuente Numine, succedit.
Exigua Gaudia loquuntur, ingentia stupent.
Verba superat materies.
Hæc est Dies, magna Dies, *quam fecit Dominus:*
Illa lætemur & exultemus!
Quod felix, faustum, fortunatumque sit,
tergeminâ veterum formulâ:
Tandem adest, qui diu aberat, ut seipso major rediret,
PRINCEPS CHRISTIANUS ERNESTUS:
Principatum merens, nisi natus esset, ut præesset.
Ingreditur navem, Gubernator, Tuo bono, Tuus,
Inclita Marchionum Franconia!
Tandem adest, quem tot votorum myriades adesse jusserant.
Seria hodiè aguntur: ERNESTUS adest.
Serena aguntur: Sol Tibi, orbi suo exoritur.
Serena aguntur: CHRISTIANUS adest,
Sidus Christiano Orbi, inter tot alia, novum adfulgens;
Felicissimo omine, *Avi* hoc *Nomen* nactus;
Natus etiam, ipsâ die divæ *Christinæ* sacrâ;
M. Julio ortum, ut *mices inter omnes, Julium sidus.*
Imò Serena aguntur:
Serenissima Familia Electoralis Brandenburgica,
Planetarum Imperialis Sphæræ *Septimus,*
Fulgori suo nunc denuò redditur *tricuspidi:*
Vel, si mavis Astrum illud *Oriens* dicere,
Stella hodiè prodit, erratica hactenus, imposterum fixa,
ut redintegretur *Cingulum.*
Sol, Sidus, Stella advenit: certa **fides**!

m!
GLÜCK ZU!
Diesem Heut/ voll Wichtigkeit und Hoheit!
Da dem H. Röm. Reich ein hohes MitGlied/ der Germanie ein Grosser
Sohn/ dem Vatterlande ein Vatter/ glücklich wiederkehret.
Durch Gnade des Himmels/
Tritt/ in Platz des Wunsches/ die allgemeine Freude.
Kleine Freuden reden : aber die Grossen verstummen.
Das Werk/ übertrifft die Worte.
Diß ist der Tag/ der grosse Tag/ den der Herr gemacht hat:
Lasset uns darum frölich seyn!
Dreymal-seelig und willkommen sey / der da kommet;
Der lang aussen gewesen/ damit Er Grösser wiederkäme/
Der Durchleuchtigste Fürst
HERR MARKGRAF CHRISTIAN ERNST!
Der Fürwürdig ist/ ob Er auch nicht darzu gebohren wär/ ein Fürst zu seyn.
Dein Schiff Patron/ du OberMargarafthum in Franken/
Setzt sich/ dir zur Ruhe/ zum SteurRuder.
Er ist endlich angelanget/ deme soviel Wünsche geruffen.
ERNESTUS kommet : du hast dich Ernstlich zu freuen.
Ein Durchleuchtiger Tag! an dem dir deine Sonne aufgehet!
CHRISTIANUS kommet : ein Neues Gestirne der Christen Welt.
Er bekame zu Glück/ diesen Namen des GroßHerrVatters;
ward auch/ am Tag Christinen zur Welt gebohren:
der da Christlich regiren wird.
Wohl freylich ein Durchleuchtiger Tag!
Das Durchleuchtigste ChurHaus Brandenburg/
Unter den Planeten des Teutschen Reichs-Himmel der Siebende/
ergänzet nun wieder seinen Gedritt-Schein.
Oder/ so wir diß Dreygestirne den Orion nennen wollen:
Ein bisheriger ReiseStern/ gehet nun auf/ ein FixStern zu seyn
Und den Gürtel Orions zu erneuern.
Ein Stern/ ein Gestirn/ die Sonne selber/ kommet:
Ein Fürst/

Fatum Serenum & Votum Serium.

Ingreditur Princeps, Cæsarum, Regum, Electorū, Archi-Ducum.
(quanta nomina!) sanguis & germen.
Proatavum habet Imp. Cæs. Albertum II Austriacum,
Atavum Casimirum IV Poloniæ;
Abavum Fridericum I Daniæ, Reges;
Proavum paternum, Johannem Georgium Brandenburgicum,
Electorem, Electorum progeniem & genitorem,
Spes rata est : *Fortes creantur fortibus & bonis.*
Matre *Sophiâ*, ut & Parente Avoque orbatus,
Patrem & Curatores nactus est
Serenissimum Electorem Fridericum-Wilhelmum
Patruelem, cum Patruo, Celsissimo *Georgio-Alberto:*
sed Matrem, ipsam Divam Sophiam,
cujus ductu, curaq; Curatorum,
Vestigia Johannis-Sigismundi Electoris & Johannis-Georgii
Fratrum laudatissima sequuturus,
Argentinam, Sapientiæ Emporium, juventæ sedem elegit,
prius Literariæ quàm suæ Reipublicæ Principem acturus.
Inter hæc,
ut Aquila Soli adsuesceret,
ad *Francorum vadum* vidit
Deorum illud in terris Concilium, S. Imperii Senatum,
pars ejus magna ipse olim futurus:
cumprimis Gloriosissimū Leopoldum, duab° Coronis fulgidum,
tertiâ Imperiali augendum, hodiè Augustum:
Cujus, ad manus oscula admissus, gratiam & elogium meruit.
Jactis ita Sapientiæ fundamentis
ut nobile Prudentiæ opus superstrueret,
amore virtutis longius extra patriam se trahi passus est:
ab Exteris, quæ domi profutura essent, petiturus.
In *Gallia*, quod verè Civilitatis Regnum dixeris,
& totius Galliæ quasi Epitomen *Parisios*,

& mo-

Von Kaysern/ Königen/ Chur- und Erz-Fürsten entsprossen.
Er hat zu Vor Ahnen/ Kays. Albertum I Erz-Herzogen in Oesterreich/
Kön. Casimirum IV in Polen/
Kön. Fridericum I in Dennemark;
und zum vätterlichen Elter-Vatter Johannem Georgium,
Churfürsten/ auch Sohn und Vattern der Churfürsten zu Brandenburg.
Hier ist sichre Hoffnung: Grosse/ entsprossen von Grossen.
Der Fr. Mutter/ des Herrn Vatters und Groß-Herr Vatters beraubet/
Bekame Er zum Vatter und zu Pfleg Vättern/
die Durchleuchtigste Vettern/
Herrn Churfürsten Friderich-Wilhelm und H. Marggr. Georg Albrecht;
und zur Pfleg Mutter dieselbste Sophia oder Weißheit.
Durch deren Anweisung/ und der HH. Vormünder Vorsorge/
erwehlte Er Ihm zum Hof-Sitze seiner Jugend/
Churf. Johann-Sigmunds und Marggr. Johann-Georgens
höchstlöblichen Fußstapfen nachtrettend/
Der Wize Handel Stadt/ das berühmte Straßburg:
als begierig/
eher im Reich der Musen/ als in seinem Lande/ das Zepter zu führen.
Hierzwischen/
damit Er/ als ein Junger Adler/ der Sonnestrahlen gewohnen möchte/
beschauete Er zu Frankfurt/
die Götter Versamlung auf Erden/ den höchsten Reichs-Raht/
dessen Er künftig ein fürtreffliches Mitglied werden solte.
Insonderheit sahe Er/ dem zweygekrönten glorwürdigsten LEOPOLD/
Die dritte/ die Kayserliche Kron/ daselbst aufsetzen:
und Sr. Majestät die Hand küssend/
erwarbe Er Ihm Deroselben Huld und Gnade.
Nach also-wohlgelegten Grunde der Weißheit/
damit Er das Gebäu der Staatswitze darauf setzen möchte/
Liesse Er/ die Liebe zur Tugend/ sich ferne aus seinem Vatterland führen;
um/ draussen zu lernen/ was Ihme zu Haus nützen konde.
In Frankreich/ dem Reich der Höflickeit/
sahe Er/ von Paris dem kleinen Frankreich/

& morum artiumque magistram, antiquissimam *Lugdunum*,
in theatrum Europæ progressus,
diverticula sibi elegit.
utriusqe Orbis Regem Catholicum Philippum IV
cum Serenissimâ Mariâ Teresiâ Infante, mox Gallis imperaturâ,
etiam Christianissimum Monarcham Ludovicum XIV,
& Mazarinum Cardinalem, alterum regni cardinem,
vidit, adiit & compellavit.
Sed & illud, quod Regna Galliæ & Hispaniæ nuper pacavit,
Sanguinis & animorum felix connubium,
ipse præsens & pars solennitatis, spectavit.
Ita illi obtigit singulare quoddam, desperati eventûs,
in stuporem totius Orbis editur, itineris spectaculum:
Pacis fœdus inter Gallos Hispanosque ictum.
Huic geminum addi posset, (no exhibitum,
Ipsi equidem haut spectatum, sed eodem tempore Orbi Christia-
Monarchia Anglica, sibi postliminiò restituta.
In *Italiâ*, antiquitatum Sacrario, præter alias Urbes nobiliores,
Terrarum olim *Deam gentiumque* æternam *Romam*,
inque eâ *Alexandrum VII* Pontif. Max.
& Neptuni illam Regiam, potius Coniugem,
inter Urbes Venerem, *Venetias*, vidit & admiratus est.
Inde redux, revisis Galliæ oris, *Belgium* libavit,
Batavûmque imprimis Insulæ hospitio exceptus,
tandem multâ & potissimâ Orbis parte perlustratâ,
Se sospitem salvumque, sed & meliorem, Germaniæ suæ reddidit.
Sanè, Hunc genuinum *Alberti* Achilles Nepotem,
merito isti cognominem *Ulyssem Germanicum* dixeris.
Nullus in Germaniâ angulus (Pii II PP. testimonio,)
Quem ille non armatus calcaris.
Ita Hic vario sub sole calentes regiones togatus inspexit,

multum

Lob-und Glückwunsch-Rede. 223

und von der Adelichen Sitten-Meisterinn dem alten Lyon/
Sich ein zeitlang bewirten:
und fienge also an/ auf den Schauplatz von Europa sich umzusehen
An der Gränze von Hispanien/ (ten Welt/
sahe und begrüste Er Philippum IV den Catholischen König der Neuen und Al-
die Durchl. Infantin Mariam Teresiam, vermählte Königinn in Frankreich/
den Aller Christlichsten Monarchen Ludovicum XIV,
und dessen anderes Aug den Cardinal Mazarini.
Er sahe/ gegenwärtig und dieses Fest selber mitzierend/
selbige glückhafte Geblüts-und Gemüts-Vermählung/
und die Friedens-Bündnis beyder Cronen Hispanien und Frankreich:
wohl etwas sonderbares/daran jederman verzweifelt/
und worüber alle Welt sich verwundert.
Dieser kan man zugatten noch eine andere Wunder-Geschichte/
die wiederbestättigte Monarchie von Engelland:
welche dazumal auf den Schauplatz der Christen-Welt hervortratte/
wiewohl Sie von unsrem Durchl. Prinzen nicht angeschauet worden.
In Italien/ der Altertums-Sachen Schatzkammer/ sahe und bewunderte Er/
unter andern/
Die ehmalige Göttinn der Erden und Völker/ das ewige Rom
und in derselben Papst Alexandern VII;
wie auch des Meer-Gotts Sitz-Stadt oder vielmehr Gemahlinn/
Venedig die Venus unter den Städten.
Von dannen durch Frankreich rückreisend/ besahe Er die Niderlande/
und liesse sich insonderheit von der Batawer-Insel bewirten.
Endlich/ nachdem Er ein grosses und das bäste Theil der Welt durchreiset/
brachte Er sich frisch und gesund/ doch auch Fürtrefflicher/
seinem Teutschlande wieder.
Dieser des Churfürsten Alberti Achillis würdigster Nachkommen einer/
verdienet/ gleich demselben/ genennet zu werden/
DER HOCHFÜRSTLICHE TEUTSCHE ULYSSES.
Es ware kein Ort in Teutschland/ (lobredet von Jenem / Æneas Sylvius,)
den er nicht in den Waffen betretten.
Also hat/ unser Durchleuchtigster Fürst/ viele Länder beschauet.

Fatum serenum & Votum serium.

multum versatus in mundo: ut versari disceret,
utque fieret Princeps quasi unus ex multis compositus.
*Milliarium numero & viarum spaciis profectûs metiri,
errare est, non peregrinari.*
At Noster, quum multa vidisset, audiisset,
labes vitando, optima selegit ac in se contraxit;
Linguarum & variarum rerum notitiam, ex hâc Prudentiam,
sibi cumulavit.
Et hæc omnia Tibi, Patria, vidit, didicit, expertus est.
Tibi nunc redit tantus, talis: totus Tuus est.
Tuo bono, exteros vidit: visus exteris, Tuo honori.
Peregrinatus, ne domi peregrinus esset; imò ut peregrinus esset:
Suæ formandæ, alienarum Rerumpublicarum spectator.
Eas, quæ bene rem bono publico gerere doceat, artes perdidicit:
imò docuit, alter Ascanius, in juventute Senex,
ante annos animumque fovens curamque senilem.
Eâ ætate quâ alii discunt vel discere incipiunt,
Ipse docuit *Artes Principatûs bene regendi,*
publicus Rhetor & Principum Doctor:
ut generosum credas Majorum filium.
Abavi *Joachimi I* & Atavi *Johannis* Electorum,
quorum ille *Nestor,* hic *Cicero* Germanicus,
uterque commune quoddam in Imperio Prudentiæ Oraculum
habiti.
CHRISTIANUS audit: *Christianus* erit, Pius, Optimus,
Pietas Princeps Virtutum, Virtus Principum,
Optime suos regit, quem Numen regit:
At non durat Imperium oppugnanti Eum, à quo id accepit,
Sic dixit, edixit: Noster sic faciet, efficiet,
Habet, quem imitetur, Patruum magnum, *Georgium Pium*:
qui, *se malle visum profundere,* dixit, *quàm veritatem agnitam abnegare.*

ERNE-

Lob- und Glückwunsch-Rede.

Er hat/ in der Welt wandeln zu lernen/ die Welt durchwandert;
und wurde also ein Fürst/gleichsam aus vielen Fürsten zusammengesetzet.
Seine Reisen nur nach den Meilen abmessen/
das heist nicht Reisen/ sondern herümirren.
Aber unser Teutscher Ulysses/ indem Er viel sahe und hörte/
hat das Böse verworfen/das Bäste aber in sich gezogen/ (Witz/
und von Wissenschaft vieler Sprachen und Sachen/aus diesen von Staats-
Jhme einen Schatz in das Gemüte gesamlet.
Diß alles hat Er/ dir seinem Lande/ gesehen/ gelernet und erfahren.
Dir komt Er so Groß/so Fürtrefflich wieder: Er ist ganz der Deine.
Dir zu Nutzen/hat Er unter den Ausländischen sich ümgesehen.
Dir zu Ehren/ ward Er von den Ausländischen gesehen.
Er zoge in die Fremde: damit Er zu Haus nit fremd wäre;
Ja/damit Er zu Haus auch von draussen wüste.
Seinen Staat zu formen/besahe Er andere Staats-Formen.
Er erlernete/die Künste wohl zu regiren:
Ja Er lehrte Sie/ als ein zweyter Ascanius, ein Greiß in der Jugend
und alt vor dem Alter.
In den Jahren/ da andere noch lernen oder zu lernen anfahen/
wiese Er andern die Fürstliche Regirungs-Künste/
als ein Kunst-Redner und Fürsten-Belehrer:
womit Er sich einen Edelsten Nachkommen zeigte
derer Churfürsten Joachimi I und Johannis, seiner Vorfahren/
deren jener der Teutsche Nestor, dieser der Teutsche Cicero beygenamet/
Beyde im Reich vor Weißheit-Orakel gehalten worden.
Er heist CHRISTIANUS:
Er wird sich auch zeigen/einen Christ-frommen Fürsten. (Fürsten.
Die Gottesfurcht ist die Fürstinn unter den Tugenden/und eine Tugend der
Der regiret am löblichsten/den die Gottheit regiret.
Aber dessen Regirung dauret nicht/der demjenigen widerstrebet/
durch den er regiret.
Also sprache und versprache unser Durchl. Fürst: also wird Er auch thun.
Er hat ein Fürbild/an seinem Vettern Margaraf Georgen:
welcher lieber zu sterben/als die erkannte Warheit zu verlassen/ begehret.

F f   Unser

ERNESTUS audit: Germanâ voce, priscâ fide.
Justitia, Pietatis administra, propria Principum Virtus:
hæc Principi Orbem dedit, ut ipsam Orbi reddat.
Sic dixit, edixit Noster: sic faciet, efficiet.
Secura spes! *Serius, Severus* erit, ut Justus audiat.
Sed *Clementiam* non excludet, æquus rigor.
Ea Principum custos, custodiatur à Principe.
Fortissimum sodalitium, amor Subditorum.
Vox, non optimi Trajani, sed Tyranni: *Oderint, dum metuant!*
Caligulæ vox est: cujus ea propter nomen in caligine.
Ut ametur, amet Princeps: philtron amoris amor.
Benignè imperans & Parens Subditorum, subditos parentes habet.
Pastor populi, omnium omnia quasi sua curet.
Sic dixit, edixit Noster: sic faciet, efficiet.
Alter Titus, *amor & deliciæ humani generis,*
communis Pater Patriæ,
neminem à facie suâ tristem recedere patietur.
ERNESTUS audit: *Serius, Severus* erit;
non in subditos, sed in hostes pro subditis.
Albertum Achillem Proatavum habet:
qui in bello victor & triumphator semper,
in acie primus & postremus,
primus etiam in muris expugnandarum urbium;
quondam à gladiis plus centum circumventus,
vexillum utroque brachio amplexatus:
Nusquam honestius quàm hîc moriar! inquit.
Alibi, à quinis hostibus bello petitus:
Tantò plus laudis, quanto plus hostium! exclamavit;
adeò, quod aliis frenum, ipsi calcar erat.
Hujus in ERNESTO vivit postera virtus,
qui etiam in Galliâ, spectatorum stupori, *bellum lusit:*
ut, & cytharâ & pharetrâ, novum se Apollinem ostenderet,
ex utroque Laurum meriturus.

Unser Durchl. Fürst/heist ERNESTUS: ist ein alter Teutscher Ehren Name.
Die Gerechtigkeit/der Gottesfurcht Dienerin/ist des Fürsts eigene Tugend:
Sie hat ihn der Welt gegeben/daß er sie der Welt widergebe.
Also sprache und versprache unser Durchl. Fürst: also wird Er auch thun.
Er wird sich Ernsthaft weisen/damit Er Gerecht heise:
Doch daß/die Güte/von der Billigkeit-Schärfe nicht unterdruckt werde.
Uber dieser Erhalterinn der Fürsten/soll ein Fürst treulich halten.
Die stärkste Leibwacht/ist die Liebe der Unterthanen.
Es ist/nicht frommer Trajanen/sondern schlimmer Tyrannen Stimme:
Man mag uns hassen/wann man uns nur fürchtet!
Der Wüterich Caligula, schändete mit diesem Spruch seinen Namen.
Ein Fürst liebe/damit Er gelibt sey: Liebe/macht Liebe.
Gütige Landes Vätter und Gebietere/haben gehorsame Untreu.
Ein Hirte des Volks/soll üm einen ieden als üm sich selber sorgen.
Also sprache und versprache unser Durchl. Fürst: also wird Er auch thun.
Er wird seyn/ein anderer Titus, eine Wollust der Menschen/
ein Vatter des Vatterlandes;
Er wird niemanden betrübe von sich gehen lassen.
Er heist ERNESTUS: Er wird sich scharf und Ernsthaft zeigen;
nicht seinen Untern/sondern den Feinden/vor die Untern.
Er hat zum Vorfahren/Churf. Albertum Achillem:
welcher/im Krieg allzeit sieghaft und siegprangend/
im Treffen der Erste und Letzte/
auch im Sturm-Anlaufen der erste auf der Mauer/
als Er einsmals von mehr als hunterte Schwerdern sich umringt sahe/
das Fähnlein mit beyden Händen ümfasset/und gesagt:
Ich kan nirgend ehrlicher/als hier/sterben.
Und/als er auf einmal von Fünf Feinden bekrieget worden:
Wohl! rieffe er: Je mehr Feinde/ie grösser Sieg und Ruhm!
ware also ihm ein Sporn/was andern ein Zaum gewesen wäre.
Diese Dapferkeit/hat unser Durchl. Fürst geerbet:
Den man in Frankreich/dem Kriege vorspielend/bewundert.
Er bewehrte sich/als ein neuer Apollo, zugleich mit Leyer und Köcher:
mit beyden/nach den LorbeerKranz ringend.

Aber

Fatum Serenum & Votum Serium.

Ai pulchrum, quum possis, nolle armis decernere.
Turpis gloria, quæ hominum cladibus paratur.
Unica, sed tentatis prius omnibus, Belli gerendi justa caussa:
Propter Pacem!
idque decet Christianos.

Talem TE poscimus, Inclite CHRISTIANE!
Vincendi occasionem, Achillis nomen, ex bello famam,
TIBI invidemus.
Fac, imò faxit DEUS, ut in TE redivivum videamus,
non *Albertum Bellatorem*, sed Alberti filium *Johannem Pacificum*.
Is tribus Regibus, Matthiæ Hungaro, Casimiro Polono, Ula-
dislao Bohemo,
ut amicè inter se litem componerent, hortator exstitit:
Professus se, cum Electore Saxone, hostem illius,
qui Pacis conditiones non accepturus foret:
ita, & minis & eloquii suavitate, Reges pacavit,
Germaniam à vicini metu incendii liberavit.
Talem TE poscimus; ut Salomonem sapientiâ instructissimum,
ita commune quoddam Pacis Oraculum.
Sed quis desideriis locus? Jam non poscimus, sed habemus,
TE Principem literarium, Musarum non modo Patronū, sed Col-
Beatam prædixit *Rempublicam* Imp. Cæsar Philosophus, (legam.
Si aut Philosophi imperent, aut Imperantes philosophentur.
O igitur beatam, TE Principe, TUAM Rempublicam!
O beatam etiam Literariam Rempublicam!
quæ TIBI fasces olim suos, in almâ Argentinâ, summisit,
nunc perpetuum Rectoratum decernit:
Augustum TE expertura, ut antehac Majores Tuos,
Joachimum I Electorem Atavum & *Albertum Borussum* Abavum:
quorum ille ad *Viadri-Vadum*, hic in *Regio monte*,
Musis Regiam constituêre:
Tu ipsas in ipsam Aulam TUAM, exemplo & favore invitabis;
Vivam etiam heroicarum virtutum archetypum habes,

Aber es ist löblich/kriegen können/ und doch nit wollen.
Es ist ein schändliches EhrenLob/ das mit Menschenblut geschrieben wird.
Die einige gerechte Ursach zum Kriegen ist/ wann man zuvor alles versu-
Um Friedens willen!   (chet hat:
Und diß stehet den Christen zu.
Einen solchen Fürsten sehen und suchen wir an EUCH/
Durchleuchtigster Held CHRISTIAN!
EUCH misgönnen wir/ die Gelegenheit zum Siegen/ den Namen Achillis,
den Ruhm vom Kriegen.
GOtt lasse/ in EUCH/ uns wieder-lebend sehen/   (Friedfärtigen.
nicht einen Albertum den Krieger/ sondern einen Sohn Alberti, Johannem den
Dieser/ als drey Könige/ von Hungarn/ Polen und Böheim/ gegeneinander zu
vermahnte dieselben/ sich in Güte zu vertragen: (Feld zogen/
und erklärte sich/ neben Chur-Sachsen/ einen Feind dessen/
der die Friedens Bedinge nicht annehmen würde:
Also hat/ die Vermahnung mit Drohung gemischt/ die Könige besänftiget/
und Teutschland von der Furcht eines Nachbar Brandes erlediget.
Einen solchen/ Durchleuchtigster Fürst/ wünschen wir an EUCH zu haben:
einen weissen Salomo/ einen Fürsten und Förderer des Friedens.
Aber/ was braucht es Wünschens?
Wir suchen iezt nicht mehr/ sondern an EUCH haben wir schon
einen hocherleuchteten Fürsten/ einen Förderer und Freund der Weißheit.
Kays. Marc. Aurelius nennt denjenigen Staat glückseelig/
in welchem die Weißen regiren/ oder die Regenten die Weißheit lieben.
Wie glückseelig ist demnach Euer Fürstentum/ Durchleuchtigster Fürst!
Wie glückseelig ist auch das Weißheit-Fürstentum/
welches EUCH vordessen/ in Straßburg/ den Reichs Stab überreichet/
und denselben hinfort will in EUREN Händen lassen.
An EUCH hoffet man auch/ einen Augustum und Mehrer dieses Reichs/
wie EURE Vorfahren/ Churf. Joachimus I uñ Albertus in Preussen/ gewesen:
deren jener an der Oder/ dieser auf dem Königs-Berg/
den Musen eine WohnStadt gestiftet.   (Stadt einführen.
EUER hohes Fürbild und EURE Gnade/ wird Sie gar in EURE Hof-

Fatum Serenum & Votum Serium.

Potentissimum Familiæ Tuæ Electorem, pro Patruele Patrem,
　Martium non duntaxat Heroëm, sed & Artium Patronum.
　　　　　Res ipsa loquitur:
in Clivis nuper *Parnassum*, & *Teutonum* Pallas quam condidit *arcem*
　(*Duitschburgum* olim dixerunt, hodie *Duysburgum*,)
　tertiam Musis sedem Brandenburgicam, dedit, dicavit.
　　　　Sed tantum Nomen & Numen
　　　silentio venerari præstat, quàm ineptè laudare.
Nec, quod imiteris, propius ac domesticum Tibi deest exemplû,
Pientissimus Avus *Christianus*, & Illustrissimus *Albertus* Avunculus;
quorum curâ *Salutis* ille *Fons* Aganippæus ad fluxum rediit:
　　alterius TU amodò Successor, alterius Collega,
　　　Nympharum fautor istarum ac tutor eris.
Omnia bene se habebunt! *Lymphæ* quoque vaticinantur *salubres*,
　　　nuper Tibi vel obviæ vel præviæ:
nunciantes, Salutem Tecum, imò ipsam Te Salutem, adventare.
　　　Montes etiam Tuos Tibi *aurum* parturire,
　　　　　Tagus hic arenâ prodidit.
　　　　　Votum omnia transcendunt.
Unicum superest, quod optare decet, exoptare liceat:
　　Serus in cœlum redeas, diuque Lætus intersis populo!
　　Deus Tibi vitam, Tuis felicitatem, producat!
　　　　Senium Tibi votis ominamur,
non fabulosum illud Trisæclisenis, sed *Majorum* Tuorum,
　　　quorum *Sex septuagenariam* ætatem,
　　Septem alii *Sexagenariam* longiùs supergressi,
　　Vivacitatis lampada Tibi tradiderint.
　　　Annuat Trinum in Uno Numen!
　à quo & in quo omnium rerum ac votorum
　　　　　　Principium

Lob- und Glückwunsch-Rede.

An Dero Herrn Vettern als Vattern/
Dem iezt regirenden Großmächtigen Churfürsten Dero Stamm-Hauses/
einem dapfren Kriegs-Helden und weißen Künste Fürsten.
Das Werk mag selber reden: (preisen.
Ich/ will so Grossen Namen lieber mit Stillschweigen verehren/ als ungenug
Ich nenne hier allein den Clevischen parnaß/ die alte Duitschburg,
dan dieser Föbus den Musen/ als den Dritten/ gewidmet.
Eurer Hochf. Durchl. mangelt es auch nicht zu Haus/ an nähern Fürbildern/
nämlich dero Christseeligsten Großherr Vatters/ und dero Herrn Vetters des
Durchleuchtigsten Alberti,
durch deren Sorgfalt der Musen-Heilbrunn wieder fliessend worden:
die nun/ diese Schirm Sorge/ theils auf EUCH vererbet/ theils mit EUCH
Es schickt sich ja alles zum Wolstande.   (theilen.
Auch ein Gesundbrun weissagte/ der unlängst EUCH entgegen oder vorgelaufft:
Er wolte sagen/ wie daß IHR das Heil des Landes/ oder dieses mit EUCH/
nunmehr im Anzug wäre.
Und dieser kleine Tagus gabe zugleich ein Vorzeichen mit seinem Kieß/
Daß EURE Berge Gold-schwanger seyen.
Das Glück übertrifft alle Wünsche.
Nur Eines ist noch übrig/ daß wir zu erwünschen verlangen:
Lebet lang/ EUREM Volke/ Durchleuchtigster Fürst! reiset spat gen Hissel!
GOtt erstrecke EURE Jahre/ und durch dieselbe/ der EUREN Wolfart.
Wir hoffen/ vor Eure Hochfürstl. Durchl. zu erbitten/ das hohe Alter/
nicht des Griechischen Fabel Greiffens/ sondern EURER Vorfahren:
derer Sechse das Siebenzigste/ und Sieben das Sechzigste Jahr überlebet/
und EUCH zum Erben solcher Langlebigkeit eingesetzet.
Solches erfülle/ die Hochheiligste Dreye Einte Gottheit:
von welcher allein/ alle Werke und Wünsche/ erlangen
ihren Anfang und ein erfreuliches

ENDE.

Errata Typographica.

Pag. 3. lin. 18. l. Seiner f. seine.
P. 31. l. 28. l. Syndicum f. Syndico.
P. 35. l. 15. l. eines f. einige.
P. 37. l. 2. l. besichtigten.
P. 49. l. 5. l. Nicy f. Nicii.
P. 50. l. 2. l. HochTeutsch f. Teutsch.
P. 52. l. 28. l. Luctatio f. Luctatro.
P. 55. l. 7. nach wird l. pflegt besucht zu werden.
P. 73. l. 27. dele den.
P. 90. in f. adde: wie/auf dem KupferTitelblat/unter der TitelSchrift/eine Abbildung hiervon zu sehen ist.
P. 94. l. ult. l. Rouan f. Roga.
P. 96. l. 11. nach Université l. heisen.
P. 103. l. 29. l. der f. die.
P. 106. l. 14. l. die Stadt f. Sie:
P. 109. l. 15. nach gemacht l. worden.
p. 112. Soll der Colum-Titel und die 7. Rubrik heisen: Ruhm der Stadt Rom.
P. 125. l. 12. l. Herzog f. Herzogs.
P. 126. l. 25. l. getrieben/wurde.
P. 152. l. 2. dele: und liessen sich sehen.
P. 156. l. 6. l. übel f. über.
P. 158. l. 11. l. deren f. denen.
P. 222. l. 13. l. editum f. editur.

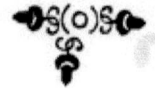